U0915174

教育部人文社会科学研究一般项目"'双一流'视域下
行业特色研究型大学学科建设研究"（20YJC880106）成果

沈红 主编

高等教育管理研究系列丛书

# 中国行业特色研究型大学学科建设研究

谢辉祥◎著

中国社会科学出版社

**图书在版编目（CIP）数据**

中国行业特色研究型大学学科建设研究／谢辉祥著．—北京：中国社会科学出版社，2023.6

（高等教育管理研究系列丛书）

ISBN 978－7－5227－1814－9

Ⅰ.①中…　Ⅱ.①谢…　Ⅲ.①高等学校—学科建设—研究—中国　Ⅳ.①G642.3

中国国家版本馆 CIP 数据核字（2023）第 073092 号

出 版 人　赵剑英
责任编辑　赵　丽
责任校对　郝阳洋
责任印制　王　超

出　　版　中国社会科学出版社
社　　址　北京鼓楼西大街甲 158 号
邮　　编　100720
网　　址　http://www.csspw.cn
发 行 部　010－84083685
门 市 部　010－84029450
经　　销　新华书店及其他书店

印刷装订　三河市华骏印务包装有限公司
版　　次　2023 年 6 月第 1 版
印　　次　2023 年 6 月第 1 次印刷

开　　本　710×1000　1/16
印　　张　17.25
插　　页　2
字　　数　264 千字
定　　价　89.00 元

凡购买中国社会科学出版社图书，如有质量问题请与本社营销中心联系调换
电话：010－84083683
**版权所有　侵权必究**

# 总　序

几年前，华中科技大学出版社出版了两套我主编的丛书，分别是“21 世纪高等教育管理研究丛书”和“21 世纪教育经济研究丛书 · 学生贷款专题”。从这两套丛书的撰写、编辑、出版、发行的全过程中我领悟到，将同一研究领域（如“学术职业研究”），甚至是同一研究主题（如“大学教师发展”）的，由同一导师指导的多部博士学位论文集结起来，在高水平的学术出版社出版，至少有如下几大好处。第一，导师在为后续博士生选择研究方向和学位论文主题的过程中，除了重视博士生本人的研究兴趣和导师的科研项目之外，也会重视团队研究的持续效应。无论是博士生还是博士生导师，都希望在宽阔的研究平台上，团队可“攥紧拳头”、持续发展。第二，“新科”博士会具有辛苦但良好的学术职业起步期。学位论文答辩通过后的博士生不能有丝毫懈怠，应马上进入将论文改写、提升为专著的阶段，以专著作为学术职业的“敲门砖”，使第一步走稳走实。第三，团队整体和博士个体的学术影响力迅速增强。在出版社的学术声望上、在图书的出版质量和发行市场的影响力上，“丛书”比“单书”的份量更重。

我本人具有在华中科技大学跨学科求学的经历。我的本科专业是“77 级”的机械制造工艺及设备自动化，获工学学士；硕士专业是高等教育管理，获教育学硕士；博士专业是管理科学与工程，获工学博士（1997 年的“管理学”尚未从“工学”中分离）。我于 1999 年晋升为教授，2000 年开始以博士生导师的身份独立招收博士研究生，到今年已有 17 个年头，共培养出各种类型的博士 54 人：从学术学位和专业学位分类来看，有哲学博士 52 人和专业博士 2 人；从学位和学历来看，有双证博士

40 人和单证博士 14 人；从国籍看，有中国博士 52 人和非洲博士 2 人。由于我本人的知识结构和教学科研岗位跨两个学科，我在高等教育学专业、教育经济与管理专业招收博士生，这 54 个博士获得的学位在学科分类上分属于教育学和管理学，各约一半。跨在“高等教育学”和“教育经济与管理”这两个专业之间的是“高等教育经济与管理”。笔者指导的当前所有博士生（学术型 13 人，专业型 10 人，来华留学博士生 3 人）和已毕业的博士 54 人就是研究“高等教育经济与财政”和“高等教育与高等学校管理”的。在“高等教育经济与财政”领域，我们研究了高等学校学费及学费标准与支付、学费弹性问题，高校贫困生判定及资助、学业进步问题，高等教育学生贷款及贷出与回收问题，高校学生资助的财政效应、社会效应、政策效应与育人效应问题；我们还研究了地方政府在高等教育上的支出责任与财力保障间的匹配问题，生均培养成本与高校校均规模的适应问题，大学科研直接成本与间接成本问题，当代中国在校大学生的支出与消费问题，当代中国的文凭效应和“过度教育”以及大学生就业问题，等等。在“高等教育与高等学校管理”领域，我们研究了学术职业发展的内在逻辑和外在竞争力问题，当代学术职业人的学术成就与下一代学术职业接班人的培养问题（如博士生培养和博士生资助），还有学术职业发展的多国比较问题；我们还研究了大学教师的入职、流动、晋升、薪酬、评价以及发展目标问题；研究了高等学校分类发展的理论、实践及分类方法问题；研究了高等学校中的教学与科研的关系、管理与治理的关系、师与生参与大学治理的问题，等。

我们很幸运地得到中国社会科学出版社的大力支持。我主编的“高等教育财政研究系列丛书”已基本出齐。“大学教师发展研究系列丛书”“高等学校治理研究系列丛书”正在紧锣密鼓地准备之中。今天呈现在广大读者面前的是我主编的“高等教育管理研究系列丛书”中的一本。该丛书，由我指导的博士学位论文所修改而成的专著、笔者为合作导师指导的博士后出站报告所修改提升的专著、笔者指导的博士毕业后承担的重要科研项目结题报告所修改升华的专著构成。简单而言，这些书的作者都与笔者有着某种重要的学术联系或称之为“师生关系”。集结于本套丛书的多本专著，无论是哪种来源类型，都具有两个共性：一是原创性研究，二是主题都处在高等教育管理的范畴。

本套由中国社会科学出版社出版的“高等教育管理研究系列丛书”是经我认真挑选的、经各位作者在其原创研究基础上精心改写而再次获得提高和更新的专著。今天，由我作为丛书主编来集结出版，是我专心指导博士生 17 年来的一大幸事，我当然要用心、用情来撰写此“总序”。我想借此机会，感谢我曾经指导的这 54 位已答辩、已毕业的博士们。作为导师，我感谢你们，正是因为你们的优秀、勤奋和创新给了我学术研究巨大的压力和动力，促使我永不停步！作为朋友，我感谢你们，正是因为你们时常的问候和关注、你们把“过去的”导师时时挂在心中的情感，给我的生活以超于常人的丰富意义！我虽然永远达不到“桃李满天下”，但毕竟有你们这些“桃子”和“李子”在各地散发的芬芳！我真真切切地为你们的每一点进步、每一寸成长而骄傲、而自豪！

我衷心感谢本套丛书中的每一位作者！感谢为我们的研究提供极好学术环境和工作条件的华中科技大学和华中科技大学教育科学研究院！感谢中国社会科学出版社给予的大力支持和每位责任编辑的辛勤工作！最后要感谢阅读我们的成果、理解我们的追求的每一位读者！

2016 年 6 月 6 日

# 序

在我国的高校群体中，行业特色型大学无论是从数量还是从新中国成立以来所发挥的作用来看，都占据着重要地位。我曾经在一所以电子信息见长的行业特色型大学全职工作了25年，其间还做过近5年的校长，对于行业特色型大学的发展既有直观的认识，也做过深入的思考。依我来看，在当前国家深入推进“双一流”建设的进程中，行业特色型大学将发挥不可替代的作用，其归结起来主要表现在两个方面。

第一，行业特色型大学彰显了高等教育的“中国特色”。众所周知，“双一流”建设强调以“中国特色”和“世界一流”为核心。我国高等教育的显著特色，不是拥有多少综合性大学、多少理工科大学，这些全世界各个国家都有，而在于我们拥有一大批扎根中国大地的行业特色型大学。这类大学伴随着新中国经济、社会和文化体系的建立应运而生，我国由此形成了门类较为齐全、与国家工业发展布局相配套的行业类院校体系，这对于我国作为世界上最大规模的发展中国家发挥政治制度的优势来培养大量又红又专的人才是非常有成效的。“双一流”建设的主要任务之一就是要培养一流的人才，未来二三十年中国需要成千上万的各行各业精英人才走向世界舞台中央，而这既是行业特色型大学的优势，也是这些学校的使命所在。

第二，问题导向凸显行业高校的不可替代性。自20世纪初开始，人们建立和发现的相对论、量子力学、DNA结构、信息论等四大基础科学理论，支撑了世界经济社会长达60多年的发展，甚至在未来的二三十年中，科学领域的重大理论突破都很难出现。即使有这样的突破，要想使这些突破实现产业化，也至少需要三十年以上的时间。因此，在未来相当长时间里，中国的经济社会发展还是以实际问题为导向的，依然需要依靠工业化过程中各行各业的科技进步所带来的强大动力。与综合性大学更偏重于基础理论研究相比，行业特色型大学更擅长实践应用导向的工程科技研究，它们将在中国未来的工业化进程和产业转型升级中发挥重要作用，甚至可以预计，我国行业特色型大学的作用在未来二三十年将达到某种峰值。

作为行业大学群体中的“领头羊”，行业特色研究型大学是建设世界一流大学和一流学科的先导力量。在当前国家有关“双一流”建设的政策语境中，赋予了学科建设在“双一流”建设中的基础性地位。事实上，经过此前“211 工程”“985 工程”和首轮“双一流”建设，一批行业特色研究型大学的学科建设取得了长足进步。但由于其自身的特殊性，行业特色研究型大学在学科建设上仍面临着诸多矛盾和问题。有基于此，《中国行业特色研究型大学学科建设研究》一书立足于“双一流”建设的时代背景，围绕“行业特色研究型大学如何进行学科建设”这一核心问题，沿着“历史演进分析—发展现状审视—未来发展目标探讨—可行性路径探索”的研究主线，选取了合适的理论和研究方法，探寻了行业特色研究型大学学科建设所经历的历史变迁，审视了行业特色研究型大学学科建设的现有优势和突出问题及其成因，探讨了“双一流”背景下行业特色研究型大学学科建设的普适目标，继而提出了行业特色研究型大学的世界一流学科建设路径。可以看出，这是一项接地气的研究，整个研究思路清晰，研究方法得当，资料丰富翔实，得出了一些有价值的结论，为行业特色研究型大学探索契合自身特质的一流学科建设路径提供了有针对性的改革建议。

我在电子科技大学工作的时候，就知道本书的作者致力于行业特色型大学的研究，现在得知他在这方面的研究成果即将以专著的形式出版，很是高兴。做研究是我职业生涯中非常重要的一部分，我也非常希望看到大学里面的年轻干部在做好管理服务的同时，亦不忘倾注心力去研究业务相关领域的发展规律与趋势并成为所在领域的专家。希望谢辉祥博士能够在未来继续保持对大学战略规划与学科建设等问题的关注，期望看到他有更多更优质的研究成果。

四川大学校长　中国工程院院士

2022 年 10 月 14 日

# 目　　录

# 第一章

# 绪 论

行业特色研究型大学是适应国家战略和行业发展需求、彰显高等教育的“中国特色”的一类高校，并成为“双一流”建设的重要力量。学科建设在行业特色研究型大学“双一流”建设中具有基础性地位，然而这类大学的学科建设在取得积极成效的同时也面临着明显的瓶颈。基于此，本书拟关注行业特色研究型大学学科建设的历史变迁、发展现状、未来目标和可行路径等问题。围绕这些问题开展研究，既有助于深化对行业特色研究型大学组织形态的理解，也有利于为行业特色研究型大学提升学科竞争力提供理论支撑，还有益于探索契合行业特色研究型大学自身组织特质的世界一流学科建设路径。

## 第一节 问题的提出

### 一 行业特色研究型大学是“双一流”建设的重要力量

2015 年 10 月，国务院发布《统筹推进世界一流大学和一流学科建设总体方案》（以下简称《总体方案》），明确了中国建设世界一流大学的时间表和路线图。《总体方案》要求“坚持以中国特色、世界一流为核心”。在“双一流”建设的推进过程中，“中国特色”和“世界一流”也被反复提及，从国家领导人到教育部负责人，再到高校领导、专家学者，人们普遍认为中国要创建的是兼具“中国元素”和“世界水准”的大学，而不是“仅在国际可比指标上达到一流”的世界大学。正如菲利普·阿特巴赫所言：“大学存在于国家和全球背景下，一流理念必须根植于国家需求和地区实际。”①

中国在20世纪50年代建立了一大批隶属于原行业部委、按照行业归口建立的高等学校——行业特色型大学。它们作为适应国家战略和行业发展需求、彰显“中国特色”的一类高校，在支撑中国基础性行业发展和产业结构优化升级、奠定中国高等教育的基本格局等方面做出了特殊贡献。考虑到行业特色型大学创办的历史渊源，按照“曾经或仍然隶属国家部委，不曾与其他本科院校合并从而保持特定行业的服务面向”这一标准，在42所国家“一流大学”建设高校中，有8所行业特色型大学，占比为19.0%；在95所国家“一流学科”建设高校中，有57所行业特色型大学，占比为60.0%。作为中国高等教育“金字塔”结构顶端的骨干成员，行业特色型大学的发展状况对“双一流”建设的成效具有重要影响。

因为生命要素相同（均以学术声望至上）、最高利益相同（均注重个人、学校、国家三方的利益协同）以及研究型大学的本质属性使其有条件在大学群内出类拔萃等三方面的因素，现今公认的世界一流大学基本上都是研究型大学。② 鉴于此，作为行业特色型大学群体中“冒尖”的行业特色研究型大学，其在“双一流”建设中应该得到特别的关注。这些高校在历史上普遍得到了国家重点（建设）大学政策的支持，呈现出优势学科群的整体实力处于国内领先、人才培养与科研工作对行业发展的贡献度高、行业相关领域的知名学者集聚等特征。当前，在“双一流”政策的引导下，中央和地方在资金、政策、资源等方面以前所未有的力度给予了“双一流”建设高校重点扶持。行业特色研究型大学若能适时把握战略机遇期，抓住与科学系统和产业系统合作共赢的机会，将会向世界一流大学之林迈出一大步。

---

① Altbach, P. G., “The Costs and Benefits of World - Class Universities”, *Journal of Higher Education*, Vol. 90, No. 1, 2004, pp. 20 - 32.

② 沈红：《世界一流大学的必经之路——兼论研究型大学的本质属性》，2010年高等教育国际论坛论文，南京，2010年10月，第219—229页。

## 二　学科建设在行业特色研究型大学“双一流”建设中具有基础性地位

学科既是一种专门化组织方式，也是大学独特和主要的特征[①]，它承载着大学的基本职能，是大学办学水平和综合实力的重要体现。学科建设作为大学建设的核心和基础，是培育和提升大学核心竞争力的必由之路，在大学的建设和发展过程中具有基础性、主导性、战略性地位。回顾历史，中国“211 工程”“985 工程”以及“优势学科创新平台”和“特色重点学科项目”等重点建设都凸显了学科建设的重要性。教育部原部长周济提出：“在学校整体建设中要坚持以学科建设为主线，以重点学科建设为核心，带动学校各方面工作的开展。”[②]

实际上，以实现中国从高等教育大国到高等教育强国的历史性跨越为主要目标的“双一流”建设也着重强调了学科建设的重要性，已将一流学科建设置于和一流大学建设同等重要的地位。在《总体方案》中，明确提出了“坚持以学科为基础”的基本原则，教育部等三部委发布的《关于高等学校加快“双一流”建设的指导意见》也运用了大量篇幅阐述如何通过学科建设推动大学发展。纵观世界一流大学的发展历史也可以发现，这些大学几乎都是率先从某一两个学科或领域取得突破，而后逐步扩展到越来越多的学科或者领域，并最终发展成为世界一流大学。可以说，没有一流的学科，就没有一流的大学。[③] 这一观点在许多行业特色研究型大学的“双一流”建设方案中也得到了体现，这些学校普遍采取了相似的学科建设思路，即“确保特色优势学科的率先突破，并以其为引领，拓展紧密关联的新学科，促进学科交叉融合，进而带动学科体系和学校整体实力的提升”。行业特色研究型大学长期面向行业办学，围绕产业链形成了较为集中的学科体系结构和自身独特的学科优势，有些学校的优势学科在国内外公认的学科评价体系中处于领先地位。在“双一流”建设背景下，行业特色研究型大学要想取得更大的进步，应当将学

---

① ［美］伯顿·克拉克：《高等教育系统——学术组织的跨国研究》，王承绪等译，杭州大学出版社 1994 年版，第 14 页。

② 周济：《谋划发展 规划未来》，《中国高等教育》2003 年第 2 期。

③ 周光礼：《“双一流”建设中的学术突破——论大学学科、专业、课程一体化建设》，《教育研究》2016 年第 5 期。

科建设置于优先位置，以一流学科建设引领带动整个学校核心竞争力的提升。

### 三 行业特色研究型大学学科建设面临发展瓶颈

通过采取诸如“优势学科高峰高原计划”“基础学科攀登计划”等建设策略，行业特色研究型大学力图提升学科发展水平。然而，与国内综合性研究型大学相比，行业特色研究型大学的学科建设在取得积极成效的同时也面临着明显的瓶颈，集中体现在两个方面。

一是行业生命周期波动的影响。行业特色研究型大学因行业而发端，在与行业的互动中成长壮大，行业也由此成为行业特色研究型大学学科建设所依托的“腹地”。行业具有“生命周期”效应，具体可分为新生期、成长期、成熟期和衰退期 4 个阶段。[①] 在行业的成长期和成熟期，与之相关联的大学和学科能够呈现良好的发展势头；当行业进入衰退期，同该行业相联系的大学和学科不可避免地会受到拖累。近年来，国内主要面向地质、矿产、冶金、纺织等行业的大学就因受到关联行业发展“下行”态势的影响，出现了学校发展相对滞后、学科竞争力下降等问题。即便是那些尚处在成长期或成熟期的行业，随着中国政府管理体制改革和市场经济体制改革进程的加深，传统的行业垄断被打破，行业界限逐步开放，再加上综合性大学、专业研究院所和技术创新型企业等新竞争者的进入，导致行业特色研究型大学学科建设原本拥有的由行业赋予的独特性资源优势和机会优势正在逐步丧失。

二是拓展学科结构和维系优势特色之间的两难。随着云计算、大数据、物联网、移动互联网、人工智能等新一代信息技术的蓬勃发展及其向经济和社会生活的各个领域全面渗透，原有的产业和行业格局被打破，传统产业之间在纵向关联关系弱化的同时，横向关

---

① Shane, S., *The Handbook of Technology and Innovation Management*, Chichester: Wiley, 2008, pp. 3 – 56.

联关系在不断强化，产业形态呈现融合化发展趋势。[①] 跨行业的产业链和产业生态的形成，使得大学不能再局限于以“点”的方式与产业对接，而是要面向整个产业链乃至产业集群，综合性研究型大学因学科门类较为齐全更适应这一趋势。不仅如此，包括“双一流”建设高校在内的国家重点（建设）大学的遴选标准，以及影响力较高的大学排行榜，都普遍关注学科（点）的多少、所获奖励的等级和数量、科研经费的体量等规模性指标。[②] 产业形态的跨界融合和大学评价的规模导向，都不同程度地激发了行业特色研究型大学拓展学科的内生动力。然而，学科结构的调整有其内在的规律，加上办学资源的有限性，需要行业特色研究型大学在提高学科实力的基础上顺势而为。只顾“求全”“求大”，其结果可能是原有的特色学科优势因办学资源被稀释而趋于削弱，而新设学科在短时间内又难以摆脱“根基稚嫩”的状况。若新老学科之间不能形成协同效应，行业特色研究型大学将面临办学特色淡化、办学结构趋同化以及学科整体实力弱化的风险。

基于以上阐述，本书旨在围绕“行业特色研究型大学如何进行学科建设”这个核心问题，沿着“历史演进分析—发展现状审视—未来发展目标探讨—可行性路径探索”的研究主线，进一步研究以下 4 个子问题：

1. 行业特色研究型大学学科建设经历了怎样的历史变迁？

2. 行业特色研究型大学学科建设的现有优势和突出问题及其成因是什么？

3. “双一流”背景下行业特色研究型大学学科建设应该达到怎样的目标？

4. 行业特色研究型大学可以选择怎样的路径来实现学科建设的上述目标？

---

① 潘军：《产业边界模糊背景下行业特色型大学的心结与新解》，《高等农业教育》2017 年第 6 期。

② 王亚杰：《行业特色型大学还是学科特色型大学》，《高等工程教育研究》2018 年第 6 期。

## 第二节　研究意义

### 一　有利于深化对行业特色研究型大学组织形态的理解

从高等教育机构分类的角度，有研究者认为行业特色型大学应定位于“面向特定行业的应用型大学”或者“应用型、专业型院校”。[①] 然而，无论是美国大学协会（Association of American Universities，AAU）给出的研究型大学“标签”，还是卡耐基教学促进基金会（Carnegie Foundation for the Advancement of Teaching，CFAT）提出的研究型大学分类指标，或者是中国学者对研究型大学的判定标准，都可以把一些行业特色型大学囊括其中——这些大学高度重视科学研究，聚集了行业相关领域的知名学者，在促进产业竞争力提升上发挥了不可替代的作用。由于长期面向行业办学，行业特色研究型大学在组织环境、组织目标、组织文化和核心技术等基本组织要素方面体现出独特的组织特质。[②] 近些年，中国在世界一流大学建设中，对偏重“宽口径 + 厚基础”的学术型人才培养、擅长基础理论研究、学科门类较为齐全的综合性研究型大学予以了高度关注，但是对侧重于行业精英人才培养、行业关键技术研发、学科设置比较集中的行业特色研究型大学关注不够，在视野上存在局限，对这类大学在“双一流”建设中所承担的使命、能起到的作用认识不够。因此，本书的研究结论有助于加深对这类高等教育组织形态的理解，比如行业特色研究型大学的形成及演变过程，其在高等教育系统和国家创新体系中所处的地位和作用，以及在内部运行机制上的特殊性等。

### 二　有利于为行业特色研究型大学提升学科竞争力提供理论支撑

大学是传承、创造、传播、整合和应用知识的组织。大学核心竞争力是大学以知识生产能力为核心，通过对战略决策、科学研究及成果转

---

① 潘懋元、王琪：《从高等教育分类看我国特色型大学发展》，《中国高等教育》2010 年第 5 期。

② 李爱民、周光礼：《高水平行业特色型大学组织特质研究——基于北京 16 所高校的实证调查》，《中国高教研究》2017 年第 1 期。

化、课程设置与讲授、人力资源开发、组织管理等要素的整合而使学校获得持续竞争优势的能力。[①] 学科是培育大学核心竞争力的核心载体，学科建设本身包含了学术创新、人才培育、知识溢出等一系列要素，以及与知识生产相关的有形资产（平台、队伍、人力、成果等）和无形资产（学术传统、文化、战略、声誉、区位等），学科竞争力直观反映了一所大学的核心竞争力。

行业特色研究型大学主要依托行业发展，其学科体系具有突出的行业特点，在长期面向行业办学的过程中，以特色优势学科为核心，形成了自身的核心竞争力。[②] 本书的研究，一方面有助于厘清行业特色研究型大学学科发展的历史过程与现实特征，以及当前学科建设的困境与成因；另一方面，有助于回答"基于'双一流'建设的时代背景，在遵循历史传统特色和遵照学科体系逻辑之间，行业特色研究型大学的学科建设路径如何选择"这一问题。上述探讨将为提升行业特色研究型大学的学科竞争力提供理论依据，对建设彰显中国特色的世界一流大学和一流学科具有理论价值。

## 三　有利于探索符合行业特色研究型大学特质的世界一流学科建设路径

相比于其他高校，行业特色型大学自诞生之日起就被赋予了行业属性。这些大学与新中国工业体系的建立相伴而生，不仅支撑了国家行业发展和产业结构的优化升级，也奠定了中国高等教育的基本格局。一批行业特色研究型大学经过长期的建设和发展，学校整体办学水平和特色优势学科实力取得了长足的进步，自身成为"双一流"建设高校组成部分。可以说，行业特色研究型大学创建"双一流"，体现了高等教育领域"中国特色"和"世界一流"的有机融合。

在国家加快"双一流"建设的时代背景下，通过对这类大学学科建设的历史变迁、发展现状、问题本质及规律、发展路径等问题进行较为系统的研究，可以进一步明晰行业特色研究型大学在中国高等教育体系

---

① 赖德胜、武向荣：《论大学的核心竞争力》，《教育研究》2002 年第 7 期。

② 谭天伟：《立足学科特色，增强核心竞争力》，《高等工程教育研究》2018 年第 6 期。

中的定位，进而为这类大学学科建设探寻适宜的改革思路，提供具有指导性和可资利用的相关知识、方法与工具，推动这类大学在特色学科上实现重点突破式的非均衡发展、在行业转型升级中寻求新的行业特色之源、在遵循共性高等教育发展规律的基础上寻求差异化发展战略，探索符合行业特色研究型大学特质的世界一流学科建设之路。

## 第三节　核心概念界定

### 一　行业特色研究型大学

1. 行业特色型大学

“行业特色型大学”是典型的中国式表达用语，特指在计划经济时代隶属中央非教育业务部门，主要面向特定行业办学，而后又随着中国市场经济体制的建立和高等教育管理体制改革的深化，被划转由教育部等主管部门或地方政府管理的高校。针对这类大学的称谓表述最早源自政府部门。2004 年 7 月，教育部召集部分原行业重点高校举行科技研讨会，会议主题为“发挥行业特色高校的重要作用，为行业技术进步作出更大贡献”，“行业特色高校”概念由此提出。[①] 2008 年，在时任教育部副部长陈希的倡议下，“行业特色型大学”作为这类高校的正式称谓逐步得到认可。

学术界从不同角度对“行业特色型大学”的概念予以了界定。从大学与行业的关系角度，行业特色型大学是国家高等教育体系中具有显著类群识别特征的高等学校，这类高校因其与国家某个行业、产业建设及发展的联系密切而造就了特有的办学历史和发展成就。[②] 从服务面向的角度，行业特色型大学是指新中国成立后，政府在计划经济体制下，着眼于国民经济体系中各行业经济发展的需要而建立的、面向特定行业需求办学且独具特色的一大批行业型高校。[③] 从学科布局的角度，行业特色型

---

① 李文冰：《中国行业特色院校发展研究述评》，《教育研究与实验》2014 年第 2 期。

② 荀振芳、李双辰：《“双一流”建设背景下高水平行业特色型大学的资源配置与发展》，《高等教育研究》2019 年第 5 期。

③ 常姝：《行业特色型大学学科发展战略管理研究》，博士学位论文，南京农业大学，2011 年，第 7 页。

大学是行业背景深厚、学科设置特色明显，且长期服务于行业生产实践的一类高等院校。[①] 从人才培养的角度，行业特色型大学是指以行业为依托，围绕行业需求，针对行业特点，为特定行业培养高素质专门人才的大学或学院。[②] 从产业链型的角度，行业特色型大学以产业链或产业集群为服务面向，相应地以学科链或学科群为对接。[③]

但是，也有学者对“行业特色型大学”概念的合理性提出了质疑。譬如，有研究认为“行业特色型大学”在概念的构成上不能从“类属”上涵盖这一类大学，反而是“原部委属院校”更确切。[④] 还有学者分析了行业管理体制改革、行业关键技术变革的走向，并根据行业特色型大学多年来遵循的办学方针和形成的学科特征，提出将这类大学的称谓改为“学科特色型大学”。[⑤] 尽管如此，持质疑观点的学者在基本的判断上仍然与提出“行业特色型大学”概念的研究者们有着异曲同工之妙，其所指的对象是明确的，即“原国家行业部委的隶属关系”和“服务某一个行业领域”是对行业特色型大学进行边界划分的基本依据。按此划分，所谓“特色”是指行业的特色。行业特色型大学依托行业而产生，与某个行业领域有着天然的“血缘”关系；这类大学因服务行业而发展，其人才培养、科学研究、社会服务和文化传承的四大功能实现都与行业发展紧密相连。[⑥] 虽然历经了国家高教管理体制调整，这类大学不再隶属行业主管部门，但在学校整体层面仍然具有浓厚的行业背景（印记）。

在本书中，将“行业特色型大学”定义为“长期以服从某一行业发

① 尚丽丽：《“双一流”建设背景下行业特色型高校学科群建设问题分析及对策研究》，《高校教育管理》2019年第9期。

② 潘懋元、车如山：《特色型大学在高等教育中的地位与作用》，《大学教育科学》2008年第2期。

③ 张民：《基于社会服务产出类型的工科大学分类法研究》，《高等工程教育研究》2011年第6期。

④ 王骥：《对“行业特色型大学”提法的质疑》，《江苏高教》2011年第5期。

⑤ 王亚杰：《行业特色型大学还是学科特色型大学》，《高等工程教育研究》2018年第6期。

⑥ 武艳君：《行业特色型大学协同创新合作伙伴选择影响因素及评价研究》，博士学位论文，哈尔滨工程大学，2015年，第17页。

展需求为办学目标，在与行业相关的学科建设、师资队伍建设、人才培养、科学研究和技术开发等方面具有显著优势、鲜明特色和良好声誉的高等学校”。在研究对象界定上，提出两点标准：①曾经或仍然隶属国家行业部委，且在改革开放之后不曾与其他本科院校合并；②实现国家部委或行业骨干企业共建，与特定行业保持紧密联系。

2. 研究型大学

柏林大学作为研究型大学的萌芽，首开了“自由的教学与研究相统一”的先河。1876 年，曾在柏林大学留学的丹尼尔·吉尔曼（Daniel Gilman）领导创建了约翰·霍普金斯大学，这被视为美国研究型大学的开端，“教学与研究相统一”思想也实现了向制度的跨越。[①] 二战以前，除了农业研究及其推广、公共卫生研究及其服务等少数领域，美国研究型大学在科学研究及其传播上所发挥的作用有限。二战期间，“联邦—大学”合作伙伴关系的建立，将许多重大科技成果应用于战争，对盟军获胜发挥了重要作用，也使得美国研究型大学的价值得到了充分展现。[②] 战后，“联邦—大学”合作伙伴关系模式被广泛应用于军事和民用目标，美国联邦政府对基础研究投入的快速增长，推动了更多美国高校跻身研究型大学行列。正如克拉克·科尔所言，“二战末期，美国大概有 6 所大学可称为研究型大学，其教师的活动主要是从事科学研究……到 20 世纪 60 年代初，约有 20 所大学成为研究型大学，它们所获得的联邦高等教育研发基金约占全部高校总数的一半”。[③] 1973 年，《卡内基高等教育机构分类》首次提出了“研究型大学”的概念和评判标准，之后多次进行了动态修订与认定。其中，2015 年版的《分类》按照不同的标准将研究型大学划分为“极高度研究型大学”“高度研究型大学”和“适度研究型大学”三个层次。[④]

---

① 李勇、闵维方：《论研究型大学的特征》，《教育研究》2004 年第 1 期。

② National Research Council, *Research Universities and the Future of America: Ten Breakthrough Actions Vital to Our Nation's Prosperity and Security*, Washington, DC: National Academies Press, 2012, p. 38.

③ Kerr, C., *The Gold and the Blue: A Personal Memoir of the University of California* 1949 – 1967, Los Angeles: University of California Press, 2001, p. 92.

④ Carnegie Foundation, “FAQs: 2015 Carnegie Community Engagement Classification”, 2015 – 05 – 08, http://nerche.org/index.Php? option = comContent&view = article&id = 1391.

沈红被认为是国内最早对美国卡内基高等教育机构分类和美国研究型大学开展研究的学者，她提出了研究型大学内在要素的“三要点”，即“高等教育和高等学习同在，探索未知与培养学生并行，学术性与引领性并重”，以及研究型大学本质属性“四要素”，即“学术型博士生的数量与质量，科学研究的层次水平与经费额度，教授为同行认可的学术领导地位，科学研究、教授群体、博士生群体在多学科、学术自由环境中的共同发展”。[①] 进入21世纪以后，中国也开展了研究型大学建设的探索与实践。例如，2006年2月，《国家中长期科学和技术发展规划纲要(2006—2020年)》就曾提出，要加快建设一批世界知名的高水平研究型大学。为落实这一要求，教育部在2007年7月出台了《关于加快研究型大学建设　增强高等学校自主创新能力的若干意见》，进一步明确了研究型大学建设的总体要求、任务和举措等。2016年5月，习近平总书记在“科技三会”上指出，要充分重视研究型大学在国家科技发展中的基础地位和在科技创新人才培养中的重要作用，同时，研究型大学要加强学科建设，重点开展自由探索的基础研究。但迄今为止，中国对研究型大学并没有统一的界定，官方也从未正式发布明确的分类标准。

王战军、张振刚、李永刚等学者将被教育部批准设立研究生院的大学视为中国研究型大学，这一观点具有借鉴意义。其中，张振刚通过分析大学排名、科研经费、学科规模和水平等数据认为，国内建有研究生院的大学代表了中国大学的最高水平，这些大学在诸多方面都处于国内绝对领先；通过与美国广博型研究型大学的比较研究发现，国内建有研究生院的大学已经具备了研究型大学的特征。[②]

2011年之前，高校能否被批准设立研究生院依据的是原国家教委颁布的《研究生院设置暂行规定》，文件对本科和研究生教育质量、师资队伍结构、主干学科专业水平与办学效益、科研水平和研究条件（含师均科研经费）、博士生教育经验均作了要求[③]，其在内容上与《卡内基高等

---

① 沈红：《世界一流大学的必经之路——兼论研究型大学的本质属性》，2010年高等教育国际论坛论文，南京，2010年10月，第219—229页。

② 张振刚：《中国研究型大学分类研究》，《高等工程教育研究》2002年第4期。

③ 原国家教育委员会：《研究生院设置暂行规定》，2018年6月，中国学位与研究生教育信息网（http：//www. cdgdc. edu. cn/xwyyjsjyxx/xwbl/zcfg/gzzd/260156. shtml）。

教育机构分类》中对研究型大学的评判标准有异曲同工之处。设有研究生院的大学，其人才培养、科学研究、师资队伍在良好的学术范围中得到了共同发展。这些大学普遍在学校简介或发展规划中提出了研究型大学的办学定位。相关资料显示，原国家教委曾经计划将国内大学分成三类，其中一类是成立研究生院的研究型大学。[①] 因此，本书将那些被教育部批准设立研究生院的大学视为研究型大学。

3. 行业特色研究型大学

行业特色研究型大学是指行业特色型大学中综合实力较强、以研究型为办学类型定位的那一部分高校。杨林、刘念才在中国研究型大学的类型及其分类指标研究中，将“科研、人才培养几乎围绕着某一学科涉及的行业展开，其特定学科在国内处于优势水平，为该学科领域发展做出了巨大贡献”的大学界定为“学科特色研究型大学”。[②] 沈红宇认为曾经隶属于国家行业部委，且行业办学特色显著、学科群优势突出的高水平研究型大学可被视为行业特色研究型大学。[③] 许安国认为，行业特色研究型大学兼具行业性和研究型的双重特性，具有明显的研究型大学分层、分类发展的三大特征（个性化、适应力和创新性），具有自身鲜明的特色与优势。[④] 李立国等提出了“研究类”和“应用类”的国内高校分类框架，并从人才培养的角度总结了“特色研究型高校”的三点特征：第一，学科覆盖面不宽，专门人才培养侧重于特定行业或学科领域；第二，主要面向特定行业输送覆盖本、硕、博三个层次的人才，其至少拥有一个学科门类的博士授予权，并在某一学科门类和相关专业类别上具有较强的研究能力；第三，少数学科实力超群，特色学科达到国内领先、国际

① 校史编委会：《南京航空航天大学校史（2002—2012）》，国防工业出版社 2012 年版，第 III 页。

② 杨林、刘念才：《中国研究型大学的分类与定位研究》，《高等教育研究》2008 年第 11 期。

③ 沈红宇：《中国行业特色研究型大学发展研究》，博士学位论文，哈尔滨工程大学，2010 年，第 2 页。

④ 许安国：《行业特色研究型大学教师胜任素质模型构建及实证研究》，博士学位论文，北京交通大学，2013 年，第 8 页。

一流水平。[①]

纵观国内学者的观点，对行业特色研究型大学的判断标准包括三个要点：①持续造就引领行业发展的领军人才；②持续开展关键核心技术研发和应用基础研究从而破解行业发展瓶颈；③一批学者具有被行业认可的学术领导地位。完全具有这三个方面特征的大学可被称为行业特色研究型大学。结合此前对研究型大学的概念界定，本书将那些被教育部批准设立研究生院的行业特色型大学视为行业特色研究型大学。

### 二　学科

关于“学科”的内涵，学界存在多重解释。综合来看，主要涉及知识观、组织观和规训观三种角度的界定。

基于知识观，学科是分门别类的知识体系。中国唐宋时期曾将“学问的学业科目”称为“学科”。[②] 中国现代意义上的学科译自英文discipline，其由拉丁文衍生而来。古拉丁文disciplina同时具有“知识体系”和“纪律规范”的含义。[③] 14世纪英国作家乔叟（Chaucer）时代的discipline一词意为“各门知识”，同时特指当时大学里的“高深知识分类的单位”，包括神学、法学和医学。[④] 此后不少有关学科的研究延续了知识体系和知识分类的思路。例如，中国在2009年发布的《学科分类与代码国家标准》中，将学科定义为“相对独立的知识体系”。[⑤] 保罗·赫斯特在认同“学科是专门的知识体系”这一概念的同时，还强调“知识体系演变成为学科”是有四项先决条件的，包括“概念的专属性”“概念之间

---

① 李立国、薛新龙：《建立以人才培养定位为基础的高等教育分类体系》，《教育研究》2018年第3期。

② 编写组：《辞源（第三版）》，商务印书馆2015年版，第796页。

③ Hamel，G. & Heene，A.，*Competence Based Competition*，Chichster：John Wiley & Sons，1994，pp. 11－33.

④ 王建华：《学科的境况与大学的遭遇》，教育科学出版社2014年版，第65页。

⑤ 中国标准化研究院：《中华人民共和国学科分类与代码国家标准》，2018年11月，学科分类与代码网（http：//xkfl. xhma. com/）。

的逻辑关系”“专业术语的学科界限”和“研究方法的独特性”。[①] 尼古拉斯·卡拉约尔等人亦持类似观点，并指出“显性的哲学体系”“完整的概念框架”和“成熟的方法论”是学科的知识体系的基础支撑。[②]

基于组织观，学科是学术生产的组织机制。伯顿·克拉克认为，学科是一种连接各种专家学者的专门化组织方式。[③] 在爱德华·哈克特等人看来，不仅大学是“以学科作为基本组织单元”来开展各类功能活动的，而且学科还成为“各个研究者为便于互相交流和设立一定程度的权威标准而建立的以具有正当资格的研究者为中心的研究社群”。[④] 组织形态下的学科不仅构成了“大学的功能单元”，而且使学者的学术生产基于“共有的价值取向”逐步被建立在实体化的专门组织之上，进而围绕教学、研究和开发等功能衍生出各类学科组织单位，不仅促进了学科主体性的形成，也使学科组织成为社会系统的组成部分。

基于规训观，学科是对学术活动的规训和控制。如前所述，英文 discipline 涵盖了知识和权力两层含义。对于后者，米歇尔·福柯运用社会学的方法考察了学科中的知识和权力的相互关系，并指出“规训制度”是学科的主要表现形式之一，其中涉及知识生产的结构、方式和制度。[⑤] 在伊曼纽尔·华勒斯坦眼中，专门知识内化的实现需要建立在学习者可控的基础之上，学科为此势必要构成相应的控制体系和权力结构。[⑥] 随着知识的分化和延展，学科作为学术权力载体的功能愈发凸显。譬如，国家相关部门颁布和修订学科专业目录、印发相关管理办法、组织开展学

---

① Hirst, P., *Educational Theory and Its Foundation Discipline*, London: Routledge & Kegan Paul, 1983, p. 53.

② Carayol, N. & Matt, M., "Does Research Organization Influence Academic Production? Laboratory Level Evidence from a Large European University", *Research Policy*, Vol. 33, No. 8, 2004, pp. 1081 - 1102.

③ ［美］伯顿·克拉克：《高等教育新论——多学科的研究》，王承绪等译，浙江教育出版社 2001 年版，第 105—117 页。

④ Hackett E. J. eds., *The Handbook of Science and Technology Studies*, Cambridge: The MIT Press, 2016, p. 199.

⑤ Dreyfu, H. L., Rabinow, P., *Michel Foucault: Beyond Structuralism and Hermeneutics*, Chicago: University of Chicago Press, 1983, pp. 208 - 231.

⑥ ［美］伊曼纽尔·华勒斯坦：《学科·知识·权力》，刘健芝等译，生活·读书·新知三联书店 1999 年版，第 79 页。

科评估等，其目的都是在高等教育体系内建立一系列标准和评价体系，从而保障和提升学科建设质量。

本书认为知识观、组织观和规训观互为补充，共同深化了对现代意义上学科形态的理解。随着实验与数学相结合的实证研究方法兴起，以及专业实验室与研究所的出现，学界愈发认同知识观、组织观和规训观相统一的学科概念。关于现代意义上的学科，对其内涵解读的各种观点呈现相互融合的趋势。在“科学计量学之父”德瑞克·普莱斯看来，“学科”同时包含两方面的意义——“知识认知的”和“社会体系的”，相应地兼容“知识体系”和“学术制度”两类学科形态。[①] 周光礼等人通过词频分析，建立了“学科”概念的“层次分析图谱”：首先，学科是“一个知识体系”，并且具有“系统的有序性”；其次，这一知识体系基于先决条件并经历一系列的过程，将演化为“组织形态”和“制度形态”下的学科。[②] 张德祥等人从知识生产的角度，认为学科兼有“科类”“规训”和“建制”三方面的含义。[③]

## 三　学科建设

学科是一个世界性的概念，而学科建设是一个中国特色性的概念。[④] 20 世纪 80 年代初期，为了破除 20 世纪 50 年代院系调整照搬苏联模式所带来的弊端，朱九思等高教界人士提出了“学科建设”概念。[⑤] 1983 年 5 月，第二次全国高等教育工作会议正式提出“重点学科建设”概念。20 世纪 80 年代中期，中央决定“有计划地建设一批重点学科”，并于 1987 年启动了国家重点学科评选，此后中国学科建设的步伐开始大大加快。20 世纪 90 年代以来，中国先后启动“211 工程”“985 工程”，对重点学科建设的支持力度持续增强。2015 年 10 月，《总体方案》的颁布进一步

---

① Price, D. J., *Citation Measures of Hard Science, Soft Science, Technology and Non-sciences*, Massachusetts: Heath Lexington Book, 1970, pp. 3 – 22.

② 周光礼、武建鑫：《什么是世界一流学科》，《中国高教研究》2016 年第 1 期。

③ 张德祥、王晓玲：《学科知识生产模式变革与“双一流”建设》，《江苏高教》2019 年第 4 期。

④ 刘献君：《守住根本，不断创新——华中科技大学历史发展中的若干节点》，2018 年 3 月，华中科技大学教育科学研究院网站（http://jky.hust.edu.cn/info/1016/2266.htm）。

⑤ 王炯华：《朱九思评传》，华中科技大学出版社 2011 年版，第 124—214 页。

强调了学科在“双一流”建设中的基础性地位。

结合对“学科”内涵的不同理解，学界对“学科建设”开展了相应的理论建构和实践策略研究。王建华认为，学科建设的含义很广，涵盖学科和学科的划分、设置、制度、建制等各种要素，内容包括三个层面，即“研究领域”“具体学科或学系”和“高等院校”。[①] 陆军等人认为学科建设是一项系统工程，具体涵盖学科的方向、队伍和基地三个要素，涉及相关的各类软硬件的投入与积累，目的是提升在人才培养、科学研究和社会服务三个方面的实力进而提高学科水平。[②] 罗云指出，学科建设的内容囊括了学科的布局、组织、方向、队伍、基地、项目、制度和环境等多种要素。[③] 刘献君认为学科建设包括三个阶段，即起步、发展和提高。[④] 张婕等人将学科建设定义为围绕方向、队伍和基地三个要点，通过硬件投入和软件积累，以提高学科水平并充分发挥学科组织功能的一项系统工程。[⑤] 钟秉林等人从知识和知识体系的角度阐述了对学科建设过程的认识，分别涉及“保护—传承—创新”和“构建—维护—更新”三个阶段，同时，认为学科建设涉及六方面内容：规划制定、方向凝练、结构优化、人才汇聚、基地搭建和机制创新。[⑥]

综合学者们的观点，本书所界定的“学科建设”概念主要是就院校层面而言的，即“大学立足本校实际，根据科学发展的规律和社会发展的需要，对学科发展方向进行选择和规划，推动学科结构的调整与优化，创新学科组织方式，促进学科水平提升的社会实践活动”。

---

① 王建华：《学科、学科制度、学科建制与学科建设》，《江苏高教》2003 年第 3 期。

② 陆军、宋筱平、陆叔云：《关于学科、学科建设等相关概念的讨论》，《清华大学教育研究》2004 年第 6 期。

③ 罗云：《论大学学科建设》，《高等教育研究》2005 年第 7 期。

④ 刘献君：《论高校学科建设中的几个问题》，《中国地质大学学报》（社会科学版）2010 年第 4 期。

⑤ 张婕等：《学科发展的路径选择——北京市属高校学科发展研究》，山东大学出版社 2017 年版，第 7 页。

⑥ 钟秉林等：《大学发展与学科建设（笔谈）》，《中国高教研究》2019 年第 9 期。

## 第四节 文献综述

### 一 关于行业特色型大学的研究

针对行业特色型大学的广泛研究始于世纪之交的国家高等教育管理体制改革之后，这类大学在当时普遍面临发展的困惑和难题，由此引起了管理者和学界的关注。

1. 行业特色型大学的发展历程研究

多数学者倾向于行业特色型大学发展历程的“三阶段论”。例如，高文兵将这类大学的发展划分为工业化初创时期（1950—1977 年）、改革开放时期（1978—1996 年）和新型工业化时期（1997 年至今）三个阶段。[①] 吕斌等人从大学与行业之间的关系出发，提出了与行业关系的依附、解构和重构三个阶段划分。[②] 王亚杰则是从院校管理体制演进的视角提出了三阶段划分：一是行业特色型院校建立阶段（中华人民共和国成立后到改革开放初期），形成以行业部门主管的办学管理体制；二是行业养高校阶段（改革开放初期到 1997 年），国家对行业特色型院校的管理处于“条块分割”状态；三是行业特色型院校划转阶段（1998 年至今），伴随 1998 年国务院机构改革，原中央业务部门管理的一大批行业特色型院校分批次集中进行了调整和划转，逐步形成中央和地方政府两级管理、以省级政府管理为主的新体制。[③] 与上述学者观点不同的是，张炜等人以 1976 年“文化大革命”结束、1998 年国家高等教育管理体制改革开始和 2017 年国家“双一流”建设实质性启动为关键历史节点，提出了“打基础”“大发展”“促改革”和“创一流”的四阶段划分。[④]

---

① 高文兵：《新时期行业特色高校发展战略思考》，《中国高等教育》2007 年第 Z3 期。

② 吕斌、李忠云：《行业高水平大学定位与特色发展中的政府角色及责任》，《教育理论与实践》2012 年第 6 期。

③ 王亚杰：《行业特色型大学“双一流”建设的探索与思考》，2019 年 6 月，腾讯网（https：//page. om. qq. com/page/OmsZBp1RXQAOUBRTT8BF6OkQ0）。

④ 张炜、汪劲松：《行业特色高校的发展历程与辩证分析》，《中国高教研究》2020 年第 8 期。

2. 行业特色型大学发展定位研究

高等教育管理体制改革后，行业特色型大学与行业的联系变得松散，这也让行业特色型大学面向特定行业办学的定位有所动摇。高福安建议，在建设高等教育强国的新形势下，行业特色型大学要统筹协调好“办学特色与综合发展”“行业专才与社会通才”两组关系。① 周志强等人认为行业特色型大学在确定办学战略时，要兼顾“行业性”和“区域性”两个特征，以及“立足行业前沿保持特色优势”和“服务区域发展”两类战略取向。② 杨勇平认为，处理好“综合发展”与“特色发展”的关系，提升整体办学实力的同时进一步发挥独特优势、凸显行业特色，避免与综合性高校在学科专业设置等方面的趋同，是行业特色型大学在办学定位上亟待反思与调整的问题。③ 刘献君基于高等教育强国建设的宏观背景，从“兼顾高校共性与行业特性”“关注行业需求并把握与行业的差异性”“谋求学术性与技能性人才培养之间的平衡”和“注重发展成果的同时更注重办学过程”四个方面，提出了行业特色型大学在办学定位上的应然状态。④ 别敦荣概括了行业特色型大学具有的历史性、经济性、平民性和文化性等四种特性，对这类大学相较于其他高校在办学职能上的差异予以了剖析，包括教育职能的行业定向性、研究职能的行业应用性和服务职能的行业对应性，认为在中国高等教育已经迈入普及化阶段的背景下，行业特色型大学需要从发展空间、与行业企业的关系、人才培养目标、学科建设和社会性等方面着手考虑自身的发展定位。⑤

3. 国外相似大学的研究

欧美国家没有“行业特色型大学”这一概念，但曾因国家建设需要

---

① 高福安：《破解难题　充分发挥行业特色高校办学优势》，《中国高等教育》2009 年第 19 期。

② 周志强、亓晶：《地方行业划转院校行业性与区域性办学特征解析》，《现代教育管理》2017 年第 1 期。

③ 杨勇平：《高水平行业特色型大学的学科建设与内涵发展——以华北电力大学为例》，《高等工程教育研究》2018 年第 6 期。

④ 刘献君：《行业特色高校发展中需要处理的若干关系》，《中国高教研究》2019 年第 8 期。

⑤ 别敦荣：《高等教育普及化背景下行业性高校发展定位》，《中国高教研究》2020 年第 10 期。

设立过具有行业背景的专门学院。18 世纪，法国工商业发展迅速，加上频繁进行对外扩张战争，工程技术人才需求不断扩大，大学校应运而生。大学校契合法国中央集权教育制度下“教育为国家服务并提供受过训练的忠诚的行政官员”的要求[①]，依据服务面向隶属于不同的行业部门，着眼于培养“通专结合”的高级专门人才，坚持“少而精”的招生制度和杰出的学业评价标准，为法国成为欧洲强国做出了重要贡献。18 世纪中期开始，彼得大帝借鉴法国经验在俄国创办了若干传授近代科学技术的专门学院，并在 1865 年发展到了 14 所，涉及矿山、军事、医学、机械、农业和商业等行业。[②] 在“十月革命”爆发前的 1915 年，俄国高等教育机构发展到 204 所，其中有 143 所各类专门学院。“十月革命”之后，苏联政府倚重专门学院培养技术专家和管理干部，专门学院的数量大幅度增长，到二战爆发前，各类专门学院的在校生数占苏联高等院校在校生总数的近 90% 。[③]

丹尼尔·若雷、赫伯特·谢尔曼研究认为，专门学院依托较为相近且集中的学科设立了具有市场导向的高水平研发中心。[④] 英国克兰菲尔德大学是一所具有航空制造行业背景的大学，其前身是创立于 1946 年的航空学院，至今仍是全英唯一拥有机场的大学。该校以航空学科起步，逐步发展和辐射到发动机、材料科学、机械制造等学科，进而形成了特色学科群。[⑤] 美国科罗拉多矿业学院也被认为是专门学院的典型案例，该校的学科集中在勘探、矿物与石油生产和加工、环境科学和工程领域，注

① ［英］威廉·博伊德、埃德蒙·金：《西方教育史》，任宝祥译，人民教育出版社 1985 年版，第 328 页。

② Jarausch, K. H., *The Transformation of Higher Learning* 1860 – 1930, *Expansion*, *Diversification*, *Social Opening and Professionalization in England*, *Germany*, *Russia and the United States*, Stuttgart: Klett-Cotta, 1982, pp. 92 – 97.

③ 黄福涛：《苏联高等教育模式形成的历史考察》，《清华大学教育研究》2002 年第 5 期。

④ ［美］丹尼尔·若雷、赫伯特·谢尔曼：《从战略到变革——高校战略规划实施》，周艳等译，广西师范大学出版社 2006 年版，第 31 页。

⑤ Cranfield University, “Academic Disciplines”, 2017 – 09 – 25, https://www.cranfield.ac.uk/about/disciplines.

重有工业开发和商业价值的实用技术研究。[①] 密歇根州立大学的前身是美国历史上的第一所农业院校，1855 年创立时的校名为“密歇根州立农业学校”，此后分别于 1909 年、1925 年更名为“密歇根农业学院”“密歇根农业与应用科学学院”，1961 年改为现名。[②] 根据美国 2015 年版卡内基高等教育机构分类，若本科生和研究生在特定领域获得学位数量的比例超过 75%，则该类院校被称为专门高等教育机构。美国现有 1002 所四年制专门机构，包括神学院、医学及健康学院、工程及技术学院、商学院、艺术学院、法学院及其他机构（如军事学院）等，占全美 4665 所高教机构的 21.5%。[③]

从历史的维度来审视专门学院的产生和发展历程，其分属于不同的高等教育体系。有学者认为，世界高等教育体系分为“强调国家需求、政府控制的欧洲大陆传统体系”和“强调市场主导、学术自治的盎格鲁—北美体系”。[④] 法、俄两国的专门学院由政府拨款创办，归属国家有关部委领导，服务面向由政府指定，形成了“条块分割”的高等教育结构体系。美国专门学院是在“自由市场式的美国高等教育体制”和“市场主导的高等教育资源配置机制”[⑤] 的环境下成长起来的，与行业之间的关系呈现出“松散结合”的形态，这也助推了美国高等教育结构体系的多样性。中国行业特色型大学具有浓厚的欧洲大陆色彩，其发展状况在很大程度上受制于政府指令。在世纪之交的中国高等教育管理体制改革后，行业特色型大学的发展也开始借鉴北美经验，强化市场导向，被赋予更多办学自主权及弱化行业部门管理方式。同时，针对因“划转”所导致的行业特色型大学与行业之间关系的弱化，国家开展了行业部委、行业骨干企业与教育主管部门对这类大学的共建。

---

① Colorado School of Mines, “About Mines”, 2019 - 09 - 10, http://www.mines.edu/AboutMines.

② Michigan State University, “About MSU”, 2017 - 09 - 10, https://msu.edu/about/thisis-msu/thenandnow.html.

③ Carnegie Foundation, “FAQs: 2015 Carnegie Community Engagement Classification”, 2015 - 05 - 08, http://nerche.org/index.Php? option = comContent&view = article&id = 1391.

④ 周光礼、武建鑫：《什么是世界一流学科》，《中国高教研究》2016 年第 1 期。

⑤ Salmi J., *The Challenge of Establishing World-Class University*, Washington DC: The World Bank, 2014, p. 28.

国内学者也总结了一些与行业特色型大学相似的国外高校的办学经验。黄福涛研究发现，苏联解体后，隶属于行业部门管理领导的俄罗斯专门学院在该国高等院校中的比例由苏联解体前的94%降到了21世纪初期的60%以下，单科性院校纷纷向多科性大学乃至综合性大学转变。然而，1996年颁布的《俄罗斯联邦高等和大学后职业教育法》对高校的划分仍有专业学院这一类。[①] 教育部在2010年组织7所原行业重点高校组成“行业特色型大学发展考察团”，赴欧洲重点考察了法国工程师大学校，梳理了“大学校”在办学中的“不变”与“变”，包括坚持小而精的办学方向、与社会和企业保持紧密联系、在学科建设上有所为有所不为，同时适应经济发展，调整学科专业，以及加强同类联合，共同应对挑战。[②] 张森发现俄罗斯的专门院校与行业及企业的联系较为紧密，很多大企业经理担任了专门院校管理层成员，参与学校重大改革发展战略的制定；企业通过设立专项合作基金、科研基金和奖学金，以及提供可用于教学科研的生产设备等途径支持学校办学。[③] 冯建超等人认为德国应用科技大学的办学经验值得中国行业特色型大学借鉴，包括明确定位、明晰应用型人才培养目标和强化行业特色。[④] 史秋衡等人发现德国自治大学（Universität）中包含行业特色大学这一子类，国内一般称其为“工业大学”，此类大学的教学科研活动主要面向工业，以工程学和自然科学学科为主，其中多数已拓展了社会科学、医学等学科领域。[⑤]

## 二 关于行业特色研究型大学的研究

围绕行业特色研究型大学的研究最早出现于2008年。之前有关中国行业特色型大学的研究历经数年的发展，进入了有组织的系统化研究阶段。此时的学者已经不再局限于用普遍的思维去解决不同层次行业特色型大学

① 黄福涛：《外国高等教育史》，上海教育出版社2003年版，第425—434页。

② 陈维嘉等：《法国“大学校”办学模式及其启示》，《中国高等教育》2010年第24期。

③ 张森：《法、俄、美特色型大学的办学特点及启示》，《教育学术月刊》2010年第10期。

④ 冯建超、李文冰：《德国应用科技大学与中国行业特色院校之比较》，《高教发展与评估》2013年第2期。

⑤ 史秋衡、杨玉婷：《均质与分化：德国高校分类发展的战略选择》，《江苏高教》2021年第2期。

的发展问题，再加上2007年教育部《关于加快研究型大学建设　增强高等学校自主创新能力的若干意见》等政策的引导，行业特色研究型大学发展问题开始进入学界的视野，相关研究可以分为三类。

1. 已有行业特色研究型大学的研究

宁滨认为行业特色研究型大学是创新型国家建设的一支重要力量，应该支撑和引领行业共性关键技术创新，发挥技术创新体系的生力军作用，构建新型产学研联盟，夯实国家技术创新体系基础。[①] 许安国对北京交通大学等8所样本高校的教师进行了问卷调查，从基本素质、教学能力、行业素养和科研能力4个维度建立了行业特色研究型大学教师胜任素质模型，在此基础上分析了胜任素质4个维度与工作绩效3个维度（教学绩效、科研绩效和行业服务绩效）的相关关系与预测路径，探讨了这类大学教师胜任素质对绩效的影响机理，进而提出了基于胜任素质模型的教师管理优化方案。[②] 部晖探讨了行业特色研究型大学的概念、特点、特色及优势竞争力形成的影响因素、学科特色的形成机理，从大学学科特色体系、产学研合作和行业产业战略发展规划三个方面提出了行业特色研究型大学的发展建议。[③] 张光辉认为行业特色研究型大学具备了与行业产业天然相连的协同创新优势，但因其体制机制改革相对滞后，与传统行业和所在区域的依托关系逐渐淡化以及盲目地、散点式地学科拓展所带来的行业特色退化，又阻碍了其深度参与协同创新。对此，建议行业特色研究型大学合理定位发展目标和任务，主动融入行业和区域发展，扎实推进体制机制改革，充分利用协同创新中心的创建实现跨越发展。[④] 徐辉分析了“双一流”建设所带来的历史机遇，认为这类大学需要以世界一流学科建设为引领，以需求和问题为导向，开展学科交叉融合和广泛的协同创新，赋予传统学科新的内涵，在若干重点领

---

① 宁滨：《行业特色鲜明的研究型大学可以在国家技术创新体系建设中发挥重要作用》，《中国国情国力》2008年第5期。

② 许安国：《行业特色研究型大学教师胜任素质模型构建及实证研究》，博士学位论文，北京交通大学，2013年，第109—111页。

③ 部晖：《高水平特色研究型大学形成机制分析》，《国家教育行政学院学报》2014年第6期。

④ 张光辉：《协同创新中的行业特色研究型大学：优势、问题与策略》，《江苏高教》2014年第5期。

域形成独特优势，才能在国家创新体系中更好地发挥人才支撑和科技引领作用。① 谈小龙等人通过分析 Scopus 数据库引文，从 4 个维度评价了 14 所行业特色研究型大学的科研竞争力，发现这些大学的科研生产力、影响力和发展力在 2008—2017 年大幅进步，但科研创新力仍有较大的提升空间。②

2. 研究型大学类别的高水平行业特色型大学研究

尽管有些文献的研究对象是“高水平行业特色型大学”，但考虑到部分高水平行业特色型大学也是研究型大学，因此本书将其中“针对研究型大学类别的研究”也纳入文献综述范畴。

冯用军从“985 工程”大学的人才贡献力与科技贡献力两个维度，探讨了后大众化阶段行业特色型和综合研究型高水平大学的发展历程、成就、缺陷和改进之策。③ 刘志民、刘川宁对比分析了 NTU、QS 两类世界大学排名，提出了三种国际标杆可供高水平行业特色型大学选择：一是世界知名行业特色型大学（世界大学 500 强及同类院校前 1%）；二是世界知名特色型大学（世界大学 200 强及特色学科排名前 1‰）；三是世界一流大学特色型学院（世界大学 50 强及特色学科前 1‰）。研究者还指出，无论选择哪一种国际标杆，综合化都是其必备条件。④ 李爱民、周光礼对北京地区的 16 所样本高校开展了实证分析，发现相较于其他类型的高校，高水平行业特色型大学在组织的环境、目标、文化、核心技术和领导等基本要素方面表现出了独特性，包括与行业部门的共生性强、行业背景的积累深厚、在社会声誉上重视行业认可度以及大学文化的“实学”特色鲜明等。⑤ 荀振芳、李双辰在“双一流”建设的政策语义下，

---

① 徐辉：《创建世界一流学科　打造行业创新人才培养高地》，《中国高等教育》2017 年第 Z3 期。

② 谈小龙、高敏：《高水平行业特色研究型大学科研竞争力分析——基于 Scopus 数据库引文的一种分析方法》，《科技管理研究》2019 年第 19 期。

③ 冯用军：《后大众化阶段行业特色型和综合研究型高水平大学发展研究——基于“985 工程”序列大学的人才与科技贡献力的维度》，《教育界》2010 年第 2 期。

④ 刘志民、刘川宁：《行业特色型高水平大学的国际标杆探索》，《高等工程教育研究》2015 年第 1 期。

⑤ 李爱民、周光礼：《高水平行业特色型大学组织特质研究——基于北京 16 所高校的实证调查》，《中国高教研究》2017 年第 1 期。

运用大学资源配置理论分析了 8 所高水平行业特色型大学的发展状况，将这类大学的资源配置特点总结为“以官僚模式为主，兼具市场模式”，并指出“学科布局的结构性弱势”在很大程度上制约了这类大学资源竞争能力的提升。在“双一流”建设中，高水平行业特色型大学需要处理好“外部资源扩张与内部结构调整”“资源优势丧失与加快创新发展”以及“组织边界与资源重组”三对关系。[①]

3. 行业特色型大学建设研究型大学的研究

方华梁等人分析了行业特色型大学的内涵和特点，认为这类大学可以在宏观层面实施“差异化”“目标集中点”和“紧密依靠行业”三大战略，在中观和微观层面通过学科交叉融合、组建联合科研团队，以局部带动整体的途径实现向研究型大学的演进。[②] 徐敦楷分析了高水平行业特色型大学面临的挑战与机遇，剖析了加州理工学院、伦敦政治经济学院等国外一流专攻型研究型大学发展的经验与启示，并以中南财经政法大学为案例，从战略层面分析了如何将行业特色型大学建设成为研究型大学。[③] 张德安从概念辨析出发，分析了研究型大学的内涵和特征。在此基础上，剖析了行业特色型大学建设研究型大学所面临的机遇与挑战，探讨了这类高校应选择的发展路径，尤其是在战略愿景、人才培养、科学研究上实现三个深层次转变。[④] 郭刚奇借鉴美国赠地学院的发展经验，认为中国重点农业高校建设特色研究型大学需要从五个方面着手，包括做强农科，带动整体发展；围绕“三农”，服务经济社会；重视科研，打造兴农之源；注重规划，谋划跨越之道；改革管理，探索治理新方。[⑤]

---

① 荀振芳、李双辰：《“双一流”建设背景下高水平行业特色型大学的资源配置与发展》，《高等教育研究》2019 年第 5 期。

② 方华梁、李忠云：《从行业特色高校到研究型大学的战略与路径》，《教育与职业》2010 年第 14 期。

③ 徐敦楷：《高水平特色型高校构建研究型大学的战略思考》，《中国高等教育》2010 年第 3—4 期。

④ 张德安：《行业特色高校建设研究型大学之概念认定及路径探析》，《中国电力教育》2012 年第 13 期。

⑤ 郭刚奇：《特色研究型农业大学建设路径研究——基于美国赠地学院的经验》，《湖北社会科学》2015 年第 12 期。

## 三　关于行业特色研究型大学学科建设的研究

1. 行业特色研究型大学的学科建设现状与策略研究

沈红宇研究认为，行业特色研究型大学较为集中的学科结构体系使其在自身的主体领域形成了明显优势和鲜明特色，这类大学不宜以“大而全”为目标，而应主要针对特定的学科领域或与其特色优势学科相对应的特定行业或服务对象为目标进行建设和发展。为此，应该建立包括“学科群建设”“学科发展进入、合并、退出”“学科建设激励”和“学科建设信息反馈”在内的学科建设机制。① 部晖将建设适应产业和区域发展需求的特色学科体系视为行业特色研究型大学的重要任务。为此，需要围绕学科的布局、方向、队伍、平台、组织与环境等基本要素开展规划和建设，形成强劲、持续的竞争优势，形成特色学科群效应。② 张光辉研究发现，高等教育大众化之后，行业特色研究型大学的学科特征发生了显著改变，尤其是学科布局从先前的“相对集中且群落特征较为明显”变化为“学科之间的本然联系逐渐淡化”。由此建议这类大学整合行业优势资源并将其转化为学科优势，并以麻省理工学院、加州理工学院等大学为榜样，在保持自身特色和优势的同时，发展与传统优势学科相关联的异质性学科。③ 曹红芳基于河海大学的案例分析，提出行业特色研究型大学在“双一流”建设中需要形成学科“高原”，破解“一枝独秀”难题，即在塑造传统优势学科品牌的基础上，充分发挥其辐射与带动作用，形成与特色优势学科互补和支撑的学科群，进而形成新的学科特色和优势。④

2. 研究型大学类别的高水平行业特色型大学学科生态研究

在国家启动“双一流”建设之前，有关高水平行业特色型大学学

① 沈红宇：《中国行业特色研究型大学发展研究》，博士学位论文，哈尔滨工程大学，2010年，第19—56页。

② 部晖：《高水平特色研究型大学形成机制分析》，《国家教育行政学院学报》2014年第6期。

③ 张光辉：《协同创新中的行业特色研究型大学：优势、问题与策略》，《江苏高教》2014年第5期。

④ 曹红芳：《行业特色研究型大学“双一流”建设的路径与策略研究》，《江苏科技信息》2018年第2期。

科建设的研究侧重于关注良好学科生态的形成。譬如，赵沁平认为“五星红旗型”或“太阳系型”是高水平行业特色型大学较为理想的学科布局，为此需要遵循“兼顾行业需求和国际前沿”和“发原子裂变之能，避黑洞通吃之忧”的原则。① 邓秀新阐释了农林大学发展过程中面临的困难，发现高水平行业特色型大学的特色主要集中在传统学科，这些学科历史悠久，学术积淀深厚，但也不同程度存在学科结构与功能老化的现象，因此需要对传统学科进行改造提升。另外，高水平行业特色型大学需要处理好特色与多科的关系，宜在特色化基础上拓展学科面。② 王亚杰等人提出了“走向学科特色型大学”的趋势判断，并认为这类大学应该以发展特色强势学科为重点，在坚持学科竞争力的前提下，发展相关、相近学科，构建合理的学科生态。③ 方华梁等人提出了“传统学科与新兴学科交叉”“优势学科与弱势学科交叉”以及“自然科学学科与人文社会学科交叉”三种推进学科交叉融合的发展路径。④ 孙涛等人基于对中国地质大学、中国矿业大学和中国石油大学等样本高校的分析，发现高水平行业特色型大学的文科发展具有“定位不够明确且过分强调服务主干学科”“整体实力较弱且发展极不均衡”“潜在的后发优势”和“较大的不确定性”四个特征。⑤ 龚怡祖等人在探讨学科资源、学科竞争力、学科发展架构之间关系的基础上，认为行业特色型重点大学对非传统优势学科采取有条件、有选择的吸纳包容姿态，将有助于这类大学构建可持续发展的学科生态体系，进而避免过度依赖传统优势学科，实现对学科建设资源瓶颈的破解。⑥ 山红红梳理了高水平行业特色型大学学科建设的三个历史阶段，认为这类大学的学科发展具

---

① 赵沁平：《走出高水平特色型大学发展新路》，《中国高等教育》2008 年第 3—4 期。

② 邓秀新：《行业特色大学应选择差异化发展之路》，《中国教育报》2009 年 5 月 11 日第 5 版。

③ 王亚杰、陈岩、谢苗锋：《论学科特色型大学竞争力的形成与发展》，《高等工程教育研究》2010 年第 4 期。

④ 方华梁、李忠云：《从行业特色高校到研究型大学的战略与路径》，《教育与职业》2010 年第 14 期。

⑤ 孙涛、张永宁：《行业特色大学的文科发展路径》，《现代教育管理》2011 年第 9 期。

⑥ 龚怡祖等：《大学学科运行与学科发展战略中若干问题的理论分析》，《高等教育研究》2011 年第 10 期。

有特色性、多科性、非均衡性、偏应用性等基本特点，并提出这类大学应该把握和处理好“‘建’与‘设’”“主干特色学科与其他学科”以及“传统与新兴”三对关系，营造和谐发展的学科生态。[①] 陈岩等人认为高水平行业特色型大学办学质量的特质性体现在高度的行业“适用性”，这类大学要避免追求单科型或综合型这两个极端，从而在二者之间寻求均衡模式——“多科型”；根据学科结构定位，提出“服务国家重大战略、前瞻性构建与中国战略性新兴产业发展需求相适应的学科布局与集群、主动参与重大战略性科学研究”是高水平行业特色型大学构建“适用性”工程教育学科体系的引擎。[②]

3. 研究型大学类别的高水平行业特色型大学世界一流学科建设研究

自“双一流”建设启动以来，学者们对高水平行业特色型大学学科建设的关注点转向了世界一流学科建设。王焰新以中国地质大学为例，提出高水平行业特色型大学创建世界一流学科的“三个坚持”，即坚持“中国特色”，以推动行业发展能力提升为重点，制定学科建设规划；坚持“世界一流”，以国际一流为标准，大力推进国际化；坚持推进以学术卓越为核心的综合改革，强化绩效评价。[③] 程孝良基于全国学科评估结果和 ESI 排名数据分析了国内高校的学科建设现状，建议高水平行业特色型大学借鉴美国相似一流大学的“特色、集群、均衡和协同”学科发展模式与经验，通过实施管理模式、资源配置、评价体系三项改革，以及建设一流人才队伍、一流本科教育、一流科技创新能力和一流的大学文化，实现世界一流学科的建设目标。[④] 李枫等人在分析高水平行业特色型大学学科建设现状及存在问题的基础上，提出这类大学建设一流学科的策略包括：跟踪前沿服务需求，凝练学科发展领域；坚持立德树人，提高学科育人水平；构筑优质学科平台，提升高水平科研能力；推动文化传承

---

① 山红红：《行业特色型大学学科建设的思考与实践》，《中国高等教育》2013 年第 Z3 期。

② 陈岩等：《构建“适用性”工程教育学科体系是行业特色型大学培养拔尖创新人才的关键》，《高等工程教育研究》2014 年第 3 期。

③ 王焰新：《高水平行业特色大学创建世界一流学科的“三个坚持”》，《中国高等教育》2015 年第 22 期。

④ 程孝良：《高水平行业特色大学创建世界一流学科的模式与路径》，《国家教育行政学院学报》2016 年第 11 期。

创新，提升学科建设软实力；强化国际交流合作，增强学科国际影响力。[①] 张来斌以资源类高校为对象进行案例分析，认为这类大学在“双一流”建设中需要统筹兼顾学科建设的“长板”与“短板”，通过从顶层优化学科布局、最大限度地发挥优势学科潜力、涵养学科生态发挥集群效应、注重学科资源积累厚植发展后劲等举措，优化学科“长板”，带动学科“短板”。[②] 袁广林基于对世界一流学科共同特征与生成逻辑的探讨，发现“重应用技术研究轻基础理论研究”“传统学科突出而相关学科薄弱”是高水平行业特色型大学亟待破解的难题，“以优势特色学科为抓手和龙头，注重服务国家重大需求和把握国际学术前沿并重，打造协同发展的学科生态系统”是这类大学建设世界一流学科的可行路径。[③]

4. 国外相似大学学科建设的研究

鉴于“行业特色研究型大学”“学科建设”均为中国特色性的概念，对国外相似案例的研究主要针对两类大学：一是由专门性质的美国农工赠地学院成长起来的研究型大学，以得克萨斯农工大学为典型代表；二是办学规模不大、学科门类不多、有特定性服务面向的专攻型研究型大学，以卡耐基梅隆大学为典型代表。

得克萨斯农工大学（Texas A&M University，TAMU）的学科建设历经 4 个时期。一是农工学院时期（1876—1963 年）。最初专门提供实用农工类课程教育，以适应美国南北战争后得克萨斯州工农业迅速发展和人口激增对高等教育的需求。此后，为进一步满足社会生产力发展对高等教育不断提出的新需求和科学、学科自身发展的内在需要，该校的学科设置由原先的农工、兽医类扩展至 1963 年的 10 种学科大类，呈现多样化的特征。由于这一阶段与其成立之初的赠地学院性质和培养地方工农业所需专门人才的使命相一致，所以学科设置仍以农学、工程、兽医学 3 种类别为主。二是从学院升级为大学阶段（1964—1970 年）。学科门类继续

① 李枫、李萍、何丽娜：《高水平行业特色型大学一流学科建设策略分析》，《江苏高教》2018 年第 11 期。

② 张来斌：《高水平行业特色型大学“双一流”建设要把握好三对关系》，《高等工程教育研究》2018 年第 6 期。

③ 袁广林：《创建世界一流与服务国家发展：行业特色高水平大学世界一流学科建设战略选择》，《学位与研究生教育》2019 年第 1 期。

增多，主要学科专业设置拓展为以农工、兽医为传统特色和优势，农医理工、建筑学、人文社会科学、经济管理等学科群特色鲜明、多样发展的格局，学科专业结构在多样化的基础上开始呈现系统综合的趋势。三是“赠海”时代（1971—1988 年）。因其在海洋学和海洋资源开发上的成就，TAMU 在历经百余年赠地思想的塑造后，于 1971 年成为全美首批 4 所“赠海学院”，并由此在本州建立起海洋事务领域的领导地位。新增的赠海项目主要由地球科学学院的海洋学和海洋资源开发研究，以及加尔维斯顿分校的海洋、海事研究构成。四是“赠空”时代（1989 年至今）。鉴于 TAMU 对航空研究的持续贡献以及作为得克萨斯航天联营①领导成员之一，该校在 1989 年被 NASA 授予“赠空学院”身份，并于同年增设航空航天工程学科。21 世纪之后，TAMU 的学科覆盖面进一步拓展至公共事务等领域。② 一言以蔽之，纵观其 140 多年的办学历史，在外部社会需求的张力与高等教育发展内在逻辑的缩力共同作用下，TAMU 学科建设经历了“专门化—多样化—系统综合化”的演变过程。③

卡耐基梅隆大学（Carnegie Mellon University，CMU）是从早期的行业职业学校发展而来的，办学基础薄弱、学术起点较低，因此在学科建设上遵循“发展比较优势”原则。20 世纪 60 年代，盖福特·史蒂夫校长（任期 1965—1972 年）推行了优先发展计算机学科的战略规划，成立了全美大学中的第一所计算机学院。④ 理查德·塞尔特校长（任期 1972—1990 年）继承前任思路，审视了 CMU 可配置的资源，把握 20 世纪 70 年代电子计算机开始普及、互联网萌生，以及计算机科学开始由数据通信与计算机网络技术向人机对话和人工智能转型的历史契机，集中资源优先发展计算机科学、机器人科学和信息技术等领域。如今，CMU 计算机学科居于全美甚至全世界顶尖水平。不仅如此，计算机学科在 CMU 融合

---

① 得克萨斯航天联营包含 35 个得克萨斯州立大学、产业组织、非营利组织和政府机构在内的成员，由得克萨斯农工大学、得克萨斯奥斯汀分校和休斯敦大学共同领导。

② Texas A&M University Libraries，“Texas A&M University Yearbook Collection”，2018 - 10 - 19，http：//library. tamu. edu/yearbooks/#Virtual%20Yearbook%20Collection.

③ 王涛、张志新：《统筹内外部需求，办优办强学科专业——得克萨斯农工大学优化学科专业建设评鉴》，《中国高等教育》2012 年第 8 期。

④ Carnegie Mellon University，“Past Presidents”，2018 - 10 - 30，https：//www. cmu. edu/leadership/president/past-pres/index. html.

并带动了其他相关学科的发展，譬如综合计算机科学、设计、社会科学和学习科学等学科，发展了人机交互方向；把计算机科学应用到生物学研究中，发展了计算生物学方向。总之，CMU 计算机学科的成功诠释了“小中见大”的学科建设方略。所谓“小”，指该校学科范围较小、主校区占地面积小；所谓“大”，指计算机学科在该校所有学科中所占比例最大，与其他学科的融合范围之大，对世界影响之大。李开复认为，在培养计算机科学家和工程师方面，没有谁能比卡耐基梅隆大学更加出色。[①] 值得注意的是，CMU 并未片面地扩大办学规模——把“小”拉伸成“大”，而是选择在“小”中发展“大”——在“小”学校中把计算机学科做大做强，并将“大”学科与其他学科深度融合，以“大”学科带动“小”学校整体实力的跃升。[②]

### 四　研究述评

通过文献梳理发现，有关行业特色研究型大学学科建设的研究体现了强烈的“问题导向”，围绕这类大学的学科优势及特色、学科建设存在的不足、学科建设策略等问题已形成了一些研究成果，为后续研究打下了必要的基础，但在以下三个方面仍有改进的空间。

第一，缺少对行业特色研究型大学学科建设历史进程的系统性考察。从历史关联性来看，作为与国家产业体系的建立和发展相伴相生，彰显高等教育“中国特色”的一类高校，行业特色研究型大学走过的探索发展历程，在某种意义上是中国特色高等教育事业发展的缩影。当前鲜有在新中国高等教育发展和国家工业化进程的大背景下，考察行业特色研究型大学学科建设的基本轨迹，追溯不同历史时期所遵循的行动逻辑，总结经验教训和对当下的启示。

第二，有关行业特色研究型大学学科建设现状研究中，大多是对外在现象的描述和聚焦于经验层面的探讨，在实证研究和学理分析上存在

① 李开复：《让科学幻想成为现实——在卡耐基·梅隆大学计算机科学学院 2015 年毕业典礼上的演讲》，《世界教育信息》2015 年第 16 期。

② 柳亮、宋露露：《卡耐基·梅隆大学计算机学科建设战略分析》，《大学》（研究版）2017 年第 4 期。

不足。一方面，还鲜有从“兼顾中国特色与世界水准”的角度开展实证研究，对于“双一流”建设背景下行业特色研究型大学在中国及世界高等教育系统中的相对坐标与学科生态位探讨不足；另一方面，有关行业特色研究型大学学科建设存在的突出问题及其成因的探讨，目前较多地停留在自我经验层面开展实践行为的分析和总结。

第三，对行业特色研究型大学学科建设未来走向的探讨不足。现有研究大多是在学科建设现状分析之后直接给出促进学科水平提升的对策建议，缺乏对行业特色研究型大学学科建设未来走向的探讨，这在某种程度上导致了学科建设改进策略探讨的“趋同”现象，削弱了对现实的指导意义。行业特色研究型大学是“双一流”建设的重要力量，相较于“211 工程”和“985 工程”，“双一流”建设作为面向未来的高等教育重点建设政策，其政策目标与实施环境有了明显变化。然而，“双一流”建设背景下行业特色研究型大学学科建设的应然状态，包括学科结构、学科特色与优势、学科组织方式等，在已有研究中还较少被系统论及与深入剖析。

# 第二章

# 理论基础与研究设计

按照《总体方案》，“双一流”建设要创建的是凝聚着“中国元素”和“世界水准”的大学，而不是“仅在国际可比指标上达到一流”的世界大学。从建设逻辑来看，兼具“中国元素”和“世界水准”的学科是由外部社会需求和学科本体需求两种动力共同促成的。[①] 因此，在当前国家统筹推进“双一流”建设的时代背景下，行业特色研究型大学学科建设需要考虑学术逻辑和社会需求逻辑之间的关系。如上一章所述，学科是知识体系演化的结果。若将这一概念继续延伸，学科建设可视为知识生产的过程。[②] 20 世纪 80 年代中后期以来，伴随着科学技术的发展和知识经济时代的开启，以往基于学术团体对特定知识的垄断，依托单一学科、主要由学术兴趣驱动的传统知识生产模式难以适应现实的需要，从而出现了跨学科乃至超学科、强调社会实践情境的当代知识生产模式。《总体方案》明确了学科作为高等教育系统的基层组织基础在“双一流”建设中的基础性地位，行业特色研究型大学学科建设也需要采取相应的对策，以此面对知识生产模式转型带来的影响。基于以上认识，学科建设的两种逻辑和知识生产模式的转型构成了本书的理论基础。

## 第一节 学科建设的逻辑

11 世纪，世界第一所现代意义上的大学——意大利博洛尼亚大学诞

① 王战军、杨旭婷：《世界一流学科建设评价的理念变革与要素创新》，《中国高教研究》2019 年第 3 期。

② 瞿振元：《知识生产视角下的学科建设》，《中国高教研究》2019 年第 9 期。

生。在此后近千年的历史演变中，每所大学在各自所处的历史阶段能否拥有合法地位，取决于其是否满足了相应阶段的实际需要。基于这一认识，约翰·布鲁贝克提出了“认识论”和“政治论”的高等教育哲学观，前者旨在阐释大学探究高深学问是基于一种“闲逸的好奇”，后者旨在主张“服务所置身的国家和社会”是大学学术工作的价值取向。[①]虽然当今美国大学强调学术自由和学术自治，但由于秉承思想与行动相结合的实用主义传统，高等教育哲学的认识论和政治论在该国高等教育发展过程中交替发挥了主导作用。正如克拉克·科尔对美国大学的描述，一种是“普鲁士型的、精英的、纯学术的，面向的是康德和黑格尔”，另一种是“美利坚型的、民粹的、因致力于农工业生产而被‘污染’的，面向的是杰弗逊和林肯”。[②] 学科是大学的细胞，通过以上分析可以看出，学科建设受到两种逻辑的支配：一是学术逻辑，即学科作为探讨高深学术、培养专门知识生产者的基本单位，知识的变革、学科类别与范式的转变为其提供了发展动力；二是社会需求逻辑，即学科要能回应并满足国家和社会的某种需要，并为之做出积极贡献。

### 一　学术逻辑

学术（Academic）源于柏拉图大约在公元前 385 年创办的“学园”（Academy）。在柏拉图眼中，对哲理的探索和对求知的渴望，仅仅是出于摆脱原始的、自然的愚昧，而非出于对实际功用的追求。[③] 追根溯源，“学术”起初就呈现了“非实用性”的特征。被誉为“现代大学之母”的柏林洪堡大学在 19 世纪实现了学术研究在大学的制度化，改变了学术研究只作为学者的“好奇心”随意而为的状态，“转向德国式的大学和研究，即意味一种纯粹科学观的形成”。威廉·洪堡主张大学应有追求纯学术的强烈愿望，通过纯知识、纯学理的探求，培养心智高贵自由的人，

---

① ［美］约翰·布鲁贝克：《高等教育哲学》，王承绪等译，浙江教育出版社 2001 年版，第 13—15 页。

② ［美］克拉克·科尔：《大学的功用》，陈学飞等译，江西教育出版社 1993 年版，第 7 页。

③ 李伯重：《我们在学术上不能无所作为》，2018 年 6 月，搜狐网（https：//m. sohu. com/a/219580423_ 176673）。

履行“由科学而达至修养”的使命。遵循“为追求纯粹知识而进行科学研究”基本原则，“热情和欢乐驱动着学者们投身于学术研究，从而使柏林大学始终生机勃勃”。[①]

英国剑桥大学前副校长、生物学家和教育家埃里克·阿什比将大学视为“遗传”（Inheritance）与“环境”（Environment）相互作用的结果。成为“探索高深学问的场所和传播客观真理的堡垒”正是埃里克·阿什比心目中的“遗传”之意，也是大学作为学术机构的内在逻辑。从这个意义上说，大学内在的学术性强调大学是一个边界相对确定的社会组织，“学术至上、学者为先、学生为本、学风为要”是大学区别于其他社会组织的本质所在。学术化生存是学者的主导性生存方式，学术活动是学者的生命活动方式。因此，“志于学术”对学者而言是立身之本、生存之基，对大学而言则是具有生命的本体意义。如果将大学教授视为探究高深学问的先行者，那么青年学子则是出于对高深学问的仰慕与渴求而在大学里集聚。在这样的大学中，“教师以本身对学术的追求而生存，学生以学术的召唤而存在”[②]，师与生之间教学相长。青年学子虽然在学术上是“初生牛犊”，但由于充满好奇心和求知欲，能够自由大胆地向教授提问，并提出诸多新思想、新观点。[③] 学生在与教授的观点交流中学会认知、学会做人，教授在与学生的思维碰撞中开阔思路、提高水平。更有甚者，一些来自青年学生无知无畏的提问，会倒逼造诣精深、思想活跃的教授围绕一些有待解决的基本科学问题开展深入探究，推动基础科学实现“从 0 到 1”的突破。在研究型大学里，研究生有更多机会跟随导师从事前沿的科学研究，这也让致力于专业科研的教师有更多的机会了解“一代代青年学子从真实生活中带来的困惑、灵感乃至挑战”，从而避免“专业化的科研沉溺于学究式的细枝末节”，进而为“研究型大学的知识

---

① Clark, W., *Academic Charisma and the Origins of the Research University*, Chicago: University of Chicago Press, 2006, pp. 452 - 470.

② 沈红：《世界一流大学的必经之路——兼论研究型大学的本质属性》，2010 年高等教育国际论坛论文，南京，2010 年 10 月，第 219—229 页。

③ Gurmu, S. eds., “The Knowledge Production Function for University Patenting”, *Economic Inquiry*, Vol. 48, No. 1, 2010, pp. 192 - 213.

创造提供源源不断的内生动力”。[①]

即便是在大学从社会边缘走向社会中心的过程中，大学从事社会服务并非毫无选择地倾其所有，而是立足于“学术性与引领性并重”。在这个意义上，强调学术服务社会，并不意味着学术探索与基础研究完全受制于外界的变化或需求。相反，保持与政府、市场的独立性是大学取得学术卓越的必要条件。作为二战后美国科技政策的主导者之一，万尼瓦尔·布什主持编制的《科学：无止境的前沿》报告，阐述了基础研究对社会繁荣、人民健康、国家安全的意义，但也同时强调这类研究的重点是发现客观世界的规律，提供解决实际问题的理论方法，对实际功用的考量不应被纳入基础研究的目标。非商业性的特点意味着如果单纯依靠工业界，基础研究将会得不到应有的重视。因此，联邦政府应该对基础研究提供特别保护，基础研究的任务主要落在大学特别是研究型大学肩上。[②] 任何一个社会组织需要具备其存在的合法性基础。正是缘于在探索、传承和发展高深学问上的卓越成效，大学才获得了内在的合法性，从而成为历史最悠久的社会组织之一。

大学是一种底部沉重，以基层为主的学科和事业单位构成的矩阵。[③] 学科最初被视为“人类在认识客观世界的过程中形成的一套结构化的知识体系……是以实现知识的新旧更替、系统化与再系统化为目的，对同类问题进行的专门研究。”[④] 现代意义上的学科内涵更为丰富，“知识体系—组织体系—规训体系”相统一的学科概念得到了广泛认同。然而，对知识的探究、整合、应用与传播一直是学科的生命所在，也是推进学科内在建构过程的根本动力。正因如此，大学所承载的学术知识以学科知识作为基本单元，大学的学术生产也以学科

---

① 余继、闵维方：《高等教育体制对大学创新能力的影响——基于欧美的比较研究》，《北京大学教育评论》2018 年第 3 期。

② 沈红：《美国研究型大学形成与发展》，华中科技大学出版社 1999 年版，第 73—76 页。

③ ［美］伯顿·克拉克：《高等教育新论——多学科的研究》，王承绪等译，浙江教育出版社 2001 年版，第 125 页。

④ 刘仲林：《现代交叉科学》，浙江教育出版社 1998 年版，第 19 页。

知识作为基本材料。从科学研究和知识增长的历史来看，科学研究经历了“笼统综合—纵向分科化—整体综合化”的发展过程[①]，知识增长经历了“原始的综合—近代的分化—新的更高程度上的综合”的演绎过程。[②] 当科学发展和知识增长的方式以分化为主时，大学的学科组织就呈现出不断细分的增量式发展；当从过度分化转向新的融合时，大学内部会产生不同类型的跨学科组织，其目的是以新的学科组织形式在科学边缘处生产新的高深知识，致力于“把0变成1”的更高学术追求。

学科组织形式的变化反映了一种趋势，即学者从事知识生产的方式是围绕特定研究对象的变化而逐渐走向组织化、制度化。组织观和规训观视角下的学科是典型的知识型组织，这类组织的核心建制是基于学术共同体的形成。“分科治学”的组织传统促使学者们或由于兴趣，或由于地域，或由于好奇，自发地组织在一起，共同研究某一特定对象。[③] 当学者们围绕独特的研究对象，采用行之有效的研究方法，形成相同的问题意识和思维方法，形成趋于一致的精神追求、价值取向、话语体系和文化信念，这将意味着学科范式的初步形成。“范式具有标准化的特征，使实践者免于长时间思考和认知存在的问题。”[④] 当学者们缘于对共同范式的遵循而自然地汇聚到一起，英国哲学家托尼·比彻等人描述的“学术部落”[⑤] ——学术共同体就开始形成。在这一共同体内，学术的继承与发展在很大程度上依仗学者对本学科的忠诚，包括对所在学科的认识、情感与信念，以及与之相应的遵守学术规范与职业伦理、承担学术责任与学术义务的态度和能力。学术共同体的形成将为学科进一步取得合法性奠定基础，譬如，重视学术标准，保障学术自由，坚守学术自律，以同行评议的方式对学术成果进行评价和激励，提升学科的学术水平；成立

① 李喜先：《21世纪100个交叉科学难题》，科学出版社2005年版，第1页。

② 刘仲林：《现代交叉科学》，浙江教育出版社1998年版，第19—25页。

③ 武建鑫：《走向自组织：世界一流学科建设模式的反思与重构》，《湖北社会科学》2016年第11期。

④ Kuhn, T. S., *The Structure of Scientific Revolutions*, Chicago: University of Chicago Press, 1996, p. 10.

⑤ ［英］托尼·比彻、保罗·特罗勒尔：《学术部落及其领地：知识探索与学科文化》，唐跃勤等译，北京大学出版社2015年版，第2页。

学会、创办刊物、举办论坛，一方面吸引优秀人才和生源，为学科发展补充高深学问的探索者、传播者以及学术薪火相传的承接者；另一方面争取学校层面以及社会公众的认同和支持，获得足够的经费支持。正因如此，学科建设离不开学术共同体的建设，无论是当今公认的世界一流大学还是中国的“双一流”建设高校，无一例外地把培育学术精湛、衔接有序、结构合理、和谐进取的一流创新团队作为一流学科建设的关键抓手。

据上可知，学科建设的规模、结构与水平，受制于学科内在学术逻辑的“张力”。基于学术逻辑，学科建设是以追求客观知识、探寻自然真理为目的，面向世界学术前沿，为科技发展与人类社会进步，特别是对具有共通性的理论、方法与工具的创新上做出原创性贡献，进而在世界范围内的学术共同体中形成学术话语权，并在关键领域拥有学术权威。遵循学术逻辑，学科建设的评价标准至少应具有客观性、长期性与可比性。为此，在“双一流”建设中，包括行业特色研究型大学在内的中国高校需要借鉴和吸取先前世界一流大学和一流学科的发展经验，适应和融入全球学术评价体系，引领世界科技与文化进步，在学术队伍、学生质量、学术成果、学术声誉、学科治理等方面达到国际一流水准。

### 二　社会需求逻辑

回望大学发展的历史长河，这个“以学术为业”的社会组织从未达成“自我支持”的状态，其一直受惠于国家资助或民间赞助。作为对外部资源有高度依赖性的组织，大学在获得外部投入的同时，也意味着将肩负起相应的公共责任，需要通过解决现实问题来满足社会需求，社会服务由此成为大学在教学与科研之后的“第三使命”。①

一方面，高深知识的产出与应用已经成为推动经济社会发展、提升国家竞争力的关键力量。在生产技术主要以经验为基础的时代，从业人员凭借经验性知识就能解决社会生产实践活动中的问题，甚至能推动技术的发明和革新。譬如，蒸汽机的发明依靠的是工匠传统，实质是工匠

① Montesinos, P. eds., “Third Mission Ranking for World Class Universities: Beyond Teaching and Research”, *Higher Education in Europe*, Vol. 33, No. 2/3, 2008, pp. 259 – 271.

们长期积累技艺和生产经验的结果。19 世纪 70 年代至 20 世纪初发生的以电气化为技术特征的第二次工业革命，凸显理论知识在社会生产中的先导作用和技术科学化的发展趋势。其中，电力技术的发明正是建立在电磁学理论研究基础之上。20 世纪 50 年代以来，随着知识生产对经济增长的贡献度越来越高，知识、信息、高科技人才等成为促进经济增长的主要要素和国家竞争力的关键指标，这也开启了科技经济一体化进程。在 2018 年全球竞争力排名前十的国家或地区中，有 7 个在“创新能力”（Innovation Capability）指标上排名全球前十，另有 2 个在该项指标上排名全球前十五。[①]

另一方面，高深知识生产占用了越来越多的政府或企业资源投入。从 15 世纪下半叶近代科学诞生直至 19 世纪末被称为“小科学时代”，这一时期以学者个人或小团体的自由研究为典型特征，科学研究不需要规模化的人员协同配合，也不需要昂贵的技术设施和技术手段。[②] 到 20 世纪，以现代物理学为代表的自然科学进入快速发展阶段并不断取得突破，科学研究的复杂度和难度不断提高，现代科技的重大突破愈加依赖于技术先进、价值不菲的科研设施和仪器设备，科学技术化的进程由此开启。美国在二战期间成功实施“曼哈顿工程”等大规模、跨学科的科学研究项目，标志着“大科学时代”的来临。大科学既有探索未知领域知识的“科学”特征，又有对政治、经济、军事、生产、生活等诸多方面带来划时代变革为明确目的的“技术”特征，因此其科技创新的难度大、项目实施的周期长、涉及的学科领域广，对一个国家工业基础和公共服务体系的发展水平有很高要求，需要耗费巨大的人力、物力和财力。当科学活动形式从“小科学”向“大科学”演变，大量的知识生产活动不再是“由特定的共同体主导，基于‘闲逸的好奇’兴趣导向”的自由探索，取而代之的是“社会建制化，基于问题导向、需求导向、技术导向”的研究与开发。此时的大学不可避免地被深度卷入社会事务之中，知识生产越来越需要接受经济社会的评价和质量控制，出现了越来越多的利益相

---

① Schwab，K.，World Economic Forum，“The Global Competitiveness Report 2017 – 2018”，2018 – 10 – 16，https：//cn. weforum. org/reports/the-global-competitveness-report-2018.

② 谢桂华：《高等学校学科建设论》，高等教育出版社 2011 年版，第 278 页。

关者和“阅听人”。[1] 大学除了从事“以生产思辨性理论知识为旨归”的基础研究，还更多地走出象牙塔，与政府、企业及非营利性组织合作，参与到“生产应用性技术知识”的创新实践，并以“贩卖者”身份将研究成果推向市场。

接续“任何类型的大学都是遗传和环境的产物”这一论断，“环境”作为推动大学发展的外部力量，其实质是外在的社会需求逻辑对大学的引导与干预。学科是大学的基本组成单元，借助马森·海尔瑞（Mason Haire）等人提出的组织生命周期理论考察大学学科组织的演化历史可以发现：社会需求能够催生新兴学科，推动这些学科步入生长期。学科之林的茂密或稀疏程度可以看作相关社会需求强弱的晴雨表，若社会需求强烈，则学科的要素活力强，作用范围广，周边区域生长迅速、枝繁叶茂；若社会需求微弱，或相关学科尚未顺利迈入生长期，则学科的周边区域将生长缓慢甚至停滞。到了蜕变期，“学科面临知识产出能力与社会对知识的需求不相适应的矛盾。相应的，学科也将通过组织结构的调整、资源要素的重组或主动调整研究方向，谋求自身发展的突破”。[2] 这也印证了苏联学者鲍·凯德洛夫（Б. Кедров）的论点：“科技的突破点往往就发生在社会需求和科学内在逻辑的交叉点上。”[3] 因此，满足社会高层次发展需求是学科建设理应遵循的行动逻辑。

伯顿·克拉克把学术权威、国家权力和市场力量视为三种影响高等教育系统运行的基本要素，并认为“高等教育系统中的学术组织是围绕基于专门知识的学科确立起来的”。[4] 基于此，学科作为高等教育系统的基础和大学的基本组成单元，其遵循的外在社会需求逻辑可以分为政治需求逻辑与市场需求逻辑两个维度。

---

① 刘小强、彭颖晖：《一流学科建设的三种导向：价值的冲突与统一》，《研究生教育研究》2019 年第 1 期。

② 宣勇、张鹏：《组织生命周期视野中的大学学科组织发展》，《科学学研究》2006 年第 S2 期。

③ 解树森、陈冰：《对科技进步因果链的探讨》，《贵州社会科学》1986 年第 5 期。

④ ［美］伯顿·克拉克：《高等教育系统——学术组织的跨国研究》，王承绪等译，杭州大学出版社 1994 年版，第 119 页。

1. 政治需求逻辑

高等教育是在一定的生产关系下生存与发展的，其在特定社会中具有特殊目的，并受到社会主流思想和意识形态的主导与影响，这体现了高等教育的政治属性。[①] 大学的办学活动受到政治条件制约，需要围绕明确的政治目标为国家服务。在这个意义上，“学术的价值不是取决于学术本身的名词术语，而是取决于其对国家和世界的服务”。[②] 出于“确保知识的公共性”和“确保学科发展为经济社会发展和国家发展战略服务”的目的，国家权力干预学科建设是普遍现象。在许多国家的大学里，某些学科因为意识形态与国家利益的需要而获得（取消）建制或者得到扶持（削弱）是司空见惯的现象。然而，缘于各国高等教育管理体制的差异，政府干预的方式和深度有所差别。根据政府与大学之间的权力关系，世界高等教育划分为两大体系。以法国为代表的欧洲大陆传统体系是“大一统的正规结构”，而以美国为代表的盎格鲁—撒克逊传统体系是“社会选择的多元结构”。[③] 18 世纪末，为满足工商业发展和对外扩张战争的需要，法国政府采取行政命令的方式，关闭了 22 所中世纪大学，建立了隶属行业部门、坚持“通专结合”培养定位、“少而精”招生制度和杰出学业标准的大学校，此举“将工程实践建立在现代自然科学的基础上，推动了工程知识的学科化，工程学科最终产生并合法进入了大学”。[④] 南北战争结束以后，美国联邦政府通过《莫里尔法案》（*Morrill Act*）建立大批赠地学院，增设了农业、工程、商贸、师范等科类，支撑了该国农业发展及工业化进程的需要。二战爆发后，美国科学研究与发展局（Office for Scientific Research and Development，OSRD）直接调控联邦实验室、工业实验室、高校实验室和非营利研究机构，建立了战时“大科学”体制。其中，加州大学伯克利分校凭借在高能物理领域的学术声誉，领

① 唐开秀、谷满意：《系统论视野下高等教育管理的效益化研究》，《黑龙江高教研究》2015 年第 6 期。

② ［美］欧内斯特·博耶：《关于美国教育改革的演讲》，涂艳国等译，教育科学出版社 2002 年版，第 92 页。

③ ［美］伯顿·克拉克：《高等教育系统——学术组织的跨国研究》，王承绪等译，杭州大学出版社 1994 年版，第 138—146 页。

④ 周光礼：《建设世界一流工程学科：“双一流”高校的愿景与挑战》，《现代大学教育》2019 年第 3 期。

导了原子弹研制的理论研究，参与了“曼哈顿工程”总体实验室的建设并负责管理。由于卓越的学术成就及其对战争的巨大贡献，加州大学伯克利分校被视为美国原子与核武器研究的最佳场所，成为第一所获批在校内建立国家实验室的美国大学，此举不仅强化了该校在高能物理学领域的领导地位，还拓展了核医学、核化学、生物化学、能源辐射、环境科学等新兴学科领域。不仅如此，战时形成的“将知识迅速或者直接运用于公共利益不断增长的需求从而求得充裕资金”① 的研究进化机制在战后得到了延续和发展。

中国古典高等教育强调服从政治目的，“古代官学与书院依附于宗法一体的皇权政治体系，求学问道只有落实到现实的政治层面才有意义。儒家学者视‘修齐治平’‘为帝王师’为人生的最高理想”。② 科举制度更是将中国传统社会的学术系统和政治系统合二为一，学业科目完全按照官吏选拔的要求来决定。中华人民共和国成立后，国家借鉴欧洲大陆传统高等教育体系的实践标准，主要通过行政命令、资源控制等方式对学科建设进行自上而下的“行政导控”。从 20 世纪 50 年代中期开始，中国以举国体制实施“两弹一星”工程，在尖端科技研发上取得历史性成就的同时，也促使微观物理学、控制论、系统工程等学科在中国的建制化水平迅速提高。③ 从政策语义来看，“双一流”建设作为当前中央政府基于国家战略需要而制定的高等教育发展方略，体现了国家意志和战略重点。参与“双一流”建设的大学既要发挥学科育人功能，通过培养在认知结构、价值取向、意志品格等方面符合相应要求的专门人才来满足政治建设与国家发展需要；又要增强学科创新能力，面向国家重大需求，尤其是在国内基础相对薄弱且受发达国家限制的高新领域，加强基础研究、应用基础研究和技术创新，占据科技发展的制高点，建设创新型国家和维护国家安全。

---

① Bush, V. & Smith, B. L. R., “The Vannevar Bush Legacy. (Book Reviews: Science-The Endless Frontier. A Report to the President on a Program for Postwar Scientific Research: American Science Policy Since World War II.)”, *Science*, Vol. 251, No. 1, 1991, pp. 210 – 211.

② 周光礼、刘献君：《学术自由与社会干预的整合认同——大学定位的再思考》，《江苏高教》2002 年第 1 期。

③ 谢桂华：《高等学校学科建设论》，高等教育出版社 2011 年版，第 72 页。

2. 市场需求逻辑

从知识社会学的角度，"解决经费问题"是一个学科能否得到发展的前提条件之一。从这个意义上说，遵循市场需求逻辑的学科建设就是要采取行动来"满足利益相关者的胃口"，以求在资金市场的竞争中占据先机。二战结束后，高等教育规模的持续扩张给各国政府带来了巨大财政压力。正如约翰·布鲁贝克所言："即使最富裕的国家也不可能提供普及高等教育所需要的经费，除非社会愿意重新分配目前用于国防、空间探索、公共卫生和社会福利计划方面的国家资源，否则根本不可能有足够的人力、物力来普及高等教育。"① 以往由政府财政全额资助的公办高等教育机构在这一时期开始受到质疑——"由于是一种政策的垄断，因此其缺乏市场竞争压力和成本意识，实际上造成了教育的效率不高、质量不高、学生对学习不负责任等现象，这无论是从经济学还是教育学的角度都堪称失败"。② 除了各国高等教育需求旺盛性与政府财政资金有限性之间的矛盾，20 世纪 70 年代西方发达国家的经济发展出现滞涨，加上新公共管理运动、经济理性主义等思潮的影响，不少国家在削减高等教育经费投入的同时，采取下放行政权力、引入竞争性拨款机制、鼓励高校自主办学和维护高等教育受益者的自由选择权等措施，形成了高等教育的市场导向模式。国家则借助市场手段开始扮演知识生产过程中的"规范者"角色。③ 针对这一趋势，国际经济合作与发展组织（OECD）提出了"高等教育市场化"概念，即"市场机制的引入，使高等教育系统的运行至少在如下方面体现典型的市场特征，包括竞争、选择、价格、分散决策、资金刺激等"。④《学术资本主义》一书的作者希拉·斯劳特认为："缘于办学经费紧张，20 世纪 80 年代美国大学的学科布局调整受到了市场需求逻辑支配，在衡量一个学科的价值时，生产效率与市场竞争

① ［美］约翰·布鲁贝克：《高等教育哲学》，王承绪等译，浙江教育出版社 2001 年版，第 64 页。

② 谢安邦、刘莉莉：《市场的逻辑与大学变革》，《现代大学教育》2001 年第 3 期。

③ Apple, M. W., "Comparing Neo-Liberal Projects and Inequality in Education", *Comparative Education*, Vol. 37, No. 4, 2001, pp. 409-423.

④ OECD, *Redefining Tertiary Education*, Paris: Organization for Economic Co-operation and Development, 1998, p. 121.

度成为优先使用的评价标准。”[①] 在市场这只“看不见的手”的召唤下，基于“成本—效益”的学科发展思路得到推崇，大学更加关注自身在人才市场和技术市场上的地位与竞争力，适时将符合市场需求的人才培养和科学研究纳入学科建设目标，通过优化学科布局、调整建设重点、提升学科育人水平和学科创新能力来扩大市场占有率，以期获得尽可能多的资金支持。

除了获得资源支撑，知识经济的出现是激发市场力量介入高等教育系统的另一个重要原因。随着第二次工业革命的兴起，知识被赋予了新的意义，知识不再局限于以其“本真与纯粹”来“以文化人”，而是愈加紧密地与实际应用相结合。此时，大学知识生产的目的不再是“为了知识本身”，而是为了适应社会生产和生活的需要。相较于强调客观性、普遍性知识的“传统知识”，与实际应用相联系的知识被称为“新知识”。[②] 大学不再以“闲逸好奇”的精神追求作为从事知识生产的主要目的，而是把更多的精力转向那些“能够作为资源投入到生产过程中并在生产过程中起主要作用的现代知识”。[③] 校长对“强化社会服务功能”理念的追崇、教授对从事创业活动的兴趣、大学对缓解财政压力的需求，共同促使麻省理工学院等高校从 19 世纪晚期开始与企业建立联系，并以教授在产业界从事咨询活动、建立联合实验室等为主要形式建立了“大学—企业”关系。应用化学、电气工程、机械工程、建筑工程等应用学科在当时得到了更多的校方关注与企业资助，这些学科的知识生产出于商业目的开始强调经济性和保密性。19 世纪末到 20 世纪初，欧美主要资本主义国家相继从自由竞争资本主义阶段向垄断资本主义阶段过渡。此后，历经两次世界大战以及 20 世纪 30 年代世界经济大萧条，国家垄断资本主义成为资本主义国家经济的支配力量。在这一时期，伴随市场经济由低级形态向高级形态发展，高级劳动力的市场化和科技成果的商品化进程开始加速。20 世纪下半叶以来，欧美发达国

---

① Slaughter, S., “Retrenchment in the 1980s: The Politics of Prestige and Gender”, *The Journal of Higher Education*, Vol. 64, No. 3, 1993, pp. 250 – 282.

② 谢桂华：《高等学校学科建设论》，高等教育出版社 2011 年版，第 103 页。

③ 汪克强：《企业知识管理中几个常见误区的分析》，《研究与发展管理》2003 年第 5 期。

家率先开始了产业结构调整和转型升级，“人力资本和技术中的知识”在市场交易中的重新配置受到了前所未有的重视。1996 年，国际经合组织提出了“直接以知识与信息的生产、配置和使用为基础的经济”①，即“知识经济”概念。在 OECD 看来，知识经济与工业经济的主要区别在于“知识的作用重在创造新需求、开拓新市场，而不限于节省资本和劳动或者提高资本和劳动的边际产出率”。② 对于大学的学科建设而言，基于知识的经济发展趋势成为一种来自市场的推动力。

知识形态决定学科形态。在当代，“新知识”生产呈现出“情境性、跨学科性、弥散性、社会责任性和质量控制的综合性等特征”。③ 对此，一些世界著名研究型大学在向创业型大学的转型中，除了建设传统的“学术学科”，还在探索“创业学科”发展之路。麻省理工学院第十三任校长卡尔·康普顿（Karl Compton）在 20 世纪 30 年代准备“将新英格兰地区第一次工业革命为学术界积累的力量转化为新一轮的经济增长”，并开始尝试推动“以大学为基础的经济发展模式”“将科学知识以及 MIT 的研究经验应用到经济发展中”。④ 时任 MIT 副校长、工学院院长的万尼瓦尔·布什作为“创业型学者”代表，将“在学术研究的基础上创建技术公司”的理念变成了实践。在市场需求逻辑的导向下，大学师生与企业人员、社会相关人员共同参与知识生产，尤其是致力于技术知识的应用研究，工程技术、计算机与信息科学、管理及经济等与市场需求联系更为紧密的学科更易获得办学资源和发展机会。⑤ 与实际应用相联系的知识积累量一旦达到某种阈值时将产生“溢出效应”，知识生产场所也将从此前的以大学为主，变为大学与企业研发中心、工业实验室共同参与，不仅扩大了研究组织的开放性，让知识能够

---

① OECD, *The Knowledge-based Economy*, Paris: Organization for Economic Co-operation and Development, 1996, p. 7.

② 谢桂华:《高等学校学科建设论》，高等教育出版社 2011 年版，第 285 页。

③ ［英］迈克尔·吉本斯等:《知识生产的新模式：当代社会科学与研究的动力学》，陈洪捷等译，北京大学出版社 2011 年版，第 3—8 页。

④ ［美］亨利·埃兹科维茨:《麻省理工学院与创业科学的兴起》，王孙禺等译，清华大学出版社 2007 年版，第 108—124 页。

⑤ 胡德鑫:《我国世界一流大学建设的困境与治理挑战——基于多重制度逻辑分析范式》，《高等工程教育研究》2019 年第 2 期。

在不同学科之间流动，而且开始衍生出众多学科性企业。在此背景下，大学既对提高劳动生产率、促进企业创新做出了贡献，亦成为区域可持续发展和区域创新的源泉。[①] 在二战期间因战事需求所带来的密集投资驱动下，以雷神（Raytheon）为代表的一批 MIT 衍生企业得到了快速发展。战后，借助战争期间聚集的大量优秀人才和一流的研发条件，MIT 与衍生企业共同在微波技术、数字计算、导航仪器和数控机床等新领域拓展，创建了 128 号公路高新技术产业带，同时也让 MIT 在相关学科领域形成了显著优势。作为 MIT 的博士学位获得者，斯坦福大学前副校长弗里德里克·特曼（Frederick Terman）在时任校长华莱士·斯特林（Wallace Stirling）的支持下，以电子工程、物理学和化学等为重点力图构筑尖顶学科。同时，借鉴和发展了 MIT 的"科学创业"模式，倡导"学以创业"并营造宽松环境，创立斯坦福产业园，探索建立大学与企业之间"多赢性磁吸"效应和"可持续发展"机制，既孕育了"硅谷"，也推动斯坦福大学成功实现"学术尖顶"战略。

据上可知，学科建设的组织实施与资源配置受制于社会需求逻辑的"吸力"。基于社会需求逻辑，学科建设体现出实践理性、工具理性和社会本位的特征，带有鲜明的国家性和民族性，以能否回应并满足国家和市场对高深知识的需求作为判断学科建设成效的主要标准。遵循社会需求逻辑，学科建设的评价标准具有主观性、时代性与国别性。为此，在"双一流"建设中，行业特色研究型大学需要立足中国的历史条件与现实基础，把自身发展同服务国家和民族的需求，尤其是与产业发展需求结合起来，并为之做出积极贡献，彰显一流学科建设的"中国元素"。

### 三 逻辑之间的平衡

前已述及，学科是在学术逻辑与社会需求逻辑的共同驱使下演进的。值得注意的是，两种逻辑之间并非呈现此消彼长、此盈彼亏的"二律背反"现象，而是既相互冲突又彼此促进。在斯坦福大学前校长唐纳德·肯尼迪（Donald Kennedy）眼中，"自由和责任，权利和义务，它们是交

---

① Goldstein, H. eds., *The University as an Instrument for Economic and Business Development: U. S. and European Comparison*, New York: Pergamon, 1995, pp. 105 – 133.

易的关系”。[①] 当代学科知识生产也正是学术逻辑与社会需求逻辑矛盾运动的结果。

追求高深学问的超越性与满足社会需求的现实性，致使学术逻辑与社会需求逻辑之间产生二元对立。“大学只有在其超越性中才会获得其自身的规定，找到存在的依据”。[②] 作为大学及其知识生产的基本组织单位，学科创造的知识与现实世界之间没有直接的同一性。从理想主义的角度，大学及其学科所追求的是超越自身、超越短期、超越狭隘功利观的“大利”，着眼于社会的长期利益乃至人类的整体利益，通过探索未知和养成人才来实现自我目的，进而更好地服务社会。从这个意义上说，大学及学科不仅仅是适应社会，还要引领社会发展，成为“人类文明的灯塔与精神的地平线”。从功利主义的角度，世界一流大学与一流学科以学术声誉至上作为其生命要素，大学应该“本能地偏好于学术活动的高深程度和前沿程度，追求学科同行的认同和学科在国内外的地位，并不刻意关注学科的实际效用”。[③] 相比之下，在政治需求逻辑下，政府为学科的知识生产与人才培养提供政策、财政支持并实施质量监督，出于任期业绩的考虑，官员们往往倾向于关注研发费用的限额、研究机构的集中和成果的短期效应。在市场需求逻辑下，企业是学科知识和学科人才的资助方与购买方，秉承等价交换的规则，商人们往往偏好于把大学及学科视作企业研发部门的延伸，而非学者控制下的、拥有独立话语权的学术机构。高等教育哲学“认识论”与“政治论”的冲突，可以视为学科建设内在学术性和外在社会性矛盾的宏观表现形式。

促进学科建设外部驱力的内在化，将使学术逻辑与社会需求逻辑彼此实现共融共生。社会需求逻辑主导下发布的公共政策、企业战略中蕴含了丰富的需求信息，这实质上构成了学科的外部信息环境。尽管外部需求信息在多数情况下不包含“做什么研究、怎么做研究”的明确指令，但若能坚持“问题导向”的原创性研究，学者依然可以从政治、

---

① ［美］唐纳德·肯尼迪：《学术责任》，阎凤桥等译，新华出版社 2002 年版，第 4 页。

② 周光礼、刘献君：《学术自由与社会干预的整合认同——大学定位的再思考》，《江苏高教》2002 年第 1 期。

③ 谢桂华：《高等学校学科建设论》，高等教育出版社 2011 年版，第 78—79 页。

经济、文化等领域的现实需求中提炼自然科学学科与哲学社会科学学科的基础性理论问题。对这些问题的持续性研究，既能为国民经济、社会发展和国防安全提供智力支撑，又有助于相关学科在科学内在逻辑和社会需求逻辑的交叉点上取得学术突破。正如普林斯顿高等研究院创建人亚伯拉罕·弗兰克斯纳（Abraham Flexner）所言：“研究及解决问题和促进知识——这两点是相互通用的，其重要性日益显著，并且在任何领域都是显而易见的。”① MIT 之所以从 20 世纪 30 年代开始加快发展理科，由工科大学向理工科大学转型，其中一个重要原因是当时的美国工业化进程对基础研究提出了需求。“政府认为纯粹和应用科学研究是促进经济增长和提高生产效率的基础和手段，应用科学及技术的应用需要建立在基础理论知识的持续进展的基础之上。与此同时，企业开始认识到基础研究的重要性在于它是工业研究工作的‘原料’。”② 事实上，大学和学科是“内在学术性和外在社会性的统一体”，“双一流”背景下学科建设的一项重要任务是“创造条件保持学术逻辑与社会需求逻辑的平衡”。这也是当代大学的理想，其有益于高等教育与经济社会之间维持“松散耦合”状态，与具有复杂系统特征的高等教育系统变革的内在要求高度契合。③

在实践探索中，为寻求学术逻辑与社会需求逻辑之间的平衡，除了在学科建设的价值理性和工具理性之间保持必要的张力，还要对不同类型的学科侧重不同的逻辑取向。英国学者托尼·比彻从认识论角度，根据知识演进的属性、研究对象的特质、学者与知识的关系、研究流程与标准、研究结论的信度和效度以及成果的表现形式等因素，提出了学科分类的两个维度——“硬/软”和“纯/应用”。“硬”与“软”的区分主要依据科学范式，即是否存在一个“逻辑严谨、结构紧密的学科整体框

---

① ［美］亚伯拉罕·弗兰克斯纳：《现代大学论——美英德大学研究》，徐辉等译，浙江教育出版社 2001 年版，第 6 页。

② 周进：《重点理工大学转型时期理科发展研究》，博士学位论文，华中科技大学，2002 年，第 15 页。

③ 姚荣、李战国、崔鹤：《国家工业化与高等教育结构调整——政策变迁的制度逻辑》，《教育学术月刊》2015 年第 8 期。

架”。[①]“纯”与“应用”的区分，主要依据“该学科领域的研究问题应用于实践的程度”。[②] 基于两个维度相互交叉形成的矩阵，可以把学科划分成“硬—纯”“软—纯”“硬—应用”和“软—应用”四个领域。其中，纯硬学科领域包含数学、物理学、化学和生物学等自然科学学科；纯软学科领域包含文学、历史学和哲学等人文学科和经济学、政治学、社会学、心理学等纯社会科学学科；应用硬学科领域包含工程学科、农学和医学（诊疗）等技术学科；应用软学科领域包含法学、新闻传播学、教育学和管理学等应用社会科学学科（见图2—1）。

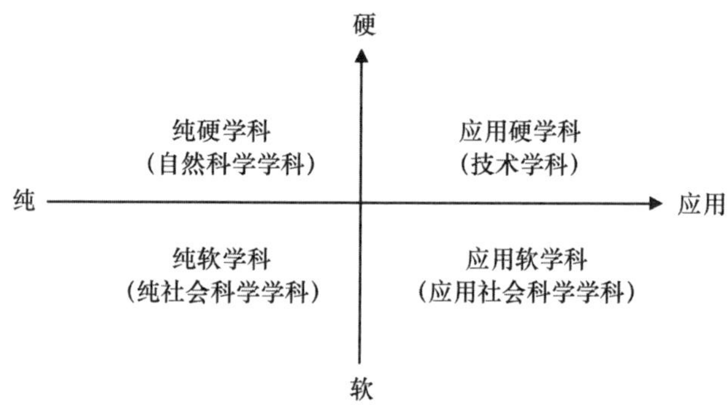


**图2—1 Tony Becher基于认识论的学科四象限分类**

托尼·比彻在《学科差异的意义》一文中对四类学科领域的特质进行了描述[③]，这有助于厘清不同类型的学科在建设过程中各自需要侧重的逻辑。

关于纯硬学科，其特质是“知识以晶状或树状结构生长，具有累积性；倾向于关注自然领域的普遍性，不受个人主观价值判断的影响；对同一重要问题的研究结论在现实和未来之间具有趋同性；知识生产以发现或解释问题为主要目的”，这类学科领域主要遵循学术逻辑。

---

① 龚放：《把握学科特性　选准研究方法——高等教育学科建设必须解决的两个问题》，《中国高教研究》2016年第9期。

② 蒋洪池：《托尼·比彻的学科分类观及其价值探析》，《高等教育研究》2008年第5期。

③ Becher，T.，“The Significance of Disciplinary Differences”，*Studies in Higher Education*，Vol. 19，No. 2，2006，pp. 151 – 161.

关于纯软学科，其特征是“知识以有机体或河流结构生长，具有反复性；倾向于关注人文与社会领域的特殊性、复杂性，受个人主观价值判断的影响；对同一重要问题的研究结论具有差异性；知识生产以达成理解为主要目的”，这类学科领域的意识形态性强，主要遵循学术逻辑与政治需求逻辑。

关于应用硬学科，其“致力于把硬性知识付诸应用实践进而获取专业技术（通常运用定量与定性相结合的方法以及启发式方法），追求功用性；主要关注物理环境的控制；知识生产以产品或技术开发为目的”，这类学科领域主要遵循政治（国家战略）需求逻辑或市场需求逻辑。

关于应用软学科，其“致力于把软性知识付诸应用实践进而内化为职业技能（通常借助案例研究），在追求实用性的同时也注重文化的价值追求；主要关注专业实践是否得到强化；知识生产以制定规范的程序（含礼仪）为主要目的”①，这类学科领域主要遵循政治（意识形态及文化价值）需求逻辑或市场需求逻辑。

## 第二节　知识生产模式转型

学科是知识体系和学术组织制度的结合体。“知识是永恒的，学科却只能是历史的。”② 学科是探索知识过程中知识的暂时分类，知识生产模式是“关于知识生产规律的发现”，后者的变迁为前者的发展提供动力。从 20 世纪后半叶开始，“最终的科学”（Finalization in Science）、“后常规科学”（Post-normal Science）、“学术资本主义”（Academic Capitalism）、“后学院科学”（Post-academic Science）、“三螺旋”（Triple Helix）等理论纷纷出现，从不同侧重点揭示了知识生产方式的变化。其中，迈克尔·吉本斯等人提出的“知识生产从‘模式 I’向‘模式 II’转变”理论影响最大。在吉本斯等人看来，传统的“模式 I”致力于纯科学研究，知识生产是为了满足学术兴趣和“闲逸好奇”的，主要基于单一学科内

① ［英］托尼·比彻、保罗·特罗勒尔：《学术部落及其领地：知识探索与学科文化》，唐跃勤等译，北京大学出版社 2015 年版，第 40—41 页。

② 王建华：《知识规划与学科建设》，《高等教育研究》2013 年第 5 期。

部，其组织具有同质性和等级制的特征，且主要局限在大学这一个主体中，知识生产的效果与质量主要基于“学术守门人”把控与同行评议。相比之下，“模式 II”具有“应用情境”“跨学科”“异质性与非等级化”“场所的‘社会弥散化’”“多方利益相关者参与的社会问责”的特征。[①] 可见，大学的职能在知识生产模式转型时代将发生实质性变革，尤其是研究型大学将被置于“风暴中心”。[②] 学科是实现大学功能的基本单元，知识生产模式的转型将促进学科建设的适应性改革，加速知识价值的实现。同时，学科建设的发展演进有助于提炼知识生产规律，进而推动知识生产模式转型。

## 一　知识生产模式 I 与模式 II 的主要理论观点

以柏林大学的创立为标志，科学研究成为大学的又一职能，这加快了大学学科制度化进程。彼时知识生产的合法性体现在“教学与科研相统一”之上，教学与研究同时在大学内进行，并把追求真理作为共同的价值追求，尽管随着岁月的更迭，真理的真实性和获得真理的可能性愈加模糊。[③] 在“第一次学术革命”意义下，以探究和传授新知识作为最终目的，设置和解决问题的情景（Context）由特定学术共同体决定的知识生产模式被迈克尔·吉本斯等人定义为“模式 I”（Mode - I），学界亦称其为“洪堡模式”。

模式 I 是一种理念、方法、价值和规范的综合体，是建立在“牛顿学说”所确定的学术范式之上，以及遵循以普遍主义、公有主义、非牟利性和有组织的怀疑主义为标准的“默顿规范”。[④] 这一模式下的知识生产过程可借用卡尔·波普尔提出的“知识进化公式”阐述为“$P_1$ - TT -

① ［英］迈克尔·吉本斯等：《知识生产的新模式：当代社会科学与研究的动力学》，陈洪捷等译，北京大学出版社 2011 年版，第 1 页。

② 陈乐：《知识生产模式转型驱动下研究型大学改革路径研究》，《高校教育管理》2019 年第 3 期。

③ ［英］杰勒德·德兰迪：《知识社会中的大学》，黄建如译，北京大学出版社 2010 年版，第 28 页。

④ ［美］罗伯特·默顿：《科学社会学》，鲁旭东等译，商务印书馆 2003 年版，第 363—374 页。

EE－$P_2$”，其中，“$P_1$”是指 Problem1，即“作为科学研究起点的问题”；“TT”是指 Tentative Theory，即研究者为解决问题而提出的尝试性理论——假设；“EE”是指 Error-Elimination，即研究者检验假设、消除错误的过程；“$P_2$”是指 Problem2，即“作为新的科学研究起点的新问题”。[①] 专业化被视为模式 I 中增进知识的可靠手段，其推动了学科组织的制度化和学科之间的等级化。学者群体囿于单一学科内部从事学科界限明显的知识生产，导致知识生产的主体也形成了学科型结构，知识体系也因此存在于不同的学科框架内。基于这种学科型结构，传统的知识生产系统在大学等公共机构和企业等私人机构之间划分出一条清晰的分界线。大学是开展“有利于公共长远利益和增进知识主体研究的唯一承担者”，学者群体致力于研究范式的科学性和客观性，倚仗学科的理论和方法，从而获得学科的知识结构和理论体系。知识生产模式 I 有力地推动了现代科学技术的飞速发展，但这一模式也存在局限性，譬如：“为知识而知识”让科学研究与社会需求脱节，难以满足“大科学”时代知识生产的内在复杂性；知识传播和应用的渠道不畅，学科壁垒根深蒂固等。正因如此，从“所谓的以科学为基础的科学‘模式 I’转向以研究为基础的应用‘模式 II’”，成为知识生产模式转型的方向。[②]

迈克尔·吉本斯等人研究认为，在多重时代性特征的驱动下，在传统的知识生产模式 I 之外，一种新的知识生产模式——模式 II（Mode－II）正在浮现，亦有研究者称其为“后洪堡模式”。知识生产模式 II 突破了学科自治和精英学术的固有模式，超越了原有的学科理论和范式，在应用机制的推动下，更多的是围绕现实世界中的实际问题展开，构成了“目标—内容—方法”的关系链维度。[③] 在模式 II 中，大学之外的其他知识生产主体开始出现，动摇了此前大学在知识生产上的垄断地位，亨利·埃兹科维茨也由此提出了“三螺旋”理论。作为知识经济社会内部

---

① Popper, K., *Objective Knowledge: An Evolutionary Approach*, Oxford: Oxford University Press, 1972, pp. 261－287.

② ［英］理查德·惠特利：《科学的智力组织和社会组织》，赵万里等译，北京大学出版社 2011 年版，第 5 页。

③ Hessels, L. K. & Lente, H., “Re-Thinking New Knowledge Production: A Literature Review and a Research Agenda”, *Research Policy*, Vol. 37, No. 4, 2008, pp. 740－760.

创新制度环境的三大要素，大学、产业部门和政府机构以市场需求为纽带连接起来，形成三种力量交叉影响、螺旋上升的“三重螺旋”关系。在三条螺旋的相互作用下，产生了新的重叠组织和机构网络，并以新思路和新范式推动知识生产。总之，问题设置和解决方案被置于应用情景，知识生产主体的多元分化，一系列更广泛的、背景各异的、非正式和非传统的实践者加入，弥散式知识管理的制度安排，以及“混合的科学知识模糊了‘模式Ⅰ’中知识生产的学科界限”，都意味着模式Ⅱ已突破单一学科限制，强调多学科交叉融合，注重跨学科的系统思维与集成创新。

迈克尔·吉本斯等人概括了模式Ⅱ相比于模式Ⅰ所具有的五个典型特征：

一是知识生产的应用情景。不同于模式Ⅰ旨在证明“真理”的存在性，模式Ⅱ中的问题提出、方法完善、成果使用与推广等均植根于应用情景。对应用问题的解决是在不断地沟通、协商中进行的，意在实现多主体协同创新以满足知识生产场景日益复杂化的需要，所生产出来的知识具备了对社会各方的应用价值。①

二是知识生产的跨学科性。模式Ⅰ主要是基于特定学科框架来发现、分析和解决问题，模式Ⅱ中的知识生产是问题导向，需要用多学科的视角、语境和策略来整合各种智力资源和知识。

三是知识生产的异质性与组织多样性。模式Ⅰ中从事“学术性知识生产”的主体是大学，模式Ⅱ则进一步吸引了政府、企业等非大学组织的加入，其不仅带来新的资源，还同大学一起围绕特定问题组成流动性问题解决网络，建立灵活多样和非等级化的临时性知识生产团队。在持续存在的“责任矩阵”（Job Responsibility Matrix）中，知识生产的“异质性”从业者及“多元化”组织经过反复沟通与协商，形成了不断细化的研究领域，“亚领域”的重新组合筑成知识创新源头。②

四是知识生产的社会问责性与反思性。模式Ⅰ中的知识生产由学者共

---

① Gibbons, M. eds., “Revisiting Mode 2 at Noors Slott”, *Prometheus*, Vol. 29, No. 4, 2011, pp. 361 – 372.

② 蒋逸民：《新的知识生产模式及其对我国高等教育改革的启示》，《外国教育研究》2009年第6期。

同体主导，是在相对独立的学术空间中，运用规范的研究方法来“准确”认识世界，以补充完善现有的知识体系与理论框架，从而拓展人类的认知边界。模式 II 中的知识生产强调应用价值的创造，并不满足于研究者对研究对象的单向审视，更倾向于把研究过程视为“发生在研究者与研究对象之间，或许永无止境的紧张对话”，知识生产组织的文化要义从此由“自治”转变为“责任”①，知识生产的目的不只是停留在发现真理或创造新技术，还要以批判性思维对研究过程（包括主题选择、方案设计与结果运用等）进行反思，充分考虑知识生产活动对社会可能造成的影响。

五是质量控制的多维标准。模式 I 中的知识生产以知识本身为目的，以知识的学术价值为旨趣，且基本限于单一学科内部，因此在质量控制上依赖于同行评议或“学术守门人”。模式 II 中的知识生产者范围更广，且呈“异质性”特征，加上跨学科团队的组建以及对跨学科知识体系的依仗，使得“学科同行”难以辨认，知识评价和质量控制明显超过了传统学科意义上的学者共同体范畴。因此，除了追求卓越的学术标准，知识评价标准还受到社会、商业和政治等多种因素的影响。

虽然模式 I 与模式 II 的知识生产特征截然不同，但两者之间不是非此即彼的关系，而是可以根据不同的知识生产价值取向和外部需求形成相互作用、协同共生的关系。传统的学术范式研究活动在强调理论和方法的同时，同样能为新模式下的知识产出提供机会和路径。② 科瑟·哈立德等人也认为，“知识生产模式 II 不会取代传统的知识生产模式 I 的学科结构，而是前者对后者予以补充并与之互动”。③ 因此，在知识经济社会中，高等教育系统需要相对平衡的科学观，不同类型的大学将侧重于不同的

---

① Veit, R. eds., “Towards Mode 2 Knowledge Production: Analysis and Proposal of a Framework for Research in Business Processes”, *Business Process Management Journal*, Vol. 23, No. 2, 2017, pp. 293 – 328.

② Collyer F., “The Production of Scholarly Knowledge in the Global Market Arena: University Ranking Systems, Prestige and Power”, *Critical Studies in Education*, Vol. 54, No. 3, 2013, pp. 245 – 259.

③ Koser, K. eds., “Cultural Research and Refugee Studies: New Knowledge, Methodologies, and Practical Implications: A Panel Commentary”, *Social Analysis*, Vol. 48, No. 3, 2004, pp. 59 – 65.

知识生产模式从而履行各自的使命。

尽管如此，“模式 II”相较于“模式 I”仍然表现出与知识经济时代更加契合的态势，其影响力正在强势扩增。模式 I 沿袭了认识论的哲学观，模式 II 遵循着政治论的哲学观①，后一模式在知识经济时代以及知识与智力资源配置的市场化、商业化时代更具生命力，大学开始走向“十字街”，承担促进区域乃至国家经济社会发展的重任。此时，“传统的象牙塔精神在日益理性化的经济社会系统面前渐渐暗淡与式微；应用逻辑的兴起与制度化，已然成为国际高等教育发展的新趋势”。②

## 二 新知识生产模式中的大学与学科

伴随着知识生产模式的转型，以知识属性为本质特征和以知识生产的密集性为突出优势的大学，尤其是研究型大学及其学科建设面临着以下挑战。

1. 动摇了大学在知识生产体系中的中心地位

在模式 II 中，大学不再是知识生产领域的支配者。诸如华为、微软、谷歌等高新技术企业也在致力于基础理论的原始创新，这些非大学组织不论是在应用型知识与技术生产，还是在基础性知识生产方面，都逐步超越或比肩大学，动摇了大学作为知识中心的地位。以中国从 2015 年开始实施的国家重点研发计划为例，项目的组织及实施被要求整合集成全国相关领域的优势创新团队，国家也不再单列由高校牵头承担的应用基础类或技术研究类计划。从基础研究到产业化实施，高校在国家重点研发计划中的角色和作用由“973 计划”“863 计划”实施时期的“牵头为主、参与为辅”转变为“牵头为辅、参与为主”。③

然而，大学若能以开放的姿态面对知识生产模式转型，在坚持把探求知识和真理作为基本价值追求的前提下，不囿于传统的学术范式，对

---

① Arjan, R. V., “University Knowledge Production and Innovation: Getting a Grip”, *Minerva*, Vol. 52, No. 2, 2014, pp. 263 – 272.

② 姚荣：《制度性利益的重构：高等教育机构“漂移”、趋同与多元的动力机制》，《教育发展研究》2015 年第 21 期。

③ 张利格、汤鹏翔：《高校应对国家科技计划改革的思考与建议——从国家重点研发计划说起》，《科技导报》2016 年第 18 期。

知识的市场化和商业化采取理性的积极心理和正向行为，与非大学组织开展紧密合作，也能化挑战为机遇。大学依托智力优势广泛参与应用性研究，企业利用资金及商业优势与大学合作，双方可以实现共赢。不仅如此，通过知识生产多元化背景下的开放合作，大学生产的知识将获得更大的增长，大学将依然是“整合性知识体系”的重要组成部分，除了扮演“传统学科知识的生产者”，还将成为“复杂问题知识的创造者”。如果能避免自身发展滞后于知识更新与进步的步伐，大学还将继续处于知识生产体系的中心地带。①

2. 改变了大学的组织形态

不同国家和地区的研究型大学呈现出多种形态，不同治理模式下的高等教育内外部关系、大学内部治理结构等也表现出显著差异。然而，长期居于知识生产主导地位的研究型大学，其普遍在组织架构上以学科为界，采取“松散连接体和有组织的无政府主义”的邦联制形式；追求纯粹学术研究旨趣，自然规避知识的商品化，形成对政府资源的高度依赖；学者共同体掌控高深知识生产系统，知识生产过程高度学科化，倾向于构建分门别类的学术规训体系。

模式Ⅱ中的知识生产强调从“满足认知的能力需求”转变为“关注社会合理性及知识效用性”，知识与社会需求的相连直接影响了资源的配置方式。作为资源依赖型组织，研究型大学只有与其所依赖的环境中的因素良性互动，并与政府、企业等共同商讨知识生产方式和知识实际效用等问题，才能获取自身发展所需的资源。与此同时，政府、企业等对知识转化为生产力和知识的商品化持有强烈需求，这些外部组织将采取各种方式强化对大学知识生产的干预，并将打破联邦制之下的封闭自治体系，以及大学此前单向维度的知识生产和应用链条。此时，研究型大学将由“追求纯粹真理”的学科型组织转变为“应用诉求导向”的服务型组织，并与外部的相关利益方一起围绕特定问题的解决及时组成跨学科研究团队或机构，知识生产效果的评价也更倾向评议体系社会构成的广泛性。这种社会分布式的知识生产要求大学改革内部组织体系，实现

---

① Frank, D. J. & Meyer, J. W., “University Expansion and the Knowledge Society”, *Theory & Society*, Vol. 36, No. 4, 2007, pp. 287–311.

从“学科为本”的院系向“问题为本”的研究单位或项目转变，大学内的学者共同体将与来自大学以外社会实践领域的知识生产者融为一体，进而使大学与其他非大学机构结成“产学研联合体”。相伴而来的是，知识生产者与知识型生产组织之间不再是传统意义上的聘用关系，而是共生关系。

3. 转变了学科建设方式

模式Ⅰ中的知识生产基础是学科的制度化，即“处于零散状态且缺乏独立性的一个研究领域转变为一门独立的、组织化了的学科”。① 随着知识生产模式由“自治文化”转向“责任文化”，大学的学科组织形态由“单一学科”转向“跨学科”，运用多学科的视角、语境和策略来解决复杂问题将成为一种常态。尽管并非每项问题的解决都能对知识生产做出贡献，但是跨学科情境下的新知识一旦产生，其将难以再被分解到某一个特定的学科中。② 如前所述，模式Ⅰ与模式Ⅱ之间存在相互作用、协同共生的关系，这也使得与之相应的多种学科结构形式在实践中并存，并根据不同的知识和社会需求的变化而进行选择。此外，大学在履行人才培养、科学研究和社会服务三项功能时，经历了“知识简单再生产”“知识扩大再生产”和“大学知识生产的外延”三个过程③，这也需要大学在学科布局调整、资源配置优化、评议方式创新等方面探索差异化的学科建设方式，建立健全多种学科形式并存的学科结构。

## 第三节 研究设计

### 一 研究思路

本书拟围绕“行业特色研究型大学如何进行学科建设”这个核心问题，以学科建设的行动逻辑和知识生产转型作为理论基础，沿着“历史脉络考察—发展现状分析—未来目标探讨—发展路径建议”的主线展开

---

① 李铁君：《大学学科建设与发展论纲》，中国社会科学出版社2004年版，第12—13页。

② Hessels, L. K. & Lente, H. , “Re-Thinking New Knowledge Production: A Literature Review and a Research Agenda”, *Research Policy*, Vol. 37, No. 4, 2008, pp. 740 – 760.

③ 瞿振元：《知识生产视角下的学科建设》，《中国高教研究》2019年第9期。

研究（见图2—2）。

第一步，历史脉络考察。把握行业特色研究型大学学科发展的历史轨迹。以中国社会主义工业化与高等教育结构调整之间的关联性作为阶段划分，探寻行业特色研究型大学学科建设在不同历史时期所遵循的行动逻辑。

第二步，发展现状分析。把握行业特色研究型大学学科建设的发展状况。依据学科建设遵循的两种逻辑，选取可资利用的评价标准和对标高校，开展“基于中国情景”和“基于国际比较”的实证研究，厘清行业特色研究型大学学科的整体实力与社会贡献度或学术影响力指标在国内或国际高等教育发展参照系中所处的位置，以及现有优势、存在的突出问题与成因。

第三步，未来目标探讨。综合西方发达国家历史上单科性工学院的成长经验、产业形态变革的新趋势、知识生产模式转型以及国家战略和区域发展所带来的外部需求等因素，从学科结构、学科特色与优势、学科组织方式三个方面探讨“双一流”背景下行业特色研究型大学学科建设的目标。

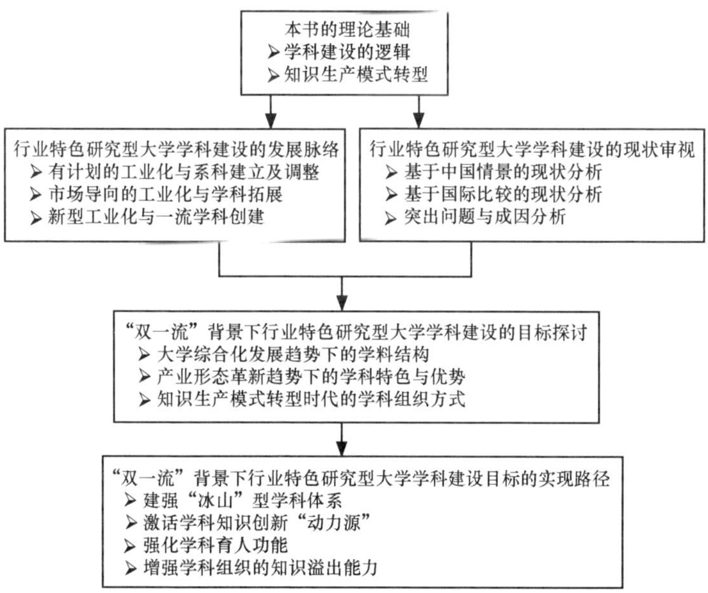


**图2—2　本书的研究框架**

第四步，发展路径建议。基于以上的目标探讨，着眼于学术逻辑与社会需求逻辑的动态平衡，顺应知识生产模式的现代转型，从学科结构布局、学科创新能力、学科育人功能和学科组织方式等方面，提出“双一流”背景下行业特色研究型大学推进世界一流学科建设的可行路径。

## 二 研究内容

1. 行业特色研究型大学学科建设的历史变迁

中国作为后发外生型发展中国家，国家工业化与高等教育结构调整之间存在阶段性关联。行业特色型大学与新中国工业体系的建立相伴而生，是行业高等教育的发起者和实施主体，推动了高等教育发展与产业结构建立及升级之间的衔接互动。基于这一认识，本书拟选取以工见长的 14 所行业特色研究型大学作为研究对象，基于 1949 年以来中国高等教育发展和国家工业化进程的历史背景，考察这些大学学科建设的基本轨迹，追溯行业特色研究型大学学科建设在各个历史阶段所遵循的逻辑基础及其影响。

2. 行业特色研究型大学学科建设的现状分析

约翰·布鲁贝克将确立大学地位的哲学基础归纳为认识论和政治论两种，“双一流”建设也强调“以中国特色、世界一流为核心”。由此可见，行业特色研究型大学学科建设受到两种逻辑的支配：一是学术逻辑，即学科作为探讨高深学术、培养专门知识生产者的基本单位，知识的变革、学科类别与范式的转变为其提供了发展动力；二是社会需求逻辑，即学科要能回应并满足国家和社会的某种需要，并为之做出积极贡献。基于学术逻辑，学科建设评价标准是客观的，是国际可比的，在“双一流”背景下尤其关注各项学科建设指标是否达到世界一流；基于社会需求逻辑，学科建设评价标准是主观的，是有国别特征的，关注学科能否解决实际问题以满足国家经济和社会发展需要。

基于以上分析，本书拟从技术性维度和合法性维度出发，选取全国一级学科水平评估（侧重于遵循社会需求逻辑）和软科、US News、QS 和 ESI 四项认可度高的世界大学学科排行榜（侧重于遵循学术逻辑）作为评价工具。同时，通过查阅公开文献、非涉密的内部档案等方式，尽可能全面地收集 14 所样本高校的学科建设数据，开展“基于中国情景”和“基于国际比较”的行业特色研究型大学学科建设现状的实证研究，以期了解这类大学学科的整体实力与社会贡献度或学术影响力指标在中国或世界高等教育系统中的相对坐标，以及现有优势、存在的突出问题与成因，为探讨“双一流”背景下行业特色研究型大学学科建设的应然目标提供现实依据。

3.“双一流”背景下行业特色研究型大学学科建设的目标探讨

（1）学科结构的选择：单科性、综合性还是多科性

行业特色研究型大学的学科体系主要围绕产业链构建，传统强势学科在人才、科技等资源吸入上的“黑洞”效应明显，学科体系架构呈现“单科性”特征。社会主义市场经济体制建立以后，基于国家部门管控的行业垄断被打破，传统行业体系之外的办学资源（政府基础研究基金、区域经济社会发展需要、企业创新需求等）和新竞争者（具备学科综合优势的综合性大学，具备系统级项目研发优势的专业研究院所，对产品创新更加灵敏的技术型企业等）的进入，赋予了行业特色研究型大学向“综合性”发展的外部动力。在知识生产模式转型驱动下，知识生产的基础从“单一学科知识”向“跨学科交叉知识”乃至“超学科的多维网状知识群”转变，再加上世界一流大学综合化发展模式的影响，激发了行业特色研究型大学向“综合性”发展的内部动力。

本书拟借鉴麻省理工学院、佐治亚理工学院和法国大学校等历史上单科性工学院的成长经验，探究这些高校的学科结构变化与国家发展阶段之间的关系及其背后的规律。在此基础上，探讨行业特色研究型大学如何理性看待大学的综合化发展趋势，兼顾学科建设的两种行动逻辑，适应知识生产模式的转型，合理选择符合自身特质的学科体系架构，既巩固和加强传统优势学科，又有序拓展学科结构，形成可持续发展的学科体系。

（2）产业形态革新趋势下的学科优势重塑

作为国家战略决策和政策导向而颁布的“双一流”建设总体方案，要求“提高高校对产业转型升级的贡献率，努力成为催化产业技术变革、加速创新驱动的策源地”。当前，随着新一轮科技革命、国际形势演变和国家经济体制改革，中国的产业形态发生了变化，尤其是原有产业之间的纵向产业关联关系弱化，横向关联关系逐渐增强，产业形态呈现融合化发展趋势，形成了跨产业的产业链（生态）。此时，大学与产业之间不

再局限“点”对接，而更加倾向于大学与整个产业链（集群）的对接，这对大学的学科布局和学科体系的可持续发展能力提出了更高要求。

行业特色研究型大学与国家产业体系的建立和发展相伴相生。本书拟探讨这类大学如何适应外部环境变化，在产业形态革新的趋势下，重新诠释并重塑学科特色与优势，在特色学科上实现重点突破式的非均衡发展，在产业链上寻找新的亮点和对接点，在服务产业转型升级中寻求新的行业特色之源进而引领产业发展，乃至成为新兴产业之源。

（3）知识生产模式Ⅱ兴起时代的学科组织方式创新

“双一流”建设对于提升中国高等教育发展水平、增强国家核心竞争力、奠定长远发展基础均具有重大战略意义。作为“双一流”建设重要力量的行业特色研究型大学欲跻身世界一流，就需要敏锐地把握知识生产模式转型的新趋势，恰当地回应国民经济和社会发展及转型的新需求。

本书拟探讨以“应用情景、跨学科、异质性、弥散化、多方利益相关者参与的社会问责”为特征的知识生产模式Ⅱ方兴未艾，可能给行业特色研究型大学带来的机遇和挑战。在此基础上，分析行业特色研究型大学在关注学科导向的学术发展时，面对国家战略、行业转型及区域发展等旺盛的社会需求，如何平衡学术逻辑和社会需求逻辑，推动学科组织创新，促进知识生产模式Ⅱ和以“认知情景、单学科、同质性、等级制、同行评议及学术守门人把控”为特征的知识生产模式Ⅰ的相互衔接乃至相互转化，实现“永无止境的前沿”和“永无止境的转化”相辅相成。①

4. “双一流”背景下行业特色研究型大学学科建设目标的实现路径

学科建设是一项系统工程。本书基于上一部分的目标探讨，着眼于实现学术逻辑和社会需求逻辑的相对平衡与包容发展，顺应知识生产模式的现代转型，促进知识创造和服务国家的有机统一，从优化学科布局、提升学科创新能力、强化学科育人功能、增强学科组织的知识溢出能力等方面入手，探讨“双一流”背景下行业特色研究型大学一流学科建设的可行路径。

---

① 龚放：《知识生产模式Ⅱ方兴未艾：建设一流大学切勿错失良机》，《江苏高教》2018年第9期。

## 三　研究方法

本书根据具体研究问题的性质，结合前述对研究目标、思路和内容的明确设定，选用了以下四种研究方法。

1. 文献研究法

文献研究的目的是对拟研究的主题和具体问题形成全面而系统的认识。本书主要在四个部分运用文献研究法：一是基于已有文献对行业特色研究型大学学科建设的相关概念进行界定，阐明国内外研究现状及发展动态，为后续研究奠定基础；二是对学科建设的逻辑、知识生产模式转型等理论的相关文献进行分析，推动建立本书所需的理论基础；三是对相关史料的收集、整理和研究，其中既有国内样本高校的学科建设史料，又有不同时期中国在政治、经济、教育、科技等方面的政策文献和统计资料，还有美欧相似大学学科发展以及相关国家在经济建设、教育改革和科技创新等领域的相关文献，从而支撑对行业特色研究型大学和国外相似大学学科建设的历史梳理；四是对科技发展的演进和规律、产业形态革新的趋势和特征、知识生产模式的现代转型以及三者对行业特色研究型大学学科建设的影响等相关文献进行分析，为探讨“双一流”背景下行业特色研究型大学学科建设的应然目标提供借鉴。

2. 历史分析法

教育的历史分析法可以用于回顾中外不同历史时期及不同的社会条件下教育思想与实践的演进历程，总结以往教育实践的成败得失，掌握其中的客观规律，揭示其本质属性和未来的发展趋势。[①] 这一研究方法在本书中的运用包括两个方面：一方面，梳理行业特色研究型大学学科建设的发展脉络。从历史关联性来看，作为与国家产业体系建立和发展相伴相生，彰显“中国特色”的一类高校，行业特色研究型大学的系科建立和学科发展，既受知识的变革、学科类别与范式转变的作用，也受国家战略和经济社会发展需求阶段性变化的影响，尤其是受制于国家工业化的规划和推进。根据中国工业化推进政策范式的阶段特征，以及国家工业化与高等教育发展之间的关联性，可将行业特色研究型大学学科建

① 刘献君：《教育研究方法高级讲座》，华中科技大学出版社2010年版，第110—111页。

设的历史演进分为“有计划的工业化与系科建立及调整阶段”“市场导向的工业化与学科拓展阶段”和“新型工业化与一流学科创建阶段”。通过纵向历史考察，探寻行业特色研究型大学学科建设在不同历史时期所遵循的行动逻辑，为后续研究提供历史依据和历史经验。另一方面，分析美、法等国历史上的单科性院校学科发展经验。欧美发达国家在现代化进程中曾有过一段单科性院校发展的黄金期，本书以历史上曾聚焦于专门领域的美国工程技术学院和法国工程师大学校为分析对象，探究这些院校的学科发展走向与国家发展阶段、学科建设的两种逻辑、知识生产模式转型之间的关系及其背后的规律，以期为“双一流”背景下的行业特色研究型大学学科建设提供借鉴与参照。

3. 访谈调查法

为尽可能获取样本高校在学科建设实践上的第一手资料，了解其学科建设进程中的重要事件和复杂细节，听取多方对行业特色研究型大学学科建设的效果评价和意见建议，分析这类大学学科建设现存突出问题的深层原因，探讨“双一流”背景下行业特色研究型大学学科建设应该达到的目标，笔者借助自身担任一所行业特色研究型大学发展规划部门负责人以及在高校发展规划领域全国性学会兼职所提供的机会，运用目的性抽样方法并通过开放式访谈的方式，对熟悉行业特色研究型大学学科建设、能够为本书拟研究的问题提供丰富信息的教育行政部门领导、相关领域学者以及部分国内样本高校的校领导或学科建设规划部门负责人进行访谈（见表2—1）。此外，笔者实地考察了部分行业特色研究型大学及其学科平台。

**表2—1　访谈对象基本信息**

| 编号 | 所在单位 | 职务 |
| --- | --- | --- |
| P01 | S01学会 | 副会长 |
| P02 | S02学会 | 高等教育专委会理事长 |
| P03 | U01大学 | 校党委书记 |
| P04 | U01大学 | 发展规划部副部长 |
| P05 | U02大学 | 校长 |

续表

| 编号 | 所在单位 | 职务 |
|---|---|---|
| P06 | U03 大学 | 校党委书记 |
| P07 | U04 大学 | 发展规划处副处长 |
| P08 | U05 大学 | 校长 |
| P09 | U05 大学 | 研究中心主任 |
| P10 | U06 大学 | 校长 |
| P11 | U07 大学 | 发展规划处处长 |
| P12 | U08 大学 | 学科建设处处长 |
| P13 | U09 大学 | 教育学院副院长 |
| P14 | U10 大学 | 高等教育研究所所长 |

注：应受访者要求，部分访谈对象的信息未在本表中列出。

4. 统计分析法

本书运用统计分析法开展行业特色研究型大学学科建设现状的实证研究，所用的统计数据有七个主要来源：第一，中国教育部学位与研究生教育发展中心公布的四轮全国一级学科水平评估结果、相关高校在历轮学科评估中的参评学科数；第二，相关大学网站公布的样本高校和国内标杆高校在建一级学科数及门类分布、“双一流”建设学科数；第三，中国教育部高等教育国家级教学成果奖励网站公布的授奖数据；第四，中国国家科学技术奖励工作办公室网站公布的通用项目获奖数；第五，在遵守国家法律法规和相关规章制度的前提下，通过访谈、查阅档案等方式获得的国家科学技术奖专用项目获奖数；第六，样本高校和国内外标杆高校在软科、US News、QS 和 THE 四个世界大学排行榜中的排名数据；第七，样本高校和国外标杆高校在软科、US News、QS 和 ESI 四项世界大学学科榜单中的排名数据。本书通过对收集到的数据进行描述统计分析，以期了解行业特色研究型大学学科的整体实力与社会贡献度或学术影响力指标在中国或世界高等教育系统中的相对坐标、现有优势和面临的突出问题，为后续探讨“双一流”背景下这类大学学科建设应该达到的目标提供现实依据。

## 四 样本高校选择

现实中的行业种类繁多，与行业相关的大学也是多种多样的。首先，考虑到从 20 世纪 50 年代末期至 90 年代中后期，历次入选国家重点（建设）大学名单的行业特色型大学中工科类高校占比最高，以及中国工程院的专题研究发现“工业依然是现阶段中国经济发展的主要推动力，中国在未来的一段时期内依然保持工业倚重型的经济形态，在 2030 年前，中国大规模的工业化建设高潮不会有明显减缓的趋势”①。其次，为了使研究的开展能够更加深入并具有现实可操作性，结合上一章对行业特色研究型大学的概念界定，本书专门针对以工见长的，即在建一级学科中工学占比最高的 14 所“工科类行业特色研究型大学”进行研究（见表 2—2）。

**表 2—2 作为研究样本的 14 所工科类行业特色研究型大学概况②** （单位:%）

| 学校名称 | 原隶属部委 | 一级学科门类分布 | | | 获国家重点支持情况 | | | | 部委/行业共建 |
|---|---|---|---|---|---|---|---|---|---|
| | | 工 | 理 | 其他 | 一流大学 | 一流学科 | 985 工程 | 985 平台 | |
| 北京航空航天大学 | 航空航天部/国防科工委 | 54 | 13 | 33 | √ | | √ | | 工信部—教育部—中国工程院共建 |
| 西北工业大学 | 航空航天部/国防科工委 | 53 | 13 | 34 | √ | | √ | | 工信部—教育部共建 |
| 南京航空航天大学 | 航空航天部/国防科工委 | 66 | 14 | 20 | | √ | | √ | 民航局—工信部共建 |
| 北京理工大学 | 兵工集团/国防科工委 | 45 | 22 | 33 | √ | | √ | | 工信部—教育部共建 |

① 中国工程科技中长期发展战略研究项目组：《中国工程科技中长期发展战略研究报告》，中国科学技术出版社 2015 年版，第 12 页。

② 在全国一级学科评估和 ESI 学科排名中，中国地质大学未区分中国地质大学（武汉）、中国地质大学（北京），中国石油大学未区分中国石油大学（华东）、中国石油大学（北京），中国矿业大学未区分中国矿业大学（徐州）、中国矿业大学（北京）。故本书未将这 6 所行业特色研究型大学纳入研究对象之中。

续表

| 学校名称 | 原隶属部委 | 一级学科门类分布 | | | 获国家重点支持情况 | | | | 部委/行业共建 |
|---|---|---|---|---|---|---|---|---|---|
| | | 工 | 理 | 其他 | 一流大学 | 一流学科 | 985工程 | 985平台 | |
| 南京理工大学 | 兵工集团/国防科工委 | 73 | 13 | 14 | | √ | | √ | 工信部—江苏省共建 |
| 哈尔滨工程大学 | 中船集团/国防科工委 | 59 | 13 | 28 | | √ | | √ | 工信部—教育部—海军共建 |
| 电子科技大学 | 信息产业部 | 56 | 15 | 29 | √ | | √ | | 教育部—中电科技集团共建 |
| 西安电子科技大学 | 信息产业部 | 57 | 14 | 29 | | √ | | √ | 教育部—中电科技集团共建 |
| 北京邮电大学 | 信息产业部 | 47 | 11 | 42 | | √ | | √ | 教育部—工信部共建 |
| 东北大学 | 冶金工业部 | 51 | 19 | 30 | √ | | √ | | 学校—鞍钢/首钢/宝钢战略合作 |
| 北京科技大学 | 冶金工业部 | 59 | 19 | 22 | | √ | | √ | 教育部—宝钢/鞍钢/武钢/首钢共建 |
| 北京交通大学 | 铁道部 | 59 | 15 | 26 | | √ | | √ | 教育部—中国铁路总公司共建 |
| 西南交通大学 | 铁道部 | 49 | 10 | 41 | | √ | | √ | 教育部—中国铁路总公司共建 |
| 河海大学 | 水利部 | 56 | 16 | 28 | | √ | | √ | 教育部—水利部/国家海洋局共建 |

资料来源：各大学网站和其他可获得的文献资料。

# 第三章

# 行业特色研究型大学学科建设的发展脉络

英国历史学家哈罗德·珀金认为，“一个人如果不理解过去不同时代和地点存在过的大学理念，就难以真正理解现代大学”。[①] 中国作为后发外生型发展中国家，国家工业化与高等教育发展以及转型之间存在阶段性关联。对行业特色研究型大学学科建设的发展史作纵向考察，对于规划这类大学的未来发展尤其是一流学科体系建设具有理论和实践价值。本章以 1949 年以来中国高等教育发展和国家工业化进程作为历史背景，选取以工见长的 14 所行业特色研究型大学作为研究对象，力图探究这些大学学科建设在过去 70 余年里的发展轨迹，追溯行业特色研究型大学学科建设在各个历史阶段所遵循的行动逻辑。

## 第一节 有计划的工业化与系科建立及调整

中华人民共和国成立之初，百废待兴，鉴于当时中国政治、经济、文化、教育发展所面临的外在环境，尤其是中国对于实现工业化的迫切性，加上苏联高等教育在“十月革命”以后取得了举世瞩目的巨大成就，中国从 1952 年开始全面学习苏联高等教育经验，大规模调整高校设置分布和系科设置分工，大批行业特色型院校及其“行业性学科专

① ［美］伯顿·克拉克：《高等教育新论——多学科的研究》，王承绪等译，浙江教育出版社 2001 年版，第 49 页。

业”由此建立。随着1956年社会主义改造的基本完成，以及对学习苏联过程中照搬照抄所产生问题的反思，中国开始独立自主地探索社会主义建设道路，行业特色型院校学科专业建设也进入了独立自主的探索时期。直至1984年10月《中共中央关于经济体制改革的决定》和1985年5月《中共中央关于教育体制改革的决定》颁布之前，行业特色研究型大学前身的学科专业建设受到有计划的工业化、社会主义初级阶段和国防战略等外部因素的约束，呈现出对作为“工具”的政治需求逻辑的严格遵循。

## 一　国家工业化与高等教育改造

中华人民共和国成立后，按照《中国人民政治协商会议共同纲领》的规定，国家发展的战略目标是“发展新民主主义经济，稳步变农业国为工业国”。但当时的高等教育规模与结构远不能适应国家工业化发展的战略需求。1949年，全国仅有高等院校205所，在校生11.7万人，其中能够直接服务于国家工业化的工科院校仅有28所，占全国高校的13.7%；工科生共计30320人，占全国大学生总数的25.9%。[①] 因此，对旧高等教育进行全面改造，构建适应国家建设尤其是工业化发展需要的教育体系，成为教育领域的迫切任务。

1950年6月，第一次全国高等教育会议在北京召开，周恩来总理在大会讲话中指出：“现在我们国家的经济正处在恢复阶段，需要人‘急’，需要才‘专’，这是事实。”[②] 教育部党组书记、副部长钱俊瑞在会议总结时谈道，“着眼于服务国家在经济、政治、文化、国防等方面的建设需要，我们必须实行具体的、适当的、专门化的高等教育”。[③] 在这次会议上，确立了“以苏联为师”、按苏联模式重建高等教育制度的发展方向。会议讨论通过了《高等学校暂行规程》等5份文件草案，后经政务院批

① 林蕙青：《高等学校学科专业结构调整研究》，博士学位论文，厦门大学，2006年，第81页。

② 中国教育年鉴编辑部：《中国教育年鉴（1949—1981）》，中国大百科全书出版社1984年版，第966—967页。

③ 钱俊瑞：《团结一致，为贯彻新高等教育的方针，培养国家高级建设人才而奋斗》，《人民教育》1950年第2期。

准颁布实施。至此，“高度集权、高度计划、高度专门化”的高等教育管理体制开始在中国建立，这在客观上为实施“有计划的工业化”创造了条件。

在第一次全国高等教育会议上，教育部聘请的苏联总顾问阿尔辛杰夫就苏联高等学校的办学经验，尤其是对综合性大学与单科性院校的关系做了详细说明：“苏联的工业化是在‘十月革命’之后开始的，作为社会主义国家的工业发展是有计划的，这相比于资本主义国家而言更迅速、更有力。为此，苏联通过改革迅速组建了许多专门学院。虽然仍有一些高校继续冠以大学的名称，但它们也承担自然科学或社会科学领域相关方向的人才培养任务，譬如培养助理实验员、初级的科研人员以及教师，等等。”“苏联共有 800 多所高等学校，其中大学只有 30 多所，高等教育的重心是放在学院上的，由学院培养各类专业人才……中国目前也面临苏联‘十月革命’成功之后类似的任务，高等教育亦应朝专门化的方向发展，大量地发展专门学院，以适应国家建设需要。”① 在“以苏联为师”的国策指引下，“以培养专门人才为目标，注重专业分科”成为 20 世纪 50 年代乃至此后很长一段时间内中国高校学科设置与发展的基本方略。从 1950 年下半年开始，原为理工科高校的哈尔滨工业大学仿效苏联工业大学模式开展了办学体制改革的先期试点。

## 二 院系调整与行业特色型院校的形成

随着中华人民共和国成立初期国民经济的恢复和发展，以及大规模工业化建设的即将启动，为彻底解决高校设置分布和系科设置分工上脱离国家建设实际的情况，以工科为重点的院系调整被提上了议程。1951 年 11 月，教育部召开全国工学院院长会议，拟订了《全国工学院院系调整方案》。随后，教育部会同重工业部、燃料工业部等国家工业管理部门进行了多次磋商，拟订了《关于全国工学院调整方案的报告》（以下简称《调整方案》）并报政务院审批通过。② 在《调整方案》拟订期间，教育

① 胡建华：《现代中国大学制度的原点：50 年代初期的大学改革》，南京师范大学出版社 2001 年版，第 84—85 页。

② 苏渭昌：《中国教育制度通史》（第 8 卷），山东教育出版社 2000 年版，第 94—95 页。

部顾问、苏联专家福民介绍了苏联的改革经验："基本原则是按照生产部门的业务，将之前庞大而复杂的高等院校的某些系科划分出来成立若干专门学院。大学一般只保留自然科学和人文科学的相关系科，把其余的医科等系科划分出来，成立独立的医学院、法学院、财经学院等单科性学院……苏联在高等院校调整后，大学仅有33所，多科性工学院仅有20所左右，其余大多数都是按生产部门而设立的单科性学院。"①

1952年5月，教育部发布《关于全国高等学校1952年的调整设置方案》，参照苏联高等教育模式，在全国范围内开展大规模、有计划的院系调整，重点解决高校内部系科庞杂、不适应经济社会发展的问题。这次院系调整的原则是"根据国家建设规划……同类系科归并或组建成专门学院；集中人力财力，扩大工科、师范和综合大学理科的规模，加快发展速度"，在步骤上采取的是从工业院系的调整进而到对其他院系的调整，从学院的调整进而到对科系的调整。②

1952—1953年的院系调整涉及全国3/4的高校。到1953年10月，全国高校从1951年的206所减少到181所；仅保留北京大学等14所综合大学（设文、理两科），较1951年减少了33所；工业院校增加到38所，除了清华大学等13所多科性工业院校，其余都是按行业归口建立的单科性工业专门学院，其中12所为新建院校，涉及钢铁、航空、水利、地质、矿业等工业领域。此外，建有农业院校26所、林业院校3所、医药院校29所、语言院校8所、财经院校6所、政法院校4所、体育院校4所、艺术院校15所和师范院校33所。③这些按照行业归口建立的单科性专门学院奠定了当今中国行业特色型院校的基础，这类高校在1953年全国高等院校中的占比达到66.3%，中国由此形成了独具一格的"文理科综合大学—多科性工业院校—单科性行业特色型院校+师范院校"的高校设置

① ［苏］福民：《苏联高等教育改革》，《人民教育》1952年第9期。

② 陈辉：《1952年中国高等院校的院系调整》，2018年12月，搜狐网（https：//www. sohu. com/a/149909130_ 664189）。

③ 中国教育年鉴编辑部：《中国教育年鉴（1949—1981）》，中国大百科全书出版社1984年版，第965页。

模式并大体延续至今。[①]

经过1952年院系调整，此前高等院校普遍采用的“院—系”建制被“系—教研室”建制取代，学系成为按学科专业性质设置的教学行政组织。为加强学科专业建设，尤其是加强工科建设，国家参考苏联高校专业目录制定了《高等学校专业目录分类设置（草案）》。到1954年，全国高校共设置专业257种，其中工科专业137种，占比为53.3%。[②] 随着国家政策向工科倾斜，加上政治环境的影响，财经、政法科专业被削减，社会学、政治学、心理学等学科被取消。

1953年，中国开始了有计划的经济建设和工业化。1954年10月，中共中央讨论和修订了“一五计划”，进一步强调了“高等教育建设必须符合社会主义建设及国防建设的需要，必须和国民经济的发展计划相配合，学院的设置分布应避免过分集中……高等工业学院应逐步地和工业基地相结合”[③] 的原则。为此，高等教育部于1955年7月出台工作方案，决定将沿海地区一些高校的同类专业、系科迁至内地新建高校或加强内地原有高校。在这一期间，先后在武汉、西安、兰州、成都等地共新建综合大学1所、工业院校7所、医药院校3所。至此，中国多数省级行政区都设置了至少1所综合性大学和若干所工业、农业、医药等专门学院以及师范院校。

全国高校调整工作于1957年基本结束，当年全国高等学校共有229所，其中单科性专门学院140所（含工业专门学院31所），占比达61.1%；全国高校共设置专业323种，其中工科专业183种，占比为56.7%；工科生共计16.3万人，占全国在校大学生总数的37.0%。[④] 到20世纪60年代，随着军事工程学院（哈军工）、军事电信工程学院（西军电）等军事院校的分建、集体转业，又为行业特色型院校群体增添了

---

① 李言荣：《“双一流”建设，行业特色高校不可或缺》，《中国科学报》2017年3月21日第3版。

② 林蕙青：《高等学校学科专业结构调整研究》，博士学位论文，厦门大学，2006年，第82页。

③ 江沛、王洪学：《50年代高校院系调整述评》，《当代中国史研究》1998年第3期。

④ 中国教育年鉴编辑部：《中国教育年鉴（1949—1981）》，中国大百科全书出版社1984年版，第966—967页。

新成员。本书中 14 所样本高校建立或调整情况详见表 3—1。

**表 3—1　　14 所样本高校的建立或调整情况**

| 高校名称 | 建校年份 | 系科建立或调整情况 |
|---|---|---|
| 北京钢铁工业学院（今北京科技大学） | 1952 年 | 由北京工业学院、唐山铁道学院、山西大学工学院、西北工学院的冶金系科和清华大学采矿系金属组、天津大学采矿系金属组以及北京工业学院采矿、钢铁机械组合并组建 |
| 北京工业学院（今北京理工大学） | | 在原华北大学工学院基础上调出航空系、采矿系、冶金系，原东北兵工专门学校的兵器系、弹药系、火药系并入 |
| 北京航空学院（今北京航空航天大学） | | 由清华大学航空工程学院、四川大学航空系、北京工业学院航空系合并组建 |
| 北京铁道学院（今北京交通大学） | | 原北方交通大学北京铁道学院独立建院，调出建筑系、电信系，原哈尔滨铁道学院运输班、会计班和重庆大学铁道管理系并入，后并入哈尔滨铁道学院 |
| 唐山铁道学院（今西南交通大学） | | 原北方交通大学唐山工学院独立建院，调出采矿系、冶金系、化工系以及地质师资、土木系水利组，并入清华大学、重庆大学、哈尔滨铁道学院土木系铁路组 |
| 华东航空学院（后迁西安更名为西安航空学院，今西北工业大学前身之一） | | 原交通大学、南京大学、浙江大学航空工程系合并组建 |
| 华东水利学院（今河海大学） | | 由交通大学、南京大学水利系和同济大学、浙江大学土木系水利组以及华东水利专科学校合并组建，后并入厦门大学土木系水利组、山东农学院农田水利系、淮河水利学校水利工程专修科、武汉水利学院水道海港系 |

续表

| 高校名称 | 建校年份 | 系科建立或调整情况 |
|---|---|---|
| 东北工学院（今东北大学） | 1950 年建校，1952 年、1956 年两次调整 | 1952 年，调出化工系、地质系、物理系、数学系，原大连工学院电机系、哈尔滨工业大学采冶系、山东大学采矿系并入；1956 年，调出建筑系、土木系 |
| 北京邮电学院（今北京邮电大学） | 1955 年 | 由天津大学电话、电报通信专业、无线电通信及广播专业和重庆大学电话、电报通信专业合并组建，后并入北京电信学院、北京邮电科技大学 |
| 成都电讯工程学院（今电子科技大学） | 1956 年 | 由交通大学电讯工程系、南京工学院无线电工程系、华南工学院无线电系相关专业合并组建 |
| 南京航空学院（今南京航空航天大学） |  | 由南京航空工业专科学校升格 |
| 华东工程学院（今南京理工大学） | 1966 年 | 原解放军炮兵工程学院集体转业，后并入原太原机械学院轻武器专业、西北工业大学航空炮专业 |
| 西北电讯工程学院（今西安电子科技大学） |  | 原军事电信工程学院集体转业 |
| 哈尔滨船舶工程学院（今哈尔滨工程大学） | 1970 年 | 原军事工程学院海军工程系集体转业后调整改建，后调出水中兵器相关系科 |

资料来源：可获取的各类校史资料。

20 世纪 50 年代的院系调整是在“从无计划到有计划、到按照计划办事，从盲目发展到根据需要与可能条件按照一定比例发展”① 的计划经济指导原则下开展的。计划经济条件下的政府部门几乎掌握全部经济资源，工业企业在收归国家工业管理部门直管后，形成了“以条为主”的管理体制，整个国家工业管理体制形成了“条块分割”的局面。相应地，国家建立了“条块结合”的高等教育管理体系，其中综合大学和多科性工业院校隶属于高等教育部；单科性行业特色型院校隶属于中央有关业务部门，从而形成了与高度集中统一的计划经济体制相协调、与国家工业

① 马叙伦：《高等教育的方针、任务问题》，《人民教育》1953 年第 4 期。

发展布局相配套的“部门办学”格局。

### 三　工具理性驱动下的学科专业建设

中华人民共和国成立初期直至20世纪80年代初期的行业特色型院校学科专业建设可划分为四个时段。

1. 全面学习苏联（1952—1956年）

在1952年院系调整的基础上，行业特色型院校摒弃了1949年以前国内高校仿效美国大学模式划分的系、科，在参考苏联高等学校专业目录的基础上设置专业。在苏联“高等教育是一种面向国家工业化的专业教育，是一种职业教育”[①] 的理念影响下，行业特色型院校的专业设置基本上是按照生产过程，乃至生产车间的设置予以安排，力图以无缝方式“适应”及“满足”国家工业化和对口行业建设需要。这些高校的专业均按照国家行业部门进行分类，带有“行业性专业”属性，涵盖工业部门中的冶金、矿业、机械、水利、通信、无线电技术、军工等专业大类，以及建筑部门中的土建类、运输部门中的铁道运输类等。系科、专业多以行业、职业甚至岗位、产品作为设置依据，专业划分细、口径窄，适应了有计划的工业化发展需要。譬如，院系调整前的高校航空系，在北京航空学院被扩展为飞机系、发动机系、飞机设备系、航空冶金系，各系又下设2—4个专业。部分样本高校1952—1956年的专业设置情况见表3—2。

**表3—2　　部分样本高校1952—1956年的专业设置情况**[②]

| 高校名称 | 系科与专业设置 |
|---|---|
| 北京钢铁工业学院（今北京科技大学） | 1952年建校时设4个系7个专业：采矿系（设采矿、选矿2个专业）、冶炼系（设钢铁冶金专业）、金相及热处理系（设金相热处理、物理检测2个专业）、钢铁机械系（设钢铁机械设备、轧钢2个专业） |
| | 1953年，增设钢铁压力加工系、轧钢专业 |

① 周光礼：《国家工业化与现代职业教育——高等教育与社会经济的耦合分析》，《高等工程教育研究》2014年第3期。

② 1952—1956年，南京理工大学、哈尔滨工程大学的前身尚未单独建校，西安电子科技大学的前身隶属于军校序列。

续表

| 高校名称 | 系科与专业设置 |
| --- | --- |
| 东北工学院（今东北大学） | 1953年设4个系14个专业：采矿系（设矿区开采、有用矿物精选、矿山企业建设3个专业）、冶金系（设钢铁冶金、金属压延、有色金属冶炼、冶金炉4个专业）、建筑系（设工业与民用建筑、房屋建筑学、工业与民用建筑结构、暖气通风4个专业）、机电系（设矿山机械、矿山机电、工业企业电气化3个专业） |
| 北京工业学院（今北京理工大学） | 设武器系、弹药系、坦克系、光学仪器及雷达系、火炸药系，以及与常规兵器工业基本配套的14个专业 |
| 北京航空学院（今北京航空航天大学） | 1952年建校时设2个系4个专业：飞机系（设飞机设计、飞机工艺2个专业）、发动机系（设发动机设计、发动机工艺2个专业） |
| | 1954年增设2个系7个专业：飞机设备系（设航空仪表与自动器、飞机电气设备、特种设备3个专业）、航空冶金系（设金相热处理、铸造、压力加工、焊接4个专业） |
| 南京航空学院（今南京航空航天大学） | 1952年建校初期设6个专业：活塞式发动机制造、喷气式发动机制造、飞机制造、航空仪表制造、飞机电气设备安装及试验、航空机械加工 |
| | 1956年设4个系5个专业：航空机械工程系（设航空机械制造专业）、发动机系（设发动机设计专业）、飞机系（设飞机设计专业）、航空特设系（设仪表自动器、电气2个专业） |
| 北京铁道学院（今北京交通大学） | 1952年独立建院和系科调整后，设铁道车务、经济、商务3个系 |
| | 1954年哈尔滨铁道学院并入，增设电信系（设铁道通讯、铁道自动控制2个专业） |
| 唐山铁道学院（今西南交通大学） | 1952年独立建院和系科调整后，设铁道建筑、铁道桥梁与隧道、铁道运输机械、电气运输4个系 |

续表

| 高校名称 | 系科与专业设置 |
| --- | --- |
| 华东航空学院（1956年内迁西安更名为西安航空学院，今西北工业大学） | 1952年建校时设2个系4个专业：飞机系（设飞机设计、飞机施工2个专业）、发动机系（设发动机设计、发动机施工2个专业） |
| 华东水利学院（今河海大学） | 1952年建校时设置4个系4个专业：水文系（设水道及港口专业）、水利土壤改良系（设水利土壤改良专业）、水力发电系（设河川结构及水力发电站专业）、水工结构系（设中小型水力发电站建筑专业） |
| 北京邮电学院（今北京邮电大学） | 1955年建校时设置3个系3个专业：有线电信工程系（设电话与电报通信专业）、无线电信工程系（设无线电通信与广播专业）、工程经济系（设邮电企业经济与组织专业） |
| 成都电讯工程学院（今电子科技大学） | 1956年建校初期设5个系5个专业：有线电设备系（有线电设备设计及制造专业）、无线电设备系（无线电设备设计及制造专业）、无线电零件系（无线电零件与绝缘材料设计及制造专业）、电子自动化设备系（电子自动化设备设计及制造专业）、电子器件设计与制造系（电子器件设计及制造专业） |

资料来源：可获取的各类校史资料。

2. 走向自主探索（1957—1965年）

1952年至1956年，中国基本完成了社会主义改造。在这一特定历史时期，仿效苏联社会主义建设模式虽然发挥了重要作用，但也逐渐显露出诸多弊端。因此，中共中央决定摆脱苏联建设模式，独立自主地探索符合中国国情的社会主义建设道路。行业特色型院校也根据社会主义工业化的实际需要，结合国家《一九五六至一九六七年科学技术发展远景规划纲要》（以下简称“十二年科学规划”）的制订，发展不同于苏联模式的新学科专业。

一是反思高等工业院校的专业定位。1957年1月，北京钢铁工业学院举行专门座谈，参会人员提出不宜过细过窄地划分专业和专门化，不宜依赖“对准口径”的培养方式。同年2月，南京航空学院副院长范绪箕在全校大会报告中指出：“专业设置调整的原则应从中国航空工业生产的实际情况出发，适应航空科学技术的发展，改变过去专业过细过窄的缺点，拓宽专业范围，加强理论基础，以扩大学生对今后工作的适应性。”①

二是推行“理工结合”或“工管并举”。1957年，为落实国家“十二年科学规划”，北京航空学院制定并实施了学校“十二年远景规划”，增设了理工结合的空气动力学专业。同年6月，北京钢铁工业学院成立物理化学系并发展理科专业。1958年9月，成都电讯工程学院增设无线电物理、无线电数学、无线电化学等专业，专业设置逐步向理工结合过渡。1952年院系调整后一度仅有管理学科的北京铁道学院，于1956年组建铁道建筑（土木）系，下设铁道建筑、铁道桥梁与隧道2个工科专业。该校在制定《1958—1962年事业发展规划》时，提出筹办铁道交通相关工科专业，努力形成适应新中国铁路建设需要的、“工管并举”的专业与学科发展格局。②

三是建设国防急需的尖端专业。北京航空学院于1957年成立航空自动控制系，增设导弹设计、液体火箭发动机等专业。1958年7月，该校成立火箭系，下设火箭构造及设计、飞行力学及飞行操纵、火箭发动机、火箭地面机械与发射装置4个专业。当年，北京工业学院成立了火箭导弹系。1959年3月，成都电讯工程学院调整成立火箭控制系，设火箭计算机、火箭遥控遥测、火箭自动控制等5个专业。1961年，根据国防科委第一次高等院校工作会议精神，北京航空学院按照“以飞机与导弹并重”的定位，增设飞行器自动控制系；北京工业学院、成都电讯工程学院分别按照“以导弹为主，同时设置与尖端密切联系的常规专业”和“主要设置为导弹、飞机、舰艇配套的无线电电子专业”的定位，对专业进行了调整。此外，秉承“以任务带学科”的理

① 孙平凡：《南京航空航天大学校史（1952—2002）》，航空工业出版社2002年版，第91页。

② 资料来源：有关样本高校档案馆或校史办等机构收藏的资料。

念，北京工业学院、北京航空学院分别成立了工程物理系、航空核动力系，探索核动力、核喷气推进力等尖端学科发展。①

在“大跃进”和“教育大革命”的推动下，全国高校在1958—1960年迎来了一轮规模扩张。学科专业数量从1957年的323个增加到1958年的363个，而后又增加到1962年的627个；工科类专业数从1957年的183个增加到1958年的194个，而后又增长到1962年的295个。② 在样本高校中，西北工业大学、北京工业学院在1960年设置专业数分别为31个和47个，成都电讯工程学院在1959年设置专业18个，三校的专业数均较1958年翻了一番；华东水利学院在1960年增设了10个专业，全校专业总数达到16个，为1958年的2.7倍；南京航空学院在1960年设置专业18个，是1957年的3.6倍；北京邮电学院在1959—1960年增设了6个专业，并筹备建立2个专业，在建及筹建专业数合计为1958年的3.7倍。③

针对高等教育领域冒进的问题，在“调整、巩固、充实、提高”方针的指引下，中共中央于1961年10月批准试行《教育部直属高等学校暂行工作条例（草案）》，要求“高等学校的规模不宜过大”“专业设置不宜过多，划分不宜过窄”“每个学校应该努力办好若干重点专业”。④ 1961—1962年，北京工业学院撤销了金属材料系，整合工程物理系与数学力学系成立了工程力学系；北京航空学院撤销航空核动力系，专业总量由1960年的35个减至24个；西北工业大学、华北水利水电大学、北京邮电大学、南京航空航天大学的专业总量分别由1960年的31个、16个、11个、18个减至25个、8个、7个、15个。⑤ 1963年，国务院发布《高等学校通用专业目录》和《高等学校绝密和机密专业目录》，两份目录以行业部门为划分标准，提出了“宽窄并存、以宽为主”原则，规定了统一的专业名称，并限制每所高校的专业总量不超过20个，要求“不

① 资料来源：有关样本高校档案馆或校史办等机构收藏的资料。

② 林蕙青：《高等学校学科专业结构调整研究》，博士学位论文，厦门大学，2006年，第84页。

③ 资料来源：有关样本高校档案馆或校史办等机构收藏的资料。

④ 范跃进：《新中国成立以来高等教育元政策（1949—2016）》，中国社会科学出版社2017年版，第87页。

⑤ 资料来源：有关样本高校档案馆或校史办等机构收藏的资料。

成熟的专业不要开办，不具备条件的高校不办相关专业”。[①] 这使得行业特色型院校的学科专业建设更加规范，从关注“量”的发展转向重视“质”的提升上。在这一时期，行业特色型院校基本维持了单一的工科行业类学科专业格局，并延续至20世纪70年代末。

3. “文化大革命”激变（1966—1976年）

“文化大革命”开始后，学科专业建设被视为“资产阶级教育思想产物”，各个专业停止招生，教学、科研工作被迫停止，专业设置政策断裂，学科划分、专业新增或停办陷入无序。譬如，北京钢铁学院在两年内增设了9个新专业，其中2个专业开办仅一年多即停办；北京铁道学院材料系、经济系及下设的3个专业被撤销，应用物理、应用化学专业被停办；北京邮电学院创办的国内首个邮电工程经济系和邮电企业经济与组织专业被撤销；成都电讯工程学院无线电机械系被撤销，无线电物理学专业被停办；西北工业大学的专业由30个调整削减为19个，应用理科专业和一些基础较好又有需求的新技术专业被撤销。部分高校还一度按照军队编制将系改为大队或营，下设专业连队。在“准备打仗”的方针下，北京航空学院、西北工业大学、北京工业学院、成都电讯工程学院、西北电讯工程学院等高校的军工色彩更浓，严格结合产品组织教学，专业面变得更窄。[②] 这一时期行业特色型院校的专业设置主要受到意识形态斗争和国防战略转变的双重约束，涉及国防建设和重工业发展需要的工科专业在一定程度上虽然得到了发展，但高校及学界在专业设置和调控上基本处于失序状态。

4. 恢复与提高（1977—20世纪80年代初）

1977年高考重启前后，行业特色型院校在恢复1965年专业设置的同时，增设了若干行业所需的新专业。譬如，华东水利学院增设“工业电气自动化”“计算机应用”等电气与电子工程类专业；成都电讯工程学院增设“雷达侦察与抗干扰”等国防特色专业；华东工程学院增设“机械制造工艺与设备”“材料及热处理”等专业。[③]

1978年，教育部发布了《关于做好高等学校专业设置和改造工作的

① 林蕙青:《高等学校学科专业结构调整研究》,博士学位论文,厦门大学,2006年,第84页。

② 资料来源：有关样本高校档案馆或校史办等机构收藏的资料。

③ 资料来源：有关样本高校档案馆或校史办等机构收藏的资料。

意见》，提出“根据国家经济社会发展需要，处理好需要与可能、普及与提高、重点与一般、当前与长远、数量与质量、学科与产品工艺等关系，专业设置不宜过窄，要注意变化与稳定，要具有先进性、科学性和适应性”①原则。在同年2月国务院确认的88所全国重点高等学校名单中，行业特色型院校超过六成；跻身国家重点高校的行业特色型院校中，工科类院校的占比最高，达到63.1%。

随着党的十一届三中全会之后全党工作重心转移，国民经济开始实行“调整、改革、整顿、提高”的方针，样本高校在学科专业建设上进行了三个方面的探索。

一是更新学科专业设置理念。譬如，北京工业学院把专业设置作为学校十年发展规划编制中的核心问题，提出：①专业调整势在必行。认为要保住重点院校的水平、培养适应“四化”建设要求的人才、赶上世界科学技术发展形势，必须改变单一工科专业现状，办成理、工、管相结合，以工为主的综合性大学。②专业以学科为依托。认为“按产品办专业，路子越走越窄；按学科办专业，路子越走越宽”。③保持军工特色优势。国防特色主要反映在科研选题和研究生培养上，本科专业主要是打好基础、增强适应性。④改变内部管理体制。实行按学科设系，系办专业，取消专业教研室，统一设置课程组或研究组，兼顾教学和科研。②

二是制定学科发展规划。成都电讯工程学院在1978年7月上报的《关于学院八年规划要点的报告》中提出“将学校建成为一个理工结合、机电结合的现代化的社会主义无线电工科大学”。哈尔滨船舶工程学院在1978年8月制定的学校发展规划中提出“加强基础；理工结合，以工为主；军民结合，以军为主；按学科建专业，向新兴学科方向发展”。北京钢铁学院在1981年5月制定的师资建设与学校发展规划中提出“在冶金、材料领域具有世界一流水平，在大多数学科领域内具有国内先进水平”的建设目标。华东水利学院在1982年制定的事业发展规划中提出“建设以水利为中心的理工科大学，同时加强经济管理学科建设”。北京航空学院在1983年制定的《7年发展规划（1984—1990）》中提出“成

① 林蕙青:《高等学校学科专业结构调整研究》,博士学位论文,厦门大学,2006年,第86页。

② 资料来源：有关样本高校档案馆或校史办等机构收藏的资料。

为一所以工为主，兼办管理、应用理科、社会科学等方面专业的综合性科技大学”。在这一时期，行业特色型院校普遍增设了应用理科类、工业管理类专业，以及计算机科学与工程等高新技术类专业。①

三是实行按学科划分专业，把若干相近专业合并为一个专业类，按专业类招生和培养，按专业分配。譬如，北京航空学院在1981年初调整设置了飞行器设计等10个专业类以及27个专业，其中专业类的设置与此后国家发布的二级学科乃至部分一级学科的口径已经较为接近。

1981年11月，国务院批准全国首批博士硕士学位授予单位，14所样本高校均名列其中（见表3—3）。由表3—3可见，首批博士授予学科（专业）大都与各行业特色型院校创办之初的办学定位与服务面向高度契合，是这些高校的传统特色和优势之所在。获批的硕士点既契合了各样本高校面向特定行业服务的办学定位，也反映了“以任务带学科”的发展成果。譬如，北京航空学院在面向航空工业办学的过程中，发展了通信、电子及计算机学科。北京工业学院在面向兵器工业办学的过程中，除了拓展通信与电子类学科，还发展了基础数学、应用化学等理学学科。华东工程学院开拓了综合性应用学科——军事技术运筹学。②

**表3—3　14所样本高校首批博士及硕士授予学科(专业)名单**

| 高校名称 | 首批博士授予学科(专业) | 首批硕士授予学科(专业) |
| --- | --- | --- |
| 北京航空学院(今北京航空航天大学) | 一般力学、固体力学、空气动力学、机械学、自动控制理论及应用、飞行力学、飞机设计、航空宇航制造工程、航空发动机、航空陀螺及惯性导航、飞行器导航控制系统(共11个) | 光学、机械制造、流体传动及控制、金属材料及热处理、复合材料、腐蚀与防护、航空仪表与测试、航空电气工程、通信与电子系统、信号电路与系统、电磁场与微波技术、计算机软件、计算机应用、导弹设计、固体火箭发动机及推进剂、人机工程、航空宇航系统工程及管理工程(另加11个同时为博士点,共28个) |

① 资料来源：有关样本高校档案馆或校史办等机构收藏的资料。

② 资料来源：有关样本高校档案馆或校史办等机构收藏的资料。

续表

| 高校名称 | 首批博士授予学科(专业) | 首批硕士授予学科(专业) |
|---|---|---|
| 西北工业大学 | 固体力学、空气动力学、一般力学、铸造、飞行力学、航空发动机、飞行器制造工程(共7个) | 应用数学、机械制造、机械学、金属材料及热处理、铸造、压力加工、计算机软件、计算机应用、飞行力学、飞机设计、导弹设计、固体火箭发动机及推进剂、飞行器导航及控制系统、火力控制系统、航空陀螺与惯性导航、航空电气工程、鱼雷设计、水声工程及引信技术(另加7个同时为博士点,共25个) |
| 南京航空学院(今南京航空航天大学) | 固体力学、空气动力学、机械制造、飞机设计、航空发动机(共5个) | 一般力学、通信与电子系统、计算机应用、飞行器制造工程、飞行器导航与控制系统、飞行器仪表及测试(另加5个同时为博士点,共11个) |
| 北京工业学院(今北京理工大学) | 应用数学、含能材料、车辆工程(共3个) | 基础数学、固体力学、通信与电子系统、电磁场与微波技术、自动控制、导弹设计、炮弹/火箭弹及导弹战斗部、引信技术、机械工艺设备及自动化、机械设计、化学工程、应用化学、火工烟火技术、爆炸力学、光学仪器、激光技术、光电技术、自动控制工程、液压气压控制系统、固体火箭发动机、火箭导弹发射技术(另加3个同时为博士点,共24个) |
| 华东工程学院(今南京理工大学) | 弹道学、含能材料、火炮与自动武器(共3个) | 通信与电子系统、信号与电路系统、电磁场与微波技术、炮弹—火箭弹及导弹战斗部、引信技术、物理化学、军事技术运筹学、自动控制工程、固体火箭发动机(另加3个同时为博士点,共12个) |

续表

| 高校名称 | 首批博士授予学科(专业) | 首批硕士授予学科(专业) |
| --- | --- | --- |
| 哈尔滨船舶工程学院(今哈尔滨工程大学) | 船舶流体力学、水声工程(共2个) | 船舶结构力学、热力学、陀螺导航设备、反应堆工程(另加2个同时为博士点,共6个) |
| 成都电讯工程学院(今电子科技大学) | 信号电路与系统、电磁场与微波技术、电子物理与器件(共3个) | 通信与电子系统、半导体物理与器件、电子材料与元件、计算机软件(另加3个同时为博士点,共7个) |
| 西北电讯工程学院(今西安电子科技大学) | 通信与电子系统 | 应用数学、机械制造、通信与电子系统、信号—电路与系统、电磁场与微波技术、计算机组织与系统结构(共6个) |
| 北京邮电学院(今北京邮电大学) | 通信与电子系统、电磁场与微波技术(共2个) | 机械制造、信号—电路与系统、半导体物理与器件、应用数学(另加2个同时为博士点,共6个) |
| 东北工学院(今东北大学) | 机械制造、机械学、压力加工、钢铁冶金、有色金属冶金、计算机应用、工业自动化(共7个) | 应用数学、固体力学、一般力学、工程机械、金属物理、金属材料及热处理、冶金物理化学、冶金热能工程、流体机械及流体动力工程、自动控制、矿产普查及勘探、采矿工程、选矿工程(另加7个同时为博士点,共20个) |
| 北京钢铁学院(今北京科技大学) | 冶金机械、金属物理、金属材料及热处理、压力加工、金属腐蚀磨损及防护、冶金物理化学、钢铁冶金、采矿工程(共8个) | 固体物理、分析化学、固体力学、机械学、铸造、冶金热能工程、工业自动化、选矿工程、矿山机械工程(另加8个同时为博士点,共17个) |

续表

| 高校名称 | 首批博士授予学科（专业） | 首批硕士授予学科（专业） |
| --- | --- | --- |
| 北方交通大学（今北京交通大学） | 铁道信息系统与控制 | 运输经济、计算机应用、铁道工程、桥梁隧道及结构工程、铁道牵引电气化与自动控制、运输管理工程、机车车辆、铁道物资管理工程（另加 1 个同时为博士点，共 9 个） |
| 西南交通大学 | 固体力学、桥梁—隧道及结构工程、铁道牵引电气化与自动化（共 3 个） | 基础数学、结构力学、金属材料及热处理、电磁场与微波技术、计算机应用、工程地质、铁道工程、机车车辆（另加 3 个同时为博士点，共 11 个） |
| 华东水利学院（今河海大学） | 岩土工程、工程水文及水资源、水力学及河流动力学、海岸动力学、水工结构工程（共 5 个） | 同 5 个博士点 |

资料来源：可获取的各类校史资料。

在改革开放初期，国家虽然已经意识到高度集中的计划经济体制在很大程度上阻碍和束缚了生产力的发展，但 1982 年党的十二大仍然提出了“以计划经济为主、市场调节为辅”的原则。在工业生产上，“有计划的工业化”色彩仍然较为浓厚。在作为“工具”的社会需求逻辑惯性驱动下，行业特色型院校学科建设尚未完全脱离学科加行业的分类模式，延续了“以学科为主，兼顾业务部门的需要”的格局，学科设置的口径仍然偏窄，具有“按产品办学科”的时代痕迹。

## 第二节　市场导向的工业化与学科拓展

随着改革开放的逐步深入，市场机制被引入国家工业化进程中并发挥着日益重要的作用。不同于有计划的工业化“以封闭的计划经济体制、极低的人均国民收入为保障;以快速发展赶超资本主义国家、建立独立工业体系为目标;以首先发展重工业、优先发展国有经济为策略”,市场导向的工业化强调“以市场化改革为保障;以改善国民经济结构、促进经济发展和人民富裕为目标;以农业和轻重工业均衡发展、多种经济成分共同发展、梯度发展区域经济为策略”。[①] 在探索建立有中国特色社会主义市场经济体制的时代背景下,政府与高校的关系从直接管制逐渐变为支持和指导,更多的市场力量深刻介入高等教育发展中。[②]

1985 年 5 月,《中共中央关于教育体制改革的决定》(以下简称为《决定》)颁布,提出我国新时期的教育方针是“教育必须为社会主义建设服务,社会主义建设必须依靠教育”,从此替代了 1958 年提出的“教育必须为无产阶级政治服务”。中国高等教育体制也开始从以阶级斗争为纲转向为社会经济发展服务。《决定》提出,扩大高校的办学自主权,加强高校同生产、科研和社会其他各方面的联系,使其具有主动适应经济和社会发展需要的动力与能力。《决定》的颁布极大地推动了高等教育领域的思想解放,高教界开始重新认识高等教育的本质、属性和功能,从热衷于探讨高等教育的“工具价值”转向关注高等教育的“本体价值”。[③] 这一阶段的高等教育开始强调“面向现代化、面向世界、面向未来”。面向世界即意味着要跟世界接轨。作为世界两大高等教育体系之一的盎格鲁—北美体系,其“强调学术自由、学术自治,重视学科的学术逻辑”[④]的学术传统对中国高校产生了广泛而深刻的影响。

然而,不同于自由市场式的美国高等教育体制,在中国“强国家—弱社会”的格局下,市场力量介入高等教育在很大程度上也是为了服务国家的特定目标。行业特色研究型大学的前身在这一时期仍主要由国家

---

① 周光礼:《国家工业化与现代职业教育——高等教育与社会经济的耦合分析》,《高等工程教育研究》2014 年第 3 期。

② 王孙禺、刘继青:《中国工程教育发展史研究的理论进路与解释框架》,《清华大学教育研究》2009 年第 2 期。

③ 董泽芳、张继平:《中国高等教育价值取向 70 年变迁的历程、特定与发展思考》,《重庆高教研究》2019 年第 5 期。

④ 周光礼:《世界一流学科的中国标准是什么》,2019 年 1 月,人民网(http://theory.people.com.cn/n1/2016/0216/c49157-28126520-2.html)。

工业管理部门领导并提供经费，学术逻辑对这类大学所能发挥作用的程度，取决于行业部门的政治意志和经济意志，学术影响力的空间其实有限。在市场导向的工业化阶段，行业特色型院校学科专业建设在继续遵循政治需求逻辑的同时，比有计划的工业化阶段更加强烈地受到市场需求逻辑和学术逻辑的交织影响。在这一阶段，行业特色型院校学科建设经历了从封闭走向开放的过程，除了依托行业“腹地”提升特色学科建设水平，也开始尝试改变单一的学科结构，向综合化、多科性方向发展。

## 一 由计划经济向有计划的商品经济转变时期的学科建设

1984 年 10 月，《中共中央关于经济体制改革的决定》提出“建立自觉运用价值规律的计划体制，发展社会主义商品经济”。1987 年，党的十三大报告指出“社会主义有计划商品经济的体制，应该是计划与市场内在统一的体制”。1992 年前，市场导向的工业化处在“突破计划经济并与商品经济交错发展”的探索阶段。随着消费需求的拉动力明显增强、投资与生产的市场导向日益强化，中国工业化在这一时期的特征是轻工业加速发展，纠正计划经济时代优先发展重工业而扭曲的产业结构。[①] 此外，针对第三次科技革命带来的深刻影响和世界高科技迅速发展的紧迫现实，在一批战略科学家的推动下，“国家高技术研究发展计划”（863 计划）于 1987 年启动实施。行业特色型院校学科建设在这一时期的变革，既是适应国家工业化阶段性变化的客观要求，也是这些高校作为教育与科研基地，在自身发展上的内在要求。

### 1. 调整改造学科专业

面对这一时期国民经济产业结构调整，以及国防工业由以军为主向军民结合转型，行业特色型院校在 1985 年前后以扩大专业面向、增强对市场需求的适应性为重点，加快了学科专业调整和改造的步伐。譬如，西北工业大学对原名称中带有“航空”“鱼雷”“水雷”等字眼的一批军工专业进行了更名，将其调整改造成通用专业或军民兼顾专业。北京工业学院推动军工专业实现军民结合：一是把军工专业拓宽为通用专业，

---

① 周光礼：《国家工业化与现代职业教育——高等教育与社会经济的耦合分析》，《高等工程教育研究》2014 年第 3 期。

但仍保留军工专业的若干方向；二是“一个专业两个牌子”，扩大专业的服务领域；三是保留一些不属于“长线”的军工专业，扩展学科领域、更新内容、增强活力。成都电讯工程学院将无线电通信、电视和电子仪器、测量技术3个专业合并为无线电技术专业，将雷达、无线电遥控遥测、电子对抗3个专业合并为电子工程专业。北方交通大学将首个博士点——“铁道信息系统与控制”更名为“铁道运输自动化与通信”，对系的名称也做了“去行业化”变更。①

2. 改变单科设置格局

首先，在学校发展规划或党代会报告中，提出了综合性或者多科性大学的发展目标。14所样本高校中，有6所提出在1990年前后发展成为综合性大学，另外8所提出办成多科性大学或形成多科性架构。② 在上述目标提出时，尽管仅有4所样本高校的校名带有“大学”字眼，但另有9所样本高校提出了改称“大学”的意向。据北京钢铁学院末任院长王润回忆：“20世纪80年代出国考察时发现，国外的‘学院’基本是专科层次，北京钢铁学院就是因为校名的缘故曾经被国外的人误认为是专科院校。另外，跟国外的大学对比发现，国内高校的专业设置太窄，不符合教育的‘三个面向’方针，学校也希望借助更改校名为专业设置调整创造条件。”③ 事实上，14所样本高校在20世纪80年代末或20世纪90年代初均实现了更名为“大学”的目标。

其次，兴办理学、管理、经济和语言类学科。随着市场导向的工业化进程中产业结构调整与基础工业现代化改造步伐的加快，行业特色型院校不仅要培养产业所需要的适应性人才，还要成为产业进一步发展的技术源头，这对高校加强基础科学及其应用研究提出了要求。④ 此外，随着商品经济的发展，还需要围绕行业经济的运行与管理提供人才支撑和智力支持。因此，14所行业特色型院校普遍成立了（应用）理科系、管

---

① 资料来源：有关样本高校档案馆或校史办等机构收藏的资料。

② 资料来源：有关样本高校档案馆或校史办等机构收藏的资料。

③ 宋琳、魏薇、王润：《20世纪80—90年代：中国高校更名现象——“北京科技大学”更名始末》，《北京科技大学学报》（社会科学版）2014年第5期。

④ 周进：《重点理工大学转型时期理科发展研究》，博士学位论文，华中科技大学，2002年，第16页。

理（工程）系或管理学院，其中有 8 所新增了理学类硕士点，9 所新增了经济学或管理学类硕士点，北京航空学院还新增了管理工程博士点。为适应改革开放对外语类人才的需求，这些行业特色型院校在同一时期普遍成立了（科技）外语系，北京航空航天大学、西北工业大学还新增了语言学与应用语言学硕士点。[①]

最后，加强高技术相关学科建设。着眼于面向世界高技术发展前沿，促进科学技术成果迅速转化为生产，以适应社会主义商品经济的发展，行业特色型院校加强了高技术相关学科建设。在生物技术领域，西北电讯工程学院开拓了生物电子学交叉学科；在航天技术领域，北京航空学院在原火箭系的基础成立了宇航学院；在信息技术领域，除了以通信、电子技术见长的“两电一邮”高校，其他行业特色型院校也加快了信息类学科建设，促进传统优势学科与信息学科的结合；在自动化技术领域，自动控制理论及应用、模式识别与智能控制、机电控制及自动化、自动化仪表及装置等学科开始普遍建立，北京钢铁学院还在计算机系建立了人工智能教研室；在新材料技术领域，西工大、北工、北钢、成电、西电分别开展了高分子材料、无机非金属材料、电子材料与元器件等领域的学科建设。到 1990 年，样本高校在“863 计划”的七个高技术领域共新增 18 个博士点、45 个硕士点。[②]

3. 建设重点学科

1983 年 5 月，匡亚明等 4 位著名高校的名誉校长向中央提议“借鉴在经济建设中遴选重点项目的思路，实施高等教育领域的‘重点建设’”，即“像抓重点经济建设那样，选定顺应现代科学技术与高教发展趋势的 50 所左右高等学校，列入国家重点项目，集中投资”。行业特色型院校根据国家“四化”建设需求和科技发展趋势，也开始有重点的学科建设。譬如，西北工业大学提出重点建设 16 个重点学科（专业），发展边缘、新兴学科；大力开展科学研究，努力在 30 个学科领域达到国内先进水平，10 个学科领域达到国际水平。北京工业学院规划确定 10 个重点发展方向（涵盖工科、应用理科和管理学），选择了 14 个基础好、有发展前

① 资料来源：有关样本高校档案馆或校史办等机构收藏的资料。

② 资料来源：有关样本高校档案馆或校史办等机构收藏的资料。

途或需重点改造的学科作为第一批重点建设学科，使其达到国内乃至国际先进水平。哈尔滨船舶工程学院提出从船舶及海洋工程等 8 个方面加强重点学科建设，发展新兴学科和边缘学科。成都电讯工程学院制定并上报信号电路与系统等 8 个重点学科的发展规划。北方交通大学分两批确定了运输经济、机车车辆等 16 个校级重点学科。河海大学制定重点学科建设规划，要求 5 个博士点按照重点学科的要求予以完善，4 个硕士点争取近期基本达到重点学科水平，6 个需要重点发展学科在 1990 年前基本达到重点学科水平。①

1987 年 8 月，原国家教委启动国家重点学科评选。经高校申报、通讯评选和专家小组审核，14 所样本高校于 1988 年 7 月共获批 40 个国家重点学科，均为工科，其中 82.5% 是首批博士点（见表 3—4）。

**表 3—4　　14 所样本高校首批国家重点学科名单**

| 高校名称 | 首批国家重点学科 |
|---|---|
| 北京航空学院（今北京航空航天大学） | 空气动力学、航空发动机、机械学、航空陀螺及惯性导航、飞行器导航控制系统（共 5 个） |
| 西北工业大学 | 一般力学、铸造、航空宇航制造工程（共 3 个） |
| 南京航空学院（今南京航空航天大学） | 飞机设计、空气动力学、机械制造（共 3 个） |
| 北京工业学院（今北京理工大学） | 通信与电子系统、装甲车辆工程、爆炸力学、军用光学（共 4 个） |
| 华东工学院（今南京理工大学） | 火炮与自动武器、弹道学（共 2 个） |
| 哈尔滨船舶工程学院（今哈尔滨工程大学） | 水声工程（共 1 个） |

① 资料来源：有关样本高校档案馆或校史办等机构收藏的资料。

续表

| 高校名称 | 首批国家重点学科 |
| --- | --- |
| 成都电讯工程学院（今电子科技大学） | 信号电路与系统、电磁场与微波技术、电子物理与器件（共3个） |
| 西北电讯工程学院（今西安电子科技大学） | 通信与电子系统（共1个） |
| 北京邮电学院（今北京邮电大学） | 通信与电子系统、电磁场与微波技术（共2个） |
| 东北工学院（今东北大学） | 钢铁冶金、采矿工程（共2个） |
| 北京钢铁学院（今北京科技大学） | 冶金机械、金属物理、金属材料及热处理（含粉末冶金）、压力加工、冶金物理化学、钢铁冶金（共6个） |
| 北方交通大学（今北京交通大学） | 运输管理工程、运输经济、铁道运输自动化与通信（共3个） |
| 西南交通大学 | 桥梁—隧道及结构工程、铁道牵引电气化与自动化、机车车辆（共3个） |
| 华东水利学院（今河海大学） | 岩土工程、工程水文及水资源（共2个） |

资料来源：可获取的各类校史资料。

## 二　初步建立社会主义市场经济体制时期的学科建设

1992年10月，党的十四大确定国家经济体制改革的目标是建立社会主义市场经济体制。中国市场导向的工业化从此进入了“市场在资源配置中发挥基础性作用”的发展阶段。随着市场机制在产业结构调整中开始发挥主导作用，加上以网络化和信息化为标志的新技术革命蓬勃发展、国内绝大多数地区基本解决温饱问题所带来的社会消费结构升级需求、民营企业经过多年的发展开始有能力进入以前由国有大中型企业垄断的工业领域，以及发达国家对华的规模化产业转移，中国从20世纪90年代开始呈现重化工业加速发展、轻工业发展趋缓的趋势。[①] 1993年2月，中共中央、国务院印发《中国教育改革和发展纲要》，提出“初步建立起与社会主义市场经济体制和政治体制、科技体制改革相适应的教育新体制……逐步建立政府宏观管理、学校面向社会自主办学的体制”。[②] 1998年8月，全国人大常委会通过的《高等教育法》规定了高校办学自主权的两点法律原则：一是面向社会，即“高等学校应当面向社会，依法自主办学，实行民主管理”；二是学术自由，即“国家依法保障大学中的科学研究、文学艺术创作和其他文化活动的自由”。鉴于高校是一个高度专业化的学术机构，发展学术、追求真理是其本质，因此高校办学自主权的核心是学术自主权。[③] 在市场需求逻辑和学术逻辑的交织影响下，普遍更名为“大学”的样本高校以增强社会适应性和自我发展能力为目标开始扩大学科服务面向、实施重点学科（群）建设、开展“校—院—系”三级管理体制改革并向研究型大学转型。

1. 扩大学科服务面向

为服务于社会主义市场经济体制的逐步建立，满足计划经济体制下的“行业工业化”向市场经济体制下的“区域工业化”发展需求，样本高校以扩大高校办学自主权改革为契机，主动扩大学科服务面向。北京航空航天大学在1993年2月发布的《综合改革纲要》中提出要为航空、航天、民航三大部门服务，要为北京市服务，同时面向地方和区域经济以及国际上可合作的部门和单位，走产学研合作办学道路（即“三部一市两面向”），以“加强基础、保军转民、发扬特色、拓宽更新、支持重点”作为学科建设的指导思想。南京航空航天大学在1993年7月发布的《改革和发展规划纲要》中对学校的特色定位由“航空航天”扩展为“具有三航（航空、航天、民航）特色”。北京理工大学提出在学科设置

① 金成晓：《重化工业化是中国经济发展的必经阶段——基于产业结构调整角度的分析》，《经济纵横》2006年第7期。

② 中共中央、国务院：《中国教育改革和发展纲要》，2018年12月，中国教育新闻网（http：//www. jyb. cn/info/jyzck/2006 02/t20060219_ 10718. html）。

③ 周光礼：《中国大学办学自主权（1952—2012）：政策变迁的制度解释》，《中国地质大学学报》（社会科学版）2012年第3期。

和服务方向上要实现四个转轨：一是从为高度集中的计划经济服务转轨为建立社会主义市场经济体制服务；二是从为“封闭型”的经济体制服务转轨为“外向型”“开放型”的经济体制服务；三是从为第二产业服务转轨为第一、第二、第三产业协调发展服务；四是从为全民所有制经济发展服务转轨为以公有制为主体的多种经济成分服务。南京理工大学、哈尔滨工程大学提出了“军民结合”的发展方向。电子科技大学、西安电子科技大学、北京邮电大学、北京交通大学等校旨在发挥学科优势，服务生产、流通、服务和管理等领域的信息化需求。河海大学提出“强基、扬优、扶新、重软”的学科建设方针，除了传统的水利领域，还要重点建设土木、资源与环境、海洋类学科；加强经济、管理等软科学学科，主动适应社会主义市场经济建设需要。①

在这一时期，样本高校侧重于发展应用学科、提升学科层次和拓展服务领域。1993—2000 年，北京航空航天大学等 10 所高校共新增一级学科博士点 48 个（含工学类 40 个、理学类 1 个、管理学类 7 个）、二级学科博士点 82 个（含工学类 76 个、理学类 2 个、管理学类 3 个、哲学类 1 个）。其中，81.3% 的一级学科博士点和 91.5% 的二级学科博士点与电力、钢铁、机械设备、汽车、造船、化工、电子、建材、军工等重化工业发展强相关；16 个一级学科博士点超越了样本高校的传统服务面向；19 个一级学科博士点和 24 个二级学科博士点覆盖了国家“863 计划”在 20 世纪 90 年代确定的八大高技术领域。②

截至 2000 年，14 所样本高校均不同程度地形成了多科性学科架构。其中，10 所高校的学科覆盖面达到 6 个及以上的门类，另有 3 所覆盖了 4 个学科门类。西南交通大学的学科覆盖面最宽，达到 10 个门类。此外，北京理工大学等 8 校的博士点覆盖面达到了 3 个以上的学科门类，另有 3 所高校的博士点覆盖了 2 个学科门类。③

2. 实施重点学科（群）建设

1993 年 7 月，原国家教委印发《关于重点建设一批高等学校和重点

① 资料来源：有关样本高校档案馆或校史办等机构收藏的资料。

② 根据国务院学位委员会下达的相关批次博士和硕士学位授权学科、专业名单整理。

③ 资料来源：有关样本高校档案馆或校史办等机构收藏的资料。

学科点的若干意见》，决定设置“211 工程”重点建设项目。“211 工程”延续了在经济建设中实施重点项目的思路，按基本建设程序进行审批和管理，自上而下的项目管理还引入了市场竞争机制，财政投入从此成为对高等教育重点建设产生巨大影响的政策工具。[①] 围绕“成为立足国内培养高层次人才、解决经济建设和社会发展重大问题的基地”和“部分学科接近或达到国际同类学科先进水平”的目标，均入选“211 工程”建设高校的 14 所样本高校以重点学科为依托和集成，择优支持建设了一批学科群（项目），以此促进学科交叉，开拓新学科和新学术方向，延伸带动整体学科水平的提升。

样本高校的行业特色学科在这一时期继续彰显优势。2002 年的第二次国家重点学科评选，14 所样本高校共有 85 个二级学科入选，较上一次增长了 112.5%；8 所样本高校的 9 个一级学科所属的全部二级学科均被评为国家重点学科。[②] 第一轮全国一级学科水平评估，14 所样本高校分别有 6 个、14 个和 7 个学科排名全国第一、前三和前五（段位之间不重复计算）。

3. 开展“校—院—系”三级管理体制改革

基于学科服务面向扩展的需要，以及现代科学技术既高度分化又高度综合的发展趋势，优化学科资源配置，促进学科交叉融合和新兴学科生长，样本高校普遍从 20 世纪 90 年代开始实施校院系三级管理体制改革，以性质相近的学科、学系组建学院。相较于 1952 年院系调整时在时间节点、系科分布上的整齐划一，这一时期的二级学院设立是样本高校在行使办学自主权过程中，基于满足市场经济需求和遵循高等教育发展规律的自主探索。

4. 设立研究生院和确定研究型大学发展定位

1984 年 6 月，国务院批准了教育部《关于在部分全国重点高等院校试办研究生院的请示报告》。当年 8 月，北京航空学院、北京工业学院、北京钢铁学院成为首批试办研究生院的高校。其余 11 所样本高校中，西

---

① 德吉夫、包艳华：《新中国成立 70 年来高等教育重点建设政策的选择与变迁》，《中国高教研究》2019 年第 11 期。

② 根据教育部 2002 年公布的高等学校重点学科名单整理。

北工业大学等2校、南京航空航天大学等7校、哈尔滨工程大学等2校分别于1986年4月、2000年6月、2002年5月被国务院批准试办研究生院。研究生院的建立标志着这些行业特色型大学开始有组织地“将科学安置在与本科阶段不同的、以科研为中心的学士后阶段，并把它作为容纳和凝聚科学的制度性框架”[①]，发展成为了伯顿·克拉克眼中的“立式的大学”（Vertical University）[②]。

在世纪之交的中国高等教育管理体制改革中，14所行业特色型大学因其显著的行业办学特色、突出的学科优势、关系国家发展全局以及在原行业高校中处于排头兵位置，继续由中央业务部门直接管理，其中6所由原国防科工委直属，另外8所则划归教育部直属。这些高校在2001年前后纷纷在党代会报告或发展战略规划中提出了研究型大学的办学目标，其中5所进入了国家“985工程”重点建设大学行列。从此，追求“一流大学、一流学科和研究型大学”的建设目标成为这些行业特色型大学学科建设的政策信仰与行动指南。

## 第三节　新型工业化与一流学科创建

随着知识经济时代的开启，以及对此前工业化进程中资本有机构成较高、资源能源消耗大、环境污染严重、产品技术含量偏低等问题的反思，党的十六大提出走新型工业化之路。相较于传统工业化强调依托资源和生产要素禀赋，在充分发挥低成本劳动力和其他生产要素价格优势的基础上，利用全球产业分工逐渐从价值链低端向中高端升级，新型工业化更加强调依靠信息化、自主创新和科技进步推动产业链提升和价值链升级。[③] 移动互联网、大数据、云计算、物联网等新一代信息技术和人工智能技术的迅猛发展，及其与制造业融合的日益广泛深入，为新型工业化注入了新的动力。中国继而提出深入实施创新驱动发展战略，增强

---

① 吴洪富：《美国研究型大学本科教学与科研持久失衡的组织学阐释》，《复旦教育论坛》2017年第3期。

② ［美］伯顿·克拉克：《探究的场所——现代大学的科研和研究生教育》，王承绪等译，浙江教育出版社2001年版，第181页。

③ 赵昌文：《新型工业化的三个新趋势》，《人民日报》2019年3月29日第9版。

工业核心竞争力。在上述背景下，行业特色研究型大学开始适应新型工业化产业结构调整和产业生成性要求，遵循市场需求逻辑调整学科建设策略。

然而，20 世纪 90 年代在“高等教育产业化”的主张下，过度地把大学推向市场，片面地把大学视为市场经济手段，导致大学的学术生态被破坏，尤其是基础研究、人文学科被忽视。这促使学界更加深刻地认识到大学作为复杂社会组织，其实质是外在的社会性与内在的学术性的统一体。[①] 在以创建世界一流大学为战略目标的“985 工程”启动后，因为强调在国际高等教育体系中的可比性，加之中国高等教育现代化建设具有“后发外生型”的特征，“985 工程”在实施过程中表现出以西方国家为参照系的“追赶”态势[②]，尤其是对盎格鲁—北美高等教育体系的追崇，这也促使国内研究型大学不断强化学科的学术逻辑。近年来，根据习总书记在“科技三会”讲话中提出的“研究型大学要加强学科建设，重点开展自由探索的基础研究”的指示，加之国家深化高等教育领域“放管服”改革等政策导向，以及受制于学科内在学术逻辑的“张力”，行业特色研究型大学在“双一流”建设中普遍提出面向世界学术前沿，遵循学科发展规律构建一流学科体系。

2012 年 11 月，党的十八大报告提出“把立德树人作为教育的根本任务”。此后，围绕“培养什么人、怎样培养人、为谁培养人”的问题，党加强了对教育工作的全面领导。习近平总书记在 2014 年 5 月和 2018 年 5 月两次赴北京大学考察，均对“双一流”建设提出了要求，如“办好中国的世界一流大学，必须有中国特色”“高校只有抓住培养社会主义建设者和接班人这个根本任务才能办好，才能办出中国特色世界一流大学”“坚持办学正确政治方向是办出中国特色世界一流大学要抓好的第一项基础性工作”，这些论述在全国高校思政工作会、全国教育大会上均予以了强调。按照新时代中国高等教育发展的总体要求——“紧紧围绕实现

① 周光礼、刘献君：《学术自由与社会干预的整合认同——大学定位的再思考》，《江苏高教》2002 年第 1 期。

② 阎凤桥：《我国高等教育“双一流”建设的制度逻辑分析》，《中国高教研究》2016 年第 11 期。

‘两个一百年’奋斗目标、实现中华民族伟大复兴的中国梦”，行业特色研究型大学理应围绕明确的政治目标，扎根中国大地建设“双一流”，切实满足党的政治建设与国家发展需要。

综合以上因素，新时代的中国高等教育发展要求政治需求逻辑、市场需求逻辑和学术逻辑实现共融共生。在三个逻辑的共生演化中，行业特色研究型大学旨在寻求对内在学术性和外在社会性的整合认同，把握时代发展的阶段性特征，努力探索符合自身特质的一流大学与一流学科建设路径。

## 一　新型工业化道路探索期的强化特色与扩展规模并重

2002 年 11 月，党的十六大提出“坚持以信息化带动工业化，以工业化促进信息化，走出一条科技含量高、经济效益好、资源消耗低、环境污染少、人力资源优势得到充分发挥的新型工业化路子”。2007 年 10 月，党的十七大报告提出“坚持走中国特色新型工业化道路”。但在 2002 年之后的较长时间内，中国重工业化的趋势在投资规模驱动下继续加强。2003—2010 年，中国规模以上工业总产值中的重工业比重由 64.5% 增长到 71.6%，其中六大传统高耗能产业总产值比重由 29.2% 增长到 32.9%。直至 2008 年中国加强了节能减排和淘汰落后产能，工业结构才开始出现轻微的边际改善。2008—2011 年，六大高耗能行业增速低于全部规模以上工业增速 0.4—2.9 个百分点，高技术制造业行业的增速除 2009 年以外，高于全部规模以上工业增速 1.1—2.6 个百分点。① 面对产业转型升级的巨大压力，如何依托特色学科优势造就产业经济发展的“加速器”，成为行业特色研究型大学的努力方向。

世纪之交的高等教育管理体制改革前后，全国掀起了一股高校合并热潮。70 所划转教育部管理的原行业部门所属高校中有 42 所相互合并或被并入教育部直属高校。一批行业特色型院校经过合并演变为

---

① 国研网宏观经济研究部:《中国工业增加值:数据、结构与数值预测》,2019 年 1 月,国研网(http://drcnet.com.cn/eDRCNet.Common.Web/DocDetail.Aspx? DocID=2854444&leafid=210&chnid=611)。

综合性大学或者学科设置面较宽的多科性大学，如原中南工业大学、湖南医科大学、长沙铁道学院合并组建中南大学，原武汉工业大学、武汉交通科技大学、武汉汽车工业大学合并组建武汉理工大学。14所样本高校没有进行合并重组从而延续了行业办学特色，但也为此付出了代价，如多数样本高校的国内排名出现了明显下滑，而经过合并的兄弟高校取得了明显进步（见表3—5）；学科体系架构未能得到实质性拓宽，在办学资源竞争中处于不利地位，等等。

**表3—5　　1997—2002年相关高校的国内排名情况**

| 高校名称 | 1997年排名 | 2002年排名 | 高校名称 | 1997年排名 | 2002年排名 |
|---|---|---|---|---|---|
| 北航 | 17 | 22 | 西工大 | 13 | 34 |
| 南航 | 32 | 51 | 北理工 | 29 | 45 |
| 南理工 | 22 | 40 | 哈工程 | 84 | 跌出前100 |
| 成电 | 40 | 48 | 西电 | 47 | 56 |
| 北邮 | 68 | 跌出前100 | 东大 | 27 | 23 |
| 北科大 | 26 | 29 | 北交大 | 60 | 63 |
| 西南交大 | 58 | 47 | 河海 | 65 | 71 |
| 中南 | 33（原中南工大） | 17 | 武汉理工 | 56（原武工大） | 32 |

资料来源：中国管理科学研究院网站。

与此同时，随着计划经济时期形成的“部门经济”和“部门办学”体制被终结，倒逼着行业特色研究型大学在办学上打破路径依赖和组织惯性。一方面，经过高等教育管理体制改革，行业特色研究型大学的自主权、决策权和发展空间在增大；另一方面，外部环境的剧烈变化也使这些大学在发展方向和战略取舍上陷入了迷茫。当一个组织面临不确定性时，就有可能模仿其他组织的形态，以此节约组织成本和提高组织成功的可能性。[①] 这一时期启动的“985 工程”旨在创建具有世界先进水平的一流大学和一流学科，“985 工程”大学为贯彻国家意志实施了以英美一流大学为标杆的赶超战略。为争取国家重点支持的机会，非 985 高校也倾向于迎合政府的战略意图，选择采取赶超战略。此外，缘于政府财政拨款相对稳定以及中央高校拥有一定的财政自主权，加上精英学者群体的社会影响力增强，行业特色研究型大学面向国际学术前沿和新兴方向，还遵循学术逻辑采取了学术导向战略。

为增强自主创新能力、建设创新型国家，国务院颁布了《国家中长期科学和技术发展规划纲要（2006—2020 年）》。围绕基础研究，该纲要提出“全面协调地发展基础学科”“突出基础学科之间、基础学科与应用学科、科学与技术、自然科学与人文社会科学的交叉与融合，培育新的学科生长点”。围绕国家战略目标，该纲要筛选了若干重大战略产品、关键共性技术或重大工程作为重大专项。随着体制转轨后“行业养大学”格局的消失，行业特色研究型大学在学科建设上除了延续侧重于遵循社会需求逻辑的办学传统，谋求“以服务求支持，以贡献促发展”，也更加重视学术逻辑，以期对标世界一流或世界先进水平提升学术影响力。

1. 强化学科特色

虽然在体制转轨后对发展方向产生过迷茫，但作为原行业院校排头兵的行业特色研究型大学经过历史的积淀，具有“特色是安身立命之本，是学校核心竞争力的直接体现”的强烈意识，坚持了“以特色引领发展”的学科建设方略。北京航空航天大学提出除了强化“航空航天”传统特色，还要打造“航空航天和信息融合”，简称“空天信融合”。西北工业大学作为国内唯一一所同时发展航空、航天、航海的研究型大学，强调彰显“三航”特色。北京理工大学提出了“强地、扬信、拓天”的特色发展战略。南京理工大学着力建设“立体兵工”特色学科专业体系。哈尔滨工程大学确立了“三海一核”学科发展战略。电子科技大学坚持

① 周光礼：《经费配置模式与大学战略选择：中国大学趋同化的经济学解释》，《中国高教研究》2015 年第 9 期。

“电子信息是立校之本，军事电子是特色之路”。北京科技大学、河海大学分别提出“以冶金和材料为特色”和“保持、发展水利特色与优势”。①

在这一时期，14 所样本高校的特色学科实力得到了巩固和提升。第二轮全国一级学科水平评估，这些大学分别有 8 个、15 个和 9 个学科排名全国第一、前三和前五（段位之间不重复计算），均多于第一轮学科评估。第三轮全国一级学科水平评估，14 所样本高校排名全国第一的学科数增加到了 10 个。

2. 拓宽学科领域

着眼于形成多学科互相支撑、协调发展的学科体系，力争在国家重点建设中占据有利位置，提升对竞争性科教资源的获取能力，行业特色研究型大学结合外部机遇和内部优势，不失时机地扩展了学科规模。北京航空航天大学、北京理工大学将学科发展定位由“以工为主”改为“以理工为主”。北京航空航天大学确定了分类拓展学科面的目标，一是强力发展电子、信息和材料学科，力争进入全国前十；二是大力建设数学、物理和化学学科，力争进入全国前十五；三是积极建设能源、环境、大气和生物等新学科；四是努力建设人文社科类弱势学科，目标是特色发展、进入主流。北京理工大学一方面通过学科布局及院系设置的调整重组，把学科领域从以兵器为主扩展到航空航天、核能、船舶、电子信息以及材料、能源、环境、国防基础等领域；另一方面采取“对称”发展策略推动理科建设，立足已有的工学发展理学，反之也使理学成为工学发展的支撑。南京理工大学成立了工学和法学相结合的知识产权学院。哈尔滨工程大学组建了国内高校中的首个核科学与技术学院。北京邮电大学成立数字媒体与设计艺术学院，建设“数字内容传媒学”交叉学科。东北大学围绕国家战略性新兴产业，培育了生物医学工程、信息安全等新兴交叉学科。北京科技大学根据重化工业转型发展需要，成立了冶金与生态工程学院、化学与生物工程学院。②

2002—2011 年，14 所行业特色研究型大学共新增一级学科博士点

① 资料来源：有关样本高校档案馆或校史办等机构收藏的资料。

② 资料来源：有关样本高校档案馆或校史办等机构收藏的资料。

149个、二级学科博士点104个。[①] 截止到2011年，覆盖7个及以上学科门类的样本高校由2000年的6所增加到14所，覆盖10个及以上学科门类的样本高校由2000年的1所增加到3所。学科覆盖面最宽的西南交通大学达到了13个门类。博士点覆盖了4个及以上学科门类的样本高校从2000年的1所增加到13所，其中东北大学覆盖了6个门类，北京理工大学、北京科技大学、北京交通大学覆盖了5个门类。[②]

3. 实施学科分类型建设

随着学科领域与规模的扩大，行业特色研究型大学坚持发展学术与服务需求并重，分门别类地推进学科建设。譬如，南京航空航天大学对国防特色鲜明、优势明显的工科，设立“学科特区”加快其发展；对于偏应用型的理科，从政策上鼓励理工结合，以此带动和强化理科建设；对于人文社科学科，遵循其发展规律，从制度上保证经济、管理、法学与哲学学科建设。北京理工大学从特色和梯次两方面形成学科建设的网格结构，将已有学科分为地面武器、大信息、航空航天、基础、其他五大特色类，同时按照不同建设目标将学科分为四个梯次，相应给予不同的政策与资源支持。南京理工大学针对武器装备的智能化、精确化、高机动性、低成本改造等发展趋势，分三类建设国防学科。[③]

4. 突出学科建设重点

在国家重点建设政策层面，14所行业特色研究型大学均进入了“211工程”二期、三期建设，其中北京航空航天大学、西北工业大学、北京理工大学、电子科技大学和东北大学进入了“985工程”高校行列。在“985工程”实施过程中，学科建设被置于突出地位，入选高校按照项目管理的要求，在支持重点学科、发展优势学科、鼓励新兴学科方面予以了相应投入。“985工程”二期（2004—2007年）开始采取学校整体建设与重点学科建设相结合的策略，其中以行业特色型大学为主要扶持对象，以打造世界一流学科群为目标，重点建设了一批“985工程”优势学科创

---

① 149个一级学科博士点含工学类104个、理学类22个、管理学类12个、经济学类3个、文学类3个、法学类2个、哲学类1个、教育学类1个、军事学类1个；104个二级学科博士点含工学类64个、理学类17个、管理学类7个、法学类14个、军事学类2个。

② 根据国务院学位委员会下达的相关批次博士和硕士学位授权学科、专业名单整理。

③ 资料来源：有关样本高校档案馆或校史办等机构收藏的资料。

新平台，14 所样本高校中的 9 所非“985 工程”高校均入选。

在学校层面，各行业特色研究型大学按照“择重、择需、择优”的原则，有重点地推进学科建设。北京航空航天大学制定了 10 个学科群的重点建设规划，包括建设若干金牌学科，加强重点学科实力，快速发展理科，超常规建设宇航学院。西北工业大学以大飞机、探月工程等国家科技重大专项为牵引，重点建设 12 个学科（项目），推动航空、航天、航海、材料等学科的若干方向达到国际一流水平。哈尔滨工程大学实施“5 +1”重大项目，即举全校之力使船舶与海洋工程等 5 个一级学科保持或达到国家重点学科水平，优先建设一批特色明显、需求旺盛、有稳定团队支撑的学科方向。西安电子科技大学重点建设电子信息类特色学科，使其成为赶超国际先进水平的主力。北京交通大学统筹建设信息科学、交通运输、经济与管理、理学和哲学社科 5 个重点学科群。①

2007 年第三次国家重点学科评选，14 所行业特色研究型大学共获批 37 个一级学科国家重点学科、33 个二级学科国家重点学科，所涉及的二级学科总数达到 151 个，较第二次国家重点学科评选增长了 77.6%。②

5. 建立学科特区

在整体推进学科建设的基础上，行业特色研究型大学以建立“学科特区”为切入点，创新学科建设管理模式，采取超常措施支持建设少数已具备良好条件或颇具发展潜力的学科。譬如，北京航空航天大学启动建设了航空科学与技术国家实验室，实行人才引育特区、国际合作特区和共享服务特区等特殊政策及机制，以此整合航空航天和信息技术两大优势学科群的力量，打造“空天信融合”新特色。北京理工大学启动了雷达技术、智能机器人、智能车辆、现代生物与医药、化学物理等 5 个领域的学科特区建设，力争每个特区形成一个或若干个国际一流的学科方向。北京科技大学成立冶金工程研究院，整合了冶金、材料、机械、信息等领域的学术力量，瞄准冶金技术前沿，面向国民经济发展和国防

---

① 资料来源：有关样本高校档案馆或校史办等机构收藏的资料。

② 根据教育部 2007 年公布的国家重点学科及开设高校名单整理。

现代化的重大需求，建设对钢铁冶金领域新工艺、新技术、关键装备进行深度开发和系统集成的创新平台。[①]

## 二　创新驱动发展战略实施进程中的高峰塑造与协同发展

2012 年 11 月，党的十八大提出“坚持走中国特色新型工业化、信息化、城镇化、农业现代化道路”，将科技创新视作提高社会生产力和综合国力的战略支撑，提出“实施创新驱动发展战略”。基本在同一时期，美国开始实施“再工业化”战略，德国提出保持制造业的领先地位。为实现中国从制造业大国向制造业强国转变，推动信息化和工业化深度融合，国务院于 2015 年 5 月颁布《中国制造 2025》。针对第四次工业革命的蓄势待发，党的十九大报告提出“加快建设制造强国，加快发展先进制造业，推动互联网、大数据、人工智能和实体经济深度融合”“促进我国产业迈向全球价值链中高端，培育若干世界级先进制造业集群”。美国则在 2019 年 2 月发布《美国将主宰未来的工业》，强调对人工智能、量子信息、高端制造和第五代移动通信四大产业的主导权。德国也于同年 11 月发布《国家工业战略 2030》，内容涉及新兴产业和传统制造业。[②] 综观国内外动态，中国在这一时期的新型工业化是以创新作为引领发展的第一动力，以建成世界一流制造强国、力争在即将到来的第四次工业革命中抢得先机为总体目标。面对这一历史使命，行业特色研究型大学更加注重发挥科技引领和人才支撑作用，“顶天”面向世界科技前沿，凝练学科方向；“立地”面向国家战略需求和产业转型升级需要，突出学科特色和完善学科布局。

随着高等教育大众化水平稳步提升，推进高等教育现代化、建设高等教育强国被提上日程。党的十八大报告要求“提高高等教育质量”“推动高等教育内涵式发展”和“深化教育领域的综合改革”。党的十九大报告把建设教育强国定位为“中华民族伟大复兴的基础工程”，提出“实现高等教育内涵式发展”。作为建设高等教育强国的重大举措，“双一流”

---

① 资料来源：有关样本高校档案馆或校史办等机构收藏的资料。

② 夏鲁惠：《工业革命与中国工程教育发展》，2020 年 7 月，中国发展观察杂志社网站（http：//www. chinado. cn/？ p＝8987）。

建设于2015年10月启动实施。相较于“985工程”“211工程”，“双一流”建设在起初就强调以“中国特色、世界一流”为核心，抓住“培养社会主义建设者和接班人”的根本任务，目标是创建“中国的”世界一流大学和一流学科（Double World-class of China）而非“在中国的”世界一流大学与一流学科（Double World-class in China）。2018年8月教育部等三部委印发的《关于高等学校加快“双一流”建设的指导意见》（以下简称《指导意见》），确定了“落实立德树人根本任务，紧紧抓住坚持办学正确政治方向等基础性工作”的指导思想。为贯彻党和国家意志，入选“双一流”建设高校的行业特色研究型大学不能陷入一般意义上的学术竞争和实力比拼，而应在政治、市场和学术三个领域之间有序跨界；除了在追求客观知识、探寻自然真理上成就卓越，还需以学术性与引领性相并重，承担相应的国家责任、社会责任和教育责任。

教育部等部委在推进“双一流”建设过程中，一方面，依托专家组织制定遴选标准，认定了首批建设高校及学科名单；实施了扩大高校办学自主权的配套政策，如高等教育和科技创新领域“放管服”改革、高等教育领域“管办评分离”改革、学位授权自主审核等；引导高校围绕“符合度、达成度、表现度”自主开展一期建设中期自评；发挥各类专家组织的咨询、评价、诊断和督导作用。另一方面，打破身份固化，对建设高校实行总量控制、开放竞争、动态调整，引入经济活动中常用的因素分析法对中央专项资金进行分配；在“双一流”学科遴选标准中，ESI和QS学科排名成为充分条件，这些由商业机构制定的排行榜也诱使国内高校相应调整学科布局，等等。总之，多种类型政策工具的使用，使“双一流”建设政策在执行过程中体现了学术逻辑和市场需求逻辑。

在这一时期，行业特色研究型大学更加注重形成比较优势、实现特色发展，构筑重点明确、层次清晰、结构协调、互为支撑的一流学科体系。

1. 支持优势特色学科率先建成学科高峰

行业特色研究型大学以已有的特色和优势学科为重点，力图成就国内和国际“同步卓越”。一是在国内成就卓越，即服务国民经济发展、国防现代化建设等重大战略需求，巩固优势特色学科在行业内不可或缺的重要地位，成为行业内“前沿理论和高新技术的源头，引领性人才培养的基地”。二是在国际成就卓越，即瞄准世界学术前沿，加强国际合作与交流，引育擅长定向基础研究的优秀人才，组建有国际竞争力的学术团队，发表国际同行公认的高水平学术论文，推动形成有国际影响力的学术流派，实现相关学科（方向）达到世界一流水平。

北京航空航天大学强化需求牵引下的空天信深度融合，使“航空航天”和“信息技术”两大特色学科群在行业前沿理论基础研究、先进技术应用上保持不可替代性，夯实航空航天、仪器等学科的国内引领地位，增强材料、软件、控制等学科的国内领先优势，实现若干学科或方向达到世界一流水平。西北工业大学建设了“无人航行科技”“航宇材料技术科学”创新平台，汇集“三航”和材料优势学科力量，抢占国际科学技术制高点，巩固在国防行业领域的引领和不可替代作用，努力形成航空宇航、材料、兵器等学科高峰。南京航空航天大学跟踪世界航空航天飞行器发展趋势，强化问题导向，建设“航空航天科学与工程”高峰学科群。①

北京理工大学分阶段重点推进“高效毁伤及防护”“新材料科学与技术”“复杂系统感知与控制”“运载装备与制造”等一流学科群建设，着力打造兵器、材料、控制、光学工程等学科高峰。南京理工大学适应以信息化、智能化为主要特征的新军事变革发展趋势，重点建设“兵器与装备”优势学科群，实现兵器学科保持全国第一并显著提升国际影响力。②

哈尔滨工程大学瞄准“三海一核”国家战略需求领域，重点建设“船舶与海洋”优势学科群，凝聚船舶与海洋装备、海洋信息、船舶动力、核动力与核燃料循环 4 个特色发展方向，促进船海核学科优化与交叉融合，推动船海学科进入世界一流行列，核学科进入国内一流前列。③

电子科技大学重点建设“电子信息”学科群，力图巩固在电子科技和军事电子领域的特色与优势，实现电子信息学科达到世界一流水平。西安电子科技大学围绕信息与电子先进技术发展趋势和国防装备的发展

① 资料来源：有关样本高校“十三五”发展规划和“双一流”建设方案。

② 资料来源：有关样本高校“十三五”发展规划和“双一流”建设方案。

③ 资料来源：有关样本高校“十三五”发展规划和“双一流”建设方案。

需求，建设“信息通信与电子科学技术”学科群，推动相关领域实现从跟踪到引领的跨越，以及主干学科跻身世界一流。北京邮电大学服务“网络强国”战略，聚焦信息网络、先进计算和电子科技领域的关键科学与技术问题，建设“信息网络科学与技术”“计算机科学与网络安全”学科群，推动通信、计算机学科达到世界一流，电子、网安学科位居国内前列。①

东北大学着眼于在中国新型工业化进程中起到引领作用，发挥在技术创新、技术转移和成果转化上的传统优势，建立基础理论研究与应用技术研究密切结合的高水平学术队伍，广泛开展高水平国际合作，打造引领学科发展的“控制科学与工程”学科群和领跑行业技术创新的“冶金工业流程”学科群，推动主干学科跻身世界一流行列。北京科技大学以材料、冶金、矿业工程等传统优势学科为支撑，建设“大材料”学科、“冶金 +”新工科、“深部矿产资源开发与安全”学科群和科学技术史学科，围绕“中国制造 2025”“节能环保”等国家战略举措，推动优势特色学科跻身世界一流，带动相关学科进入国内同领域前列。②

北京交通大学重点建设“智慧交通”学科领域，着眼于在交通强国建设中做出不可替代的贡献，力争系统科学、交通、信息等优势学科跻身世界一流学科行列、在国际同类学科中居于优势地位。西南交通大学把握中国高铁大发展的历史机遇，培育对接世界先进水平的“轨道交通”学科群，实现交通学科保持国内领先并跻身世界一流，带动土木、机械、电气等学科进入全国前列。③

第四轮全国一级学科水平评估，14 所样本高校共有 17 个学科获评 A +。截至 2020 年 1 月，14 所样本高校共有 44 个学科跻身软科世界一流排名全球前 50 位，22 个学科跻身 US News 世界学科排名全球前 50 位，15 个学科进入 ESI 排名前 1‰。

2. 推动潜力学科形成学科高原

行业特色研究型大学适应信息化与工业化深度融合的新定位及新要

① 资料来源：有关样本高校“十三五”发展规划和“双一流”建设方案。

② 资料来源：有关样本高校“十三五”发展规划和“双一流”建设方案。

③ 资料来源：有关样本高校“十三五”发展规划和“双一流”建设方案。

求，以社会主义现代化强国建设和战略性新兴产业发展需求为牵引，发挥优势特色学科的带动作用，在巩固提升工学学科优势地位的同时不断扩大优势领域，同时重点发展相关的理学学科，推动更多学科跻身国内领先水平。

南京理工大学适应工业化与信息化融合需要，加强“电子与信息”“化工与材料”学科群建设力度，拓展工科主干学科的服务面向，力争光学工程、化工、控制学科在“十三五”末进入全国前10%，相关支撑学科进入全国前20%。电子科技大学结合“互联网+”等国家重大行动计划，重点建设“计算机、控制与机电”学科群，力争在大数据、云计算、网络空间安全等学科方向达到世界先进水平。西安电子科技大学以通信等高峰学科带动控制、计算机等学科发展，在网络与信息安全、深空深海探测等方向形成优势，力争相关学科水平进入国内前列。河海大学以“海洋强国”建设为契机，以特区模式建设海洋学院和海洋科学一级学科博士点，推动高原学科由“河”向“海”拓展，从“海岸、近海”向“海洋”延伸。①

第四轮全国一级学科水平评估，14所样本高校共有43个学科获评A或A-。截至2020年1月，14所样本高校共有33个学科跻身软科世界一流排名全球前51—100位，17个学科跻身US News世界学科排名全球前51—100位。同时，进入ESI排名前1%但未进入前1‰的学科有49个，较2013年同期增长了32.4%。

3. 强化理工融合提升原始创新能力

遵循基础研究发展规律和基础学科拔尖创新人才成长规律，行业特色研究型大学普遍采取“高水平、高起点、入主流、相关联”的思路，重点支持理学学科凝练方向、汇聚队伍、搭建平台，加强理科与优势工科的交叉融合，产出标志性学术成果，以期提升理科综合实力。譬如，北京航空航天大学促进优势工科与数学、物理学、化学等基础学科的融合，凝练了信息数学、系统科学及应用、空间物理、能源物理等新兴交叉学科方向，形成工科支持理科特色发展、理科支撑工科提炼和解决科学问题的协同效应。南京理工大学组织兵器、化工、材料、信息等工程

① 资料来源：有关样本高校“十三五”发展规划和“双一流”建设方案。

学科提炼基础科学问题，重点建设相关理科方向和理工结合创新平台，形成理工学科间的交流合作机制，培育若干达到国内领先水平的理工融合学科方向。电子科技大学加强基础学科与优势工科的交叉融合，重点建设与信息科学及新一代信息技术发展密切相关的材料物理、无线电物理、量子信息、数据科学等学科方向，力争达到世界先进水平。西南交通大学通过实施“理科振兴行动计划”建立理科发展长效机制，基于优势工科的延伸发展理科并促进工科与理科的交融，激励原创性基础研究。①

截止到2020年1月，14所样本高校共有13个理学学科进入ESI排名前1%，其中有9个是化学。理学学科规模在这一时期小幅增长，2012年以来有7所样本高校共新增8个理学一级学科博士点。

4. 以需求和问题为导向提升文科实力

北京航空航天大学聚焦中国经济社会转型升级中的重大问题，建设“经济与管理”学科群，构筑经济与商学、工业和信息化法治等特色研究平台，以此促进人文社科学科发展。北京理工大学依托马克思主义理论、管理科学与工程等学科建设“军民融合战略与创新发展”学科群，凝练和拓展相关学科方向，发挥其在思想政治和人文素养方面的育人作用，以及在高校国防科技与军民融合发展政策机制方面的智库作用。电子科技大学实施“哲学社会科学繁荣计划”发展精品文科，一方面为学术精英和行业领军人才培养提供通识教育；另一方面推动人文管理学科与电子信息学科的交叉融合，打造特色团队和平台，为智慧城市建设、新经济发展等领域提供智力支持和人才供给。东北大学结合“东北振兴”与“文化强国”战略实施，推进东北振兴研究院、跨文化战略研究院等平台建设，着力打造新型高端智库平台，支撑经济、管理和人文学科发展。②

第四轮全国一级学科水平评估，14所样本高校分别有1个、5个和17个人文社科类学科获评A、A－和B＋，涉及应用经济学、法学、马克思主义理论、外国语言文学、管理科学与工程、工商管理和公共管理等学科。2019年9月，北航、北理工、南航3校的社会科学总论学科进入

① 资料来源：有关样本高校“十三五”发展规划和“双一流”建设方案。

② 资料来源：有关样本高校“十三五”发展规划和“双一流”建设方案。

了 ESI 排名前 1%。

5. 立足前沿和交叉领域培植学科增长点

行业特色研究型大学遵循现代科学技术发展规律，服务“健康中国”等国家行动计划，依托传统特色学科优势并整合学科资源，推动应用学科与基础学科交叉融合，努力在前沿和交叉领域培植学科增长点。譬如，北京航空航天大学推进优势工科与生命医学学科的交叉融合，围绕人类健康和医学发展等重大前沿科学问题，以服务“健康中国”战略为导向，建设大数据精准医疗、生物医学工程等高精尖创新中心和空天医学工程国际联合研究中心，提升生物医学工程学科综合实力，拓展特种医学、基础医学、生物学等学科并加速其发展。北京理工大学重点布局网络空间安全、生物医学工程、人工智能、先进制造等前沿交叉领域。电子科技大学以生物医学工程学科为主体，依托电子信息学科优势，面向信息科学、神经科学和临床医学三大领域交汇区的前沿问题，形成以信息技术为支撑的医科增长点。东北大学积极扶持“信息 + X”“生物 + X”“数理 + X”等交叉学科发展，组建了生命科学与健康学院、机器人科学与工程学院，发展工业生态学、资源循环科学与工程、新能源科学与工程、生物医学工程等新兴交叉学科。北京科技大学强化问题导向，立足材料、安全等优势学科，建设材料安全服役交叉学科；融合软件工程、物流工程等学科，开辟物联网学科方向。①

## 第四节　本章小结

纵观行业特色研究型大学学科建设的历史变迁，其系科建立和学科发展的直接动力与重要影响因素之一，来自国家工业化的规划和推进。根据中国工业化推进政策范式的阶段特征，以及国家工业化与高等教育发展之间的关联性，行业特色研究型大学学科建设的历史变迁可分为三个阶段：一是有计划的工业化与系科建立及调整阶段，二是市场导向的工业化与学科拓展阶段，三是新型工业化与一流学科创建阶段。

中华人民共和国成立初期，效法苏联模式和延续中共在战时创办高

---

① 资料来源：有关样本高校“十三五”发展规划和“双一流”建设方案。

等教育的历史经验，使新中国高等教育系统在建立之初便具有浓厚的欧洲大陆高等教育体系色彩，表现出“国家控制”的一元结构。在“自上而下”的强制性变革推动下，政府采取激进的方式于20世纪50年代将此前以通识教育为主的民国大学调整改造成从事专业教育的单科性专门学院，形成了与高度集中统一的计划经济体制相协调、与国家工业发展布局相配套的“部门办学”格局。在有计划的工业化时期，各个社会子系统均服从国家的集中统一管理原则，行业特色研究型大学的前身在当时作为国家工业管理部门的附属机构，呈现出对作为“工具”的政治需求逻辑的严格遵循，这一时期学科建设所注重的是政治本位的外在价值取向，延续着“按产品办学科”的时代轨迹。

进入20世纪80年代，随着对“社会主义是否可以搞市场经济”这一重大理论和实践问题认识的深化，中国开始进入市场导向的工业化时期。经济体制改革也给高等教育体制改革注入了市场因素。1992年党的十四大正式确立社会主义市场经济体制的改革目标之后，计划经济模式赖以生存的体制基础逐渐消失，行业特色研究型大学学科建设开始注重经济本位的外在价值取向。1998年《高等教育法》的颁布标志着中国的高等教育政策范式开始由“国家本位”向“市场本位”转换。随着高等教育体制改革的深入、高校自主权的扩大与学者自主意识的增强，高校主体与学者群体对高等教育“本体价值”的追求日益强烈。不仅如此，伴随着改革开放政策的实施，以及教育“三个面向”方针的提出，中国高校纷纷走出国门学习国外大学的先进经验。当时在世界高等教育体系竞争中占主导地位的盎格鲁—北美体系，以其“重视学科的学术逻辑”的传统对中国高校产生了广泛而深刻的影响。上述因素的叠加，使行业特色研究型大学在学科建设上愈加关注基于知识生长的内在发展逻辑。在这一时期，行业特色研究型大学虽然比以往更加强烈地受到市场需求逻辑和学术逻辑的交织影响，但仍然强调服务于国家的特定目标。这类大学在20世纪90年代末之前依然置身于“部门经济”和“部门办学”体制之中，办学自主性较小，主要围绕行业发展制定学科建设规划，延续了“面向行业办学，突出行业性学科，巩固具有行业背景的优势和特色”的发展路径，在学科建设上依然侧重于遵循社会需求逻辑，重点是增强对行业需求的适应性。

1998年国务院机构改革和世纪之交的高等教育管理体制改革之后，“部门经济”和“部门办学”体制被终结，行业特色研究型大学开始被倒逼在办学上打破路径依赖和组织惯性，并把握国家实施“985工程”和优势学科创新平台建设的外部机遇，一方面贯彻政府的战略意图，采取以英美一流大学为标杆的赶超战略；另一方面面向国际学术前沿和新兴方向，遵循学术逻辑采取学术导向战略。进入21世纪，随着中国开始具备后工业化时代的基本特征①，国家先后提出走新型工业化道路和实施创新驱动发展战略，力争成为世界制造强国并在即将到来的第四次工业革命中拔得头筹。政策的转变给行业特色研究型大学学科建设带来了新的挑战，其主要表现在以“适应”和“满足”为理念的发展模式已经不再契合中国向全球产业链高端布局的要求，以“创新”和“引领”为理念的发展模式也就成为行业特色研究型大学学科建设的应然之选。此外，随着高等教育发展被要求紧紧围绕实现“两个一百年”奋斗目标和中华民族伟大复兴的中国梦，“双一流”建设要以“中国特色、世界一流”为核心，以“坚持办学正确政治方向为第一项基础性工作”，行业特色研究型大学的学科建设还必须服务于执政党的政治理性和政治追求。对此，除了贯彻党和国家意志，面向国家战略需求和产业转型升级需要，增强学科建设的外部适切性；行业特色研究型大学还要顺应分化、综合及交叉等知识生长的发展趋势，正视和回应知识生产模式的转型，提升学科建设的内部适切性。在受政治、市场和学术三种力量之间非线性变迁驱动的同时，政治需求逻辑、市场需求逻辑和学术逻辑在行业特色研究型大学学科建设实践中复合叠加的趋势也越发明显，其学科发展轨迹具有了更大的灵活性和多元性特点。

---

① 胡鞍钢：《中国进入后工业化时代》，《北京交通大学学报》（社会科学版）2017年第1期。

# 第四章

# 行业特色研究型大学学科建设的现状审视

“双一流”建设强调以“中国特色、世界一流”为核心，在此背景下对行业特色研究型大学学科建设的现状审视，可以依据学科建设所遵循的两种逻辑。基于社会需求逻辑，学科建设评价标准是有国别特征的，关注学科能否解决实际问题以满足国家经济和社会发展需要。基于学术逻辑，学科建设评价标准是国际可比的，在“双一流”背景下尤其关注各项学科建设指标是否达到世界一流。有鉴于此，本章选取可资利用的评价标准，开展“基于中国情景”和“基于国际比较”的行业特色研究型大学学科建设现状的实证研究，以期了解这类大学学科的整体实力与社会贡献度或学术影响力指标在中国或世界高等教育系统中的相对坐标、现有优势、存在的突出问题，并结合纵向历史考察的发现，分析现存问题的成因，为进一步探讨“双一流”背景下行业特色研究型大学学科建设应该达到的目标提供现实依据。

## 第一节　基于中国情景的现状分析

全国一级学科水平评估由教育部学位与研究生教育发展中心组织，其在指标设计上关注学科对“解决中国问题”的贡献。以第四轮学科评估的工学学科为例，权重达 58% 的指标遵循社会需求逻辑。若剔除代表资源存量的“师资队伍与资源”指标（权重 17%），在学科产出性指标中，遵循社会需求的指标权重达 70%，包括：在人才培养方面，关注服务国家重大需求的成效，以及毕业生扎根边疆和服务基层、服务艰苦环境等典型案例的情况；在科学研究方面，关注对服务国家重大需求、解决中国问题的科研项目（如国家重大专项、重要国防军工项目）和科技成果评价。[①] 第四轮学科评估专门设置了“社会服务贡献”指标（权重13%），考察本学科在社会服务贡献方面的总体情况和“代表性案例”，还针对“人才培养质量”评价开展了“学生调查”和“雇主调查”，这些都能够呈现学科建设满足国家、社会和个人等外部主体需要的程度。基于以上考虑，本节以全国一级学科水平评估结果为源数据，开展基于中国情景和社会需求逻辑视角的行业特色研究型大学学科建设现状研究。

## 一　分析方案设计

### 1. 技术方法

与前三轮评估根据“学科整体得分”进行座次排名相比，第四轮评估结果以“精准计算、分档呈现”的原则公布。评估结果发布方式的差异，为历次学科评估结果之间的直接对比带来了困难。为此，本节运用两种技术方法：①模拟分档法。依据第四轮评估的分档规则，将前三轮评估的排名结果转换为分档数据。基于分档数据的纵向对比，判断14所样本高校的学科在某个阶段的发展态势。②相对比较法。针对某所高校的具体学科，对在第三轮和第四轮评估榜单中同时出现的院校进行升降判断，包括计算在第三轮评估中排名高于或等于该校但在第四轮评估中排名低于该校的院校数量——“超过院校数”，以及在第三轮评估中排名低于或等于该校但在第四轮评估中排名高于该校的院校数量——“被赶超院校数”。若前者大于后者，则判断该校的该学科在第四轮学科评估中取得进步，反之则判断为退步，两个数相等则判断为持平。[②] 此外，本节还将运用基标法，将样本高校和国内标杆进行比较，以期知晓行业特色研究型大学的学科实力在中国高等教育系统中的相对坐标。

---

① 黄宝印等：《加快构建更高水平的中国特色学科评估体系》，《中国高等教育》2018年第17期。

② 吴云峰、张端鸿：《第四轮学科评估结果的进退步情况“扫描”》，2018年1月，里瑟琦智库（https：//mp. weixin. qq. com/s/L0 – – Kg2iSJDSDXdFVpTyMA）。

2. 分析视角与观测点

在学科整体实力分析方面，鉴于第四轮学科评估采用分档方式公布结果，排位最靠前的学科是“数一数二”的 A + 档，具有领先优势；A 类中的 A 与 A – 档学科处于相对的优势地位；B + 学科属于未来有望晋级 A 类的后备学科，具备很强的发展潜力。本节以 14 所行业特色研究型大学为观察样本，分别从“学科整体竞争力”“A 类学科的规模、结构与发展态势”“‘双一流’建设学科现状”和“国内标杆对比”四个方面展开分析。

在学科社会贡献度的评价指标分析方面，拟采集 14 所行业特色研究型大学以第一完成单位获国家级教学成果奖、国家科学技术奖的数据，按对应奖项的学科属性进行归类分析。在此基础上，综合 14 所样本高校不同档位学科的教学成果及科技成果的产出情况，判断相关学科的功能均衡程度。

有关学科整体实力及相关指标的分析视角与观测点见表 4—1 所示。

**表 4—1　　基于中国情景的学科现状分析视角与观测点**

| 视角 | 观测点 | 备注 |
|---|---|---|
| 学科整体竞争力 | 第四轮评估结果层级分布 | 建立学科指数 |
| A 类学科的规模、结构与发展态势 | 历次评估中 A 类学科的数量及占比变化 | |
| | 历次评估中 A 类学科的门类变化 | |
| | 第四轮参评学科的 A + 占比与 A 类占比 | 与全体参评高校和“双一流”建设高校比较 |
| | A 类学科较上一轮评估结果的进步或退步情况 | |
| “双一流”建设学科现状 | “双一流”建设学科在第四轮评估中的区位分布 | |

续表

| 视角 | 观测点 | 备注 |
| --- | --- | --- |
| 国内标杆对比 | 整体学科实力名次分布 | |
| | 四维度排序比较 | 分档排序—分类排序—在建学科 A 类占比排序—学科指数排序 |
| | A 类学科与 B + 学科的结构分析 | |
| | A 类学科与 B + 学科的门类分布 | |
| | 学科宽窄度 | 建立学科宽窄度计算公式 |
| 学科社会贡献度 | 不同档位学科的国家级教学成果奖获奖情况 | 建立教学成果指数 |
| | 不同档位学科的国家科学技术奖获奖情况 | 建立科技成果指数 |
| | 学科功能均衡程度 | |

3. 数据来源

在学科整体实力分析方面，所用数据均来自各类公开的文献资料，包括教育部学位中心网站和各大学网站。分析的源数据主要为对象高校在四轮学科评估中的整体得分或分档排位结果。此外，还采集了有关高校的在建一级学科数及门类分布、参评学科数、“双一流”建设学科数，以及在软科、US News、QS 和 THE 四个世界大学排名中的数据等。数据采集时间截至 2018 年 12 月 31 日。

在学科社会贡献度评价指标分析方面，所用数据主要来自各类公开的文献资料，包括教育部高等教育国家级教学成果奖励网站、国家科学技术奖励工作办公室网站、国家科学技术部网站、各大学网站等。鉴于历年的国家科学技术奖励专用项目名单没有公开发布，而此类奖项反映了高校服务国家重大需求的能力，并在一些样本高校所获国家科技奖数量中占有相当大的比例，笔者在遵守国家法律法规和相关规章制度的前提下，通过访谈、查阅档案等方式获得了研究需要的相关数据。鉴于中国一直没有建立完备的高等教育数据库，相关数据长期以来缺乏系统的管理和持续的积累，为尽可能兼顾数据的准确性、完整性、时效性和可获得性，本节使用的是 2001—2018 年高等教育国家级教学成果奖授奖数据和 2005—2018 年国家科学技术奖颁奖数据。

## 二　学科整体实力分析

### 1. 学科整体竞争力

着眼于对行业特色研究型大学学科整体竞争力进行直观比较，本节建立了“学科指数”，指数值愈高，学科竞争力愈强。“大学的发展以学科发展为基础，一流大学的显著特征是拥有一定数量的一流学科，而非诸多‘非一流’学科的堆砌”①，“学科指数”除了呈现一所大学已有优势学科的状况，还需要体现这所大学的学科发展潜力。有鉴于此，在本书中把B + 及以上档位的学科纳入“学科指数”的计算范畴，具体计算公式如下：

$$I = \sum_{i=1}^{4} S_i W_i$$

其中，$I$ 是学科指数，$S$ 是各档位学科数，$W$ 是不同档位学科的权重，$i$ 是学科层级。$i$ 值 1—4 相应代表了 A + 、A、A − 和 B + 四档学科。针对不同档位学科的重要性，在开展专家调查的基础上，将四档学科的权重分别赋值为 1 、0. 5 、0. 25 和 0. 1。数据显示，14 所样本高校的学科整体实力有明显分层，其中北航独居第一层，指数值介于 7—8；处于第五层的样本高校最多，共有 7 所，指数值介于 1—2（见图 4—1）。

---

① 王建华:《“双一流”建设与大学的综合化》,《北京教育（高教)》2020 年第 12 期。

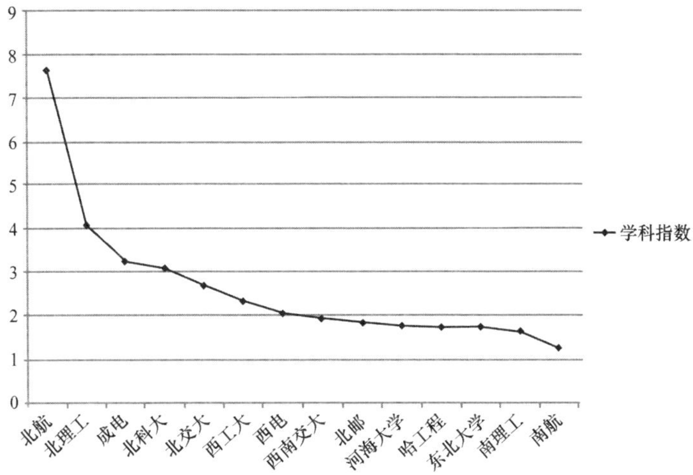


**图 4—1　14 所样本高校学科指数**

2. A 类学科的规模、结构与发展态势

第一，A 类学科数量及占比稳步增长。在 2002 年以来的四轮学科评估中，14 所样本高校的 A 类学科每轮平均增幅为 52.8%，高于参评学科总数每轮 34.6% 的平均增幅。其中，A＋学科数在历次学科评估中总体持平，A 和 A－学科的数量、占比逐轮攀升（见表 4—2）。

**表 4—2　　14 所样本高校历轮学科评估结果**

| 评估轮数 | 参评情况 | 参评学科总数 | A＋ | A | A－ | B＋ | B | B－ | 其他 |
|---|---|---|---|---|---|---|---|---|---|
| 第一轮 | 学科数（个） | 146 | 15 | — | 1 | 9 | 7 | 13 | 101 |
| | 占比（%） | — | 10 | — | 1 | 6 | 5 | 9 | 69 |
| 第二轮 | 学科数（个） | 198 | 15 | 3 | 6 | 21 | 24 | 31 | 98 |
| | 占比（%） | — | 8 | 2 | 3 | 11 | 12 | 16 | 48 |
| 第三轮 | 学科数（个） | 246 | 16 | 4 | 13 | 41 | 44 | 38 | 90 |
| | 占比（%） | — | 7 | 2 | 5 | 17 | 18 | 14 | 37 |
| 第四轮 | 学科数（个） | 357 | 17 | 11 | 32 | 67 | 61 | 43 | 126 |
| | 占比（%） | — | 5 | 3 | 9 | 19 | 17 | 12 | 35 |

资料来源：教育部学位中心网站，因四舍五入，个别汇总值超出 100%（余同）。

第二，A 类学科覆盖的门类逐轮拓展。数据统计显示，在第四轮学科评估中，14 所样本高校的 A 类学科均涉及工学，此外，2 所样本高校拥有理学类 A 类学科并且均获评 A+，4 所样本高校和 1 所样本高校分别有管理学类学科和文学类学科跻身 A 类。相较于前三轮学科评估，在第四轮学科评估中首次有样本高校（共 2 所）在 3 个学科门类获评 A 类，有 3 所样本高校在 2 个学科门类获评 A 类，均为历史最高水平（见表 4—3）。

**表 4—3　14 所样本高校历轮评估中的 A 类学科门类分布**

| A 类学科分布的学科门类数 | 第一轮 | | 第二轮 | | 第三轮 | | 第四轮 | |
|---|---|---|---|---|---|---|---|---|
| | 高校数（所） | 占比（%） | 高校数（所） | 占比（%） | 高校数（所） | 占比（%） | 高校数（所） | 占比（%） |
| 3 个 | — | — | — | — | — | — | 2 | 14 |
| 2 个 | 1 | 7 | 2 | 14 | 3 | 21 | 3 | 21 |
| 1 个 | 11 | 79 | 11 | 79 | 11 | 79 | 9 | 65 |
| 0 个 | 2 | 14 | 1 | 7 | — | — | — | — |

资料来源：教育部学位中心网站。

第三，参评学科 A+占比和 A 类占比有待提升。排位后 30% 的学科名单在第四轮评估中没有予以公布，按“有分档排名”的学科数，将 14 所样本高校与所有参评高校、“双一流”建设高校的参评学科 A+占比和 A 类占比进行比较的结果如下。

一方面，整体水平高于全体参评高校。在第四轮评估中总共有 5112 个学科有分档排名，涉及 491 所高校，其中，A+学科占比为 4.1%，A 类学科占比为 13.9%，平均每所参评高校拥有 0.4 个 A+学科和 1.4 个 A 类学科。与之相比，14 所样本高校参评学科 A+占比和 A 类占比分别为 5.4%、18.9%，平均每所大学拥有 1.2 个 A+学科、4.3 个 A 类学科，均高于所有参评高校的相应值。

另一方面，在所有的“双一流”建设高校中总体偏低。所有“双一流”建设高校的参评学科 A + 占比和 A 类占比分别为 7.1% 与 22.7%，校均拥有 1.5 个 A + 学科、4.9 个 A 类学科，以上数值均高于 14 所样本高校的相应值。对于 14 所样本高校中的 5 所“一流大学”建设高校，其参评学科 A + 占比和 A 类占比分别为 6.9% 与 29.3%，校均 A + 学科数和 A 类学科数分别为 1.6 与 6.8，尽管在总体上优于所有“双一流”建设高校，但均低于全部 42 所“一流大学”建设高校的相应值。此外，对于 14 所样本高校中的 9 所“一流学科”建设高校，其参评学科中 A + 占比和 A 类占比分别为 4.4% 与 12.9%，均高于所有“一流学科”建设高校的相应值（见图 4—2）。

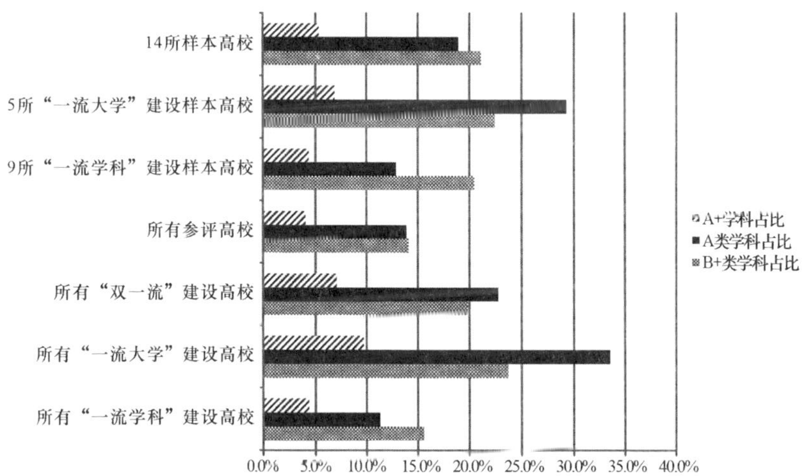


**图 4—2　有关高校第四轮学科评估结果分类对比**

第四，A 类学科呈进步趋势。14 所样本高校共有 60 个学科在第四轮评估中获评 A 类，其中有 12 个学科和 3 个学科分别属于保持 A + 与首次参评。其他 45 个学科中，与第三轮评估结果相比较，取得进步的为 60%，与之持平的为 20%，余下的 20% 学科虽有退步，但“被赶超数”均不超过 2 位（见图 4—3）。

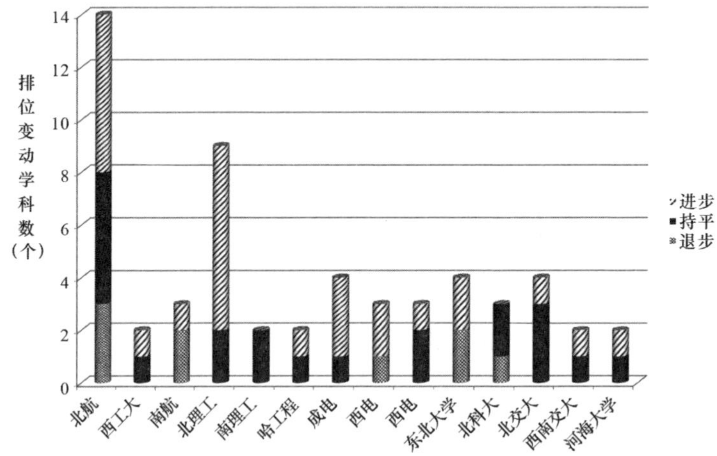


**图 4—3 14 所样本高校第四轮评估中 A 类学科较上一轮的进/退步情况**

3. “双一流”建设学科的区位分布

统计结果显示，14 所样本高校的“双一流”建设学科在国内具有比较优势。这些高校的 30 个“双一流”建设学科均在第四轮评估中参评，共获评 15 个 A +、8 个 A、5 个 A – 和 2 个 B +，占比分别为 50. 0%、26. 7%、16. 7% 和 6. 6%。全国共有 433 个“双一流”建设学科在第四轮评估中参评，其中 44. 1% 获评 A +，19. 9% 获评 A，17. 3% 获评 A –，12. 2% 获评 B +，其 A + 占比和 A 类占比均低于 14 所行业特色研究型大学的相应值。相比之下，对于全体 42 所国家“一流大学”建设高校，其“双一流”建设学科的 A + 占比及 A 类占比分别为 40. 7% 和 80. 5%，既低于 5 所“一流大学”建设样本高校的相应值，也低于全部 14 所样本高校的相应值。但是，对于 5 所“一流大学”建设样本高校，其“双一流”建设学科 A + 占比和 A 类占比均略低于全部样本高校的相应值（见图 4—4）。

4. 国内对标对比

为判断行业特色研究型大学的学科整体实力在全国高等教育系统中的相对坐标，本书选取样本高校中学科指数排名前六的高校，包括北京航空航天大学、北京理工大学、电子科技大学、北京科技大学、北京交

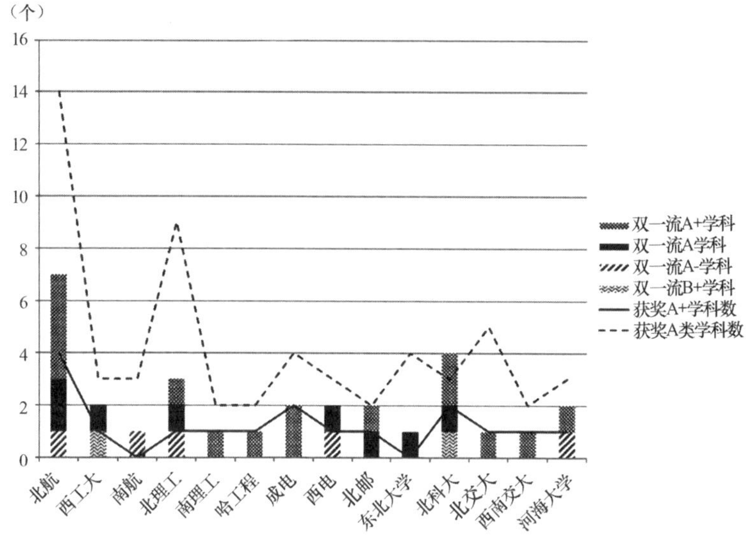


**图4—4　14所样本高校"双一流"建设学科评估结果**

通大学和西北工业大学，与国内标杆高校进行比较。根据标杆管理需遵循的相似性、领先性和可行性原则，本节选取在软科、US News、QS和THE四个世界大学排名中排位靠前、在工学领域具有突出优势的国家"双一流"建设高校作为国内标杆。其中，借鉴国内学者的观点，即按照全球现有的大学及其他高等教育机构的数量，跻身世界大学排名前100、前101—300、前301—500、前501—600名的高校，相应可以视其为"世界一流大学"的领头力量、前中坚力量、后中坚力量及新生力量。[①] 本节依据这一划分，并结合"校内一级学科中的工学类占比最高""在第四轮学科评估中至少有1个工学类学科获评A+，并且获评A类的工学类学科在5个及以上"的标准，确定了清华大学等10所高校作为14所样本高校的国内标杆（见表4—4）。国内对标分析结果如下。

① 张淑林等：《大学排名视角下的我国"世界一流大学"建设现状、差距与路径》，《清华大学教育研究》2018年第1期。

表 4—4　　10 所国内标杆高校概况

| 学校名称 | 一级学科中工学占比(%) | | | 软科排名 | US News 排名 | QS 排名 | THE 排名 |
|---|---|---|---|---|---|---|---|
| | 工 | 理 | 其他 | | | | |
| 清华大学 | 44 | 14 | 42 | 45 | 50 | 17 | 22 |
| 浙江大学 | 35 | 13 | 52 | 67 | 165 | 68 | 101 |
| 上海交通大学 | 42 | 16 | 42 | 101—150 | 145 | 59 | 189 |
| 哈尔滨工业大学 | 57 | 17 | 26 | 151—200 | 280 | 285 | 401—500 |
| 华中科技大学 | 42 | 11 | 47 | 151—200 | 260 | 415 | 351—400 |
| 西安交通大学 | 42 | 11 | 47 | 151—200 | 356 | 313 | 501—600 |
| 华南理工大学 | 57 | 10 | 33 | 201—300 | 361 | 541—550 | 501—600 |
| 东南大学 | 47 | 10 | 43 | 201—300 | 341 | 511—520 | 501—600 |
| 天津大学 | 56 | 15 | 29 | 201—300 | 443 | 443 | 501—600 |
| 同济大学 | 43 | 13 | 44 | 301—400 | 302 | 291 | 401—500 |

资料来源：各高校及四项世界大学排名网站。

第一，在学科指数的名次分布中总体靠后。按照学科指数的高低，6 所样本高校和 10 所标杆高校被分成了三个序列。其中，北航的排位最靠前并且作为唯一的样本高校跻身第二序列，第三序列基本被其余 5 所样本高校占据（见图 4—5）。

第二，在四维度排序对比中总体处于“中下游”。本节以 6 所样本高校和 10 所国内标杆高校为对象，从四个维度开展对比分析，以期更加全面地了解行业特色研究型大学的学科竞争力，具体包括：①分档排序，即依次根据 A +、A、A - 各档学科的规模大小，按降序对上述样本高校及标杆高校予以排序，目的是分析各高校在 A + 学科和 A 类学科上的规模差异；②分类排序，即依次根据 A 类、B 类和 C 类学科的规模大小，按降序对上述

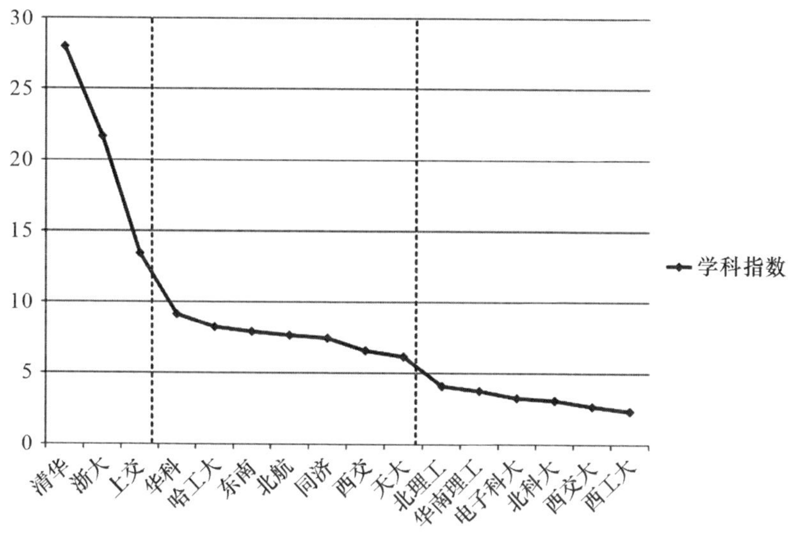


**图4—5　6所样本高校与10所国内标杆高校学科指数**

样本高校及标杆高校予以排序，目的是分析各高校的学科层级差异；③在建学科A类占比排序，即根据在建一级学科中的A类学科占比高低，按降序对上述样本高校及标杆高校予以排序；④学科指数排序，即根据学科指数高低，按降序对上述样本高校及标杆高校予以排序。

6所样本高校和10所标杆高校在四个维度中的表现各异（见图4—6）。从学科指数高低划分的三个序列来看，北航作为跻身第二序列的唯一样本高校，其在四个维度的排序结果之间表现出“中高位集聚，均衡程度较高”的特征。该校在“分档排序”“在建学科A类占比排序”中均为第六。北理工在“分类排序”“在建学科A类占比排序”和“学科指数排序”中处于第三序列的领先位置，其中，“在建学科A类占比排序”甚至超过了第二序列中的东南、同济2所标杆高校，但该校的“分档排序”仅排名第十三，说明北理工尽管在第四轮评估中获评A+的学科数量偏少，但该校的学科整体竞争力有较大的提升潜力。

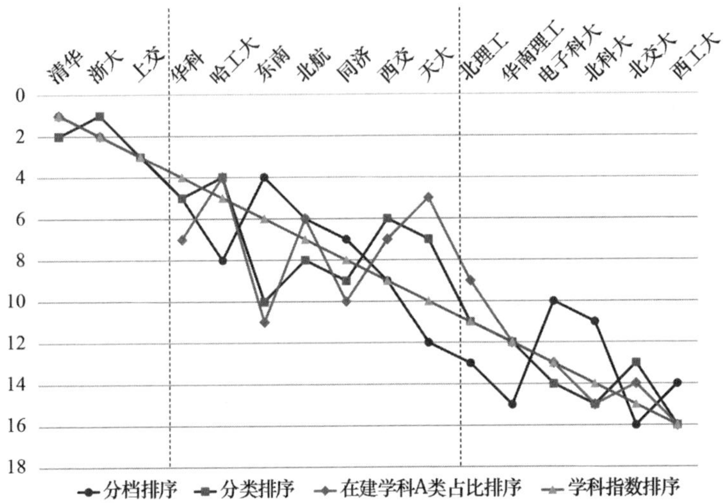


**图 4—6　6 所样本高校与 10 所国内标杆高校的四维度排序对比**

此外，其余位于第三序列的 4 所样本高校中，电子科大、北科大的“分类排序”“在建学科 A 类占比排序”和“学科指数排序”的结果表现出“低位聚集”的特征。这 2 所样本高校的“分档排序”结果在第三层级的高校中领先，甚至高于第二序列中的天大，这意味着 2 所样本高校虽然 A 类学科总量和在建学科的 A 类占比偏低，但有一定数量的、竞争力突出的 A + 学科。北交大、西工大在四个维度排序之间的均衡程度偏低并且均处于低位。

与 6 所样本高校相比，位于第一序列的清华、浙大和上交 3 所标杆高校在四个维度排序结果之间呈现“高位集聚，均衡程度高”的特征。与此同时，3 所标杆高校在四个世界大学排名中均属于“领头力量”或“前中坚力量”，这说明“面对不同的评价体系，一所真正的一流大学往往都有出色表现，并且保持排名的相对稳定”。[①]

第三，优秀学科的领头力量不强。10 所标杆高校的 A 类和 B + 学科分布可以分为四种类型：①“T 型”，以清华为代表，A + 学科数最多，

① 刘念才、［波］伊恩·萨德拉克：《世界一流大学：特征·排名·建设》，上海交通大学出版社 2018 年版，第 4 页。

其他各档学科数基本一致；②“灯笼型”，以浙大为代表，A－学科数最多，A＋、A及B＋学科的数量比较接近；③“橄榄型”，以哈工大、西安交大为代表，A和A－学科占多数；④“金字塔型”，以华南理工、天大为代表，A＋学科仅1个，另外3类学科逐档增多。相比之下，6所样本高校中，仅有北航为“灯笼型”，北理工、北交大为“金字塔型”，电子科大、北科大和西工大为“倒T型”（见图4—7）。

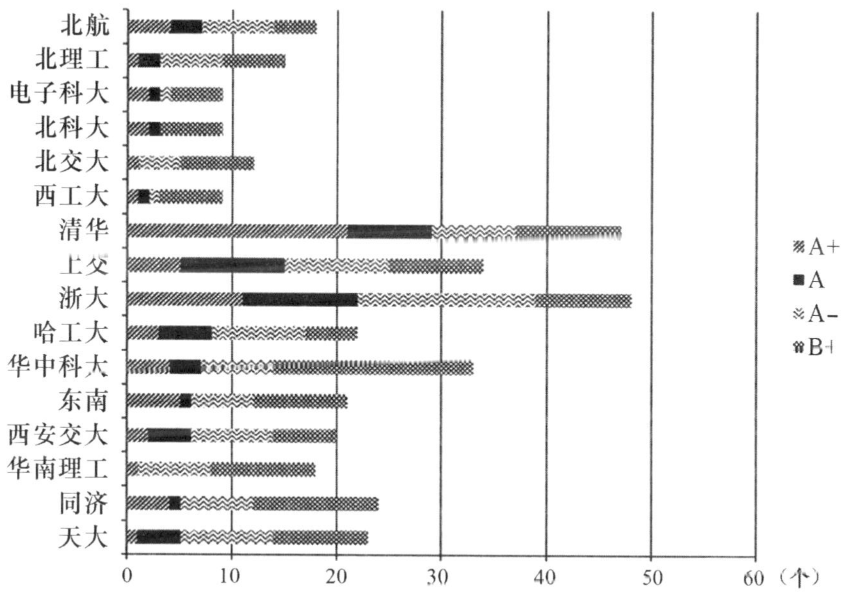


**图4—7　16所高校A类学科与B＋学科分布**

第四，A类学科与B＋学科的门类分布不均衡。6所样本高校中，仅有北航、北交大拥有3个及以上门类的A类学科，北交大拥有3个及以上门类的B＋学科。北航、北理工、电子科大和西工大的A＋学科均为工科，没有理学类学科获评A类和B＋。虽然北科大、北交大各有1个理学类学科获评A＋，但分别为“科学技术史”和“系统科学”，均无“数学”“物理学”和“化学”等基础理科跻身A类。6所样本高校除了工科之外的A类、B＋学科中，管理学门类占比最高，均达到一半以上。相比之下，10所标杆高校中的8所拥有3个及以上门类的A类学科，其中3

所的 A +、A 和 A - 学科中均有基础理科，另有 4 所的 A 或 A - 学科中有基础理科（见图 4—8）。

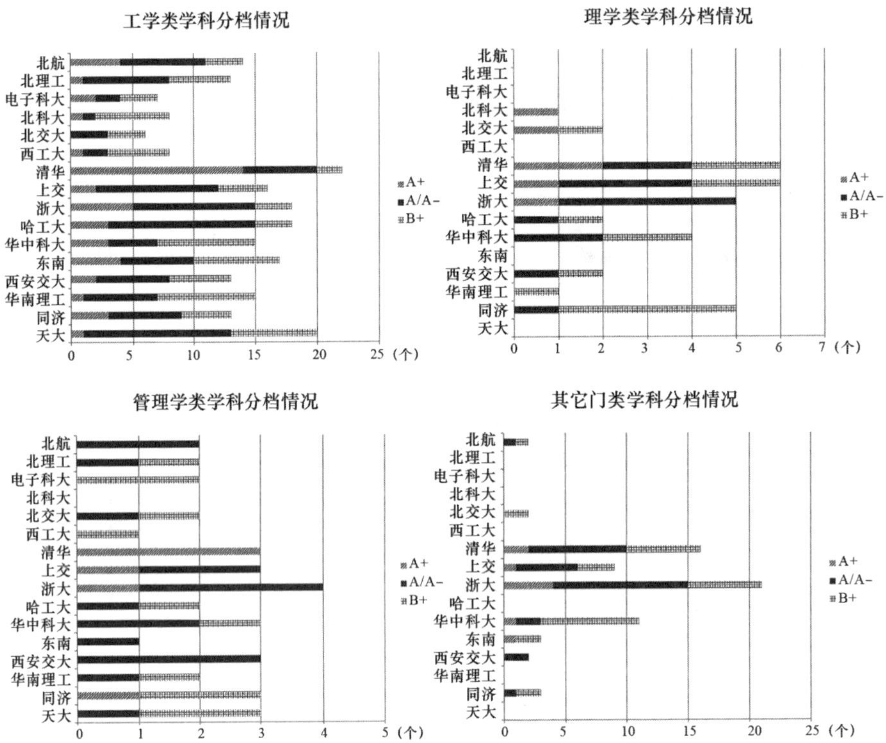


**图 4—8　16 所高校 A 类学科与 B + 学科的门类分布**

5. 学科宽窄度分析

为进一步全面认识行业特色研究型大学学科生态的现状，本书借鉴翟亚军的研究思路[①]，把中国现有的一级学科（除军事学门类）划分为人文社科、理学、工学、农学、医学和管理学 6 个学科领域。在此基础上，以具有高学科成熟度的一级学科博士点在相关学科领域的覆盖面作为评判基准，对比分析 14 所样本高校与上交、哈工大、同济和华南理工 4 所

① 翟亚军：《大学学科建设模式研究》，博士学位论文，中国科学技术大学，2007 年，第 103 页。

国内标杆高校①的学科宽窄度。学科宽窄度计算公式表述为：

$$W_1 = \frac{M_i}{M};\ W_2 = \frac{M_{ij}}{N_j}$$

其中，$W_1$是整体学科领域宽窄度；$W_2$是具体学科领域宽窄度；$M_i$是一所大学已有一级学科博士点覆盖的学科领域数；$M$ 是学科领域总数，数值为 6；$M_{ij}$是一所大学在某一个学科领域所拥有的一级学科博士点总数；$N_j$是按照国务院学位委员会、教育部印发的《学位授予和人才培养学科目录》，在相应学科领域所设置的一级学科总数。由此计算得出 18 所高校的学科宽窄度（见表 4—5）。

**表 4—5　　14 所样本高校与 4 所国内标杆高校的学科宽窄度**

| 学校名称 | $W_1$ | $W_2$ | | | | | |
|---|---|---|---|---|---|---|---|
| | | 人文社科 | 理学 | 工学 | 农学 | 医学 | 管理学 |
| 北京航空航天大学 | 0.67 | 0.11 | 0.29 | 0.41 | 0 | 0 | 0.40 |
| 西北工业大学 | 0.50 | 0 | 0.21 | 0.46 | 0 | 0 | 0.20 |
| 南京航空航天大学 | 0.50 | 0 | 0.14 | 0.36 | 0 | 0 | 0.20 |
| 北京理工大学 | 0.67 | 0.11 | 0.36 | 0.44 | 0 | 0 | 0.40 |
| 南京理工大学 | 0.50 | 0 | 0.07 | 0.41 | 0 | 0 | 0.20 |
| 哈尔滨工程大学 | 0.50 | 0 | 0.07 | 0.31 | 0 | 0 | 0.20 |
| 电子科技大学 | 0.67 | 0.06 | 0.14 | 0.28 | 0 | 0 | 0.40 |
| 西安电子科技大学 | 0.50 | 0 | 0.14 | 0.26 | 0 | 0 | 0.20 |
| 北京邮电大学 | 0.50 | 0 | 0.07 | 0.21 | 0 | 0 | 0.20 |

① 上交在 20 世纪六七十年代以船舶工业作为服务面向。哈工大在 20 世纪 50 年代末到 60 年代初被调整改造成一所以航天为主要面向的军工大学。同济、华南理工经过 20 世纪 50 年代的全国院系调整，前者成为国内土木建筑领域规模最大、学科最全的工科大学，后者成为以轻工业作为服务面向的工科院校。

续表

| 学校名称 | $W_1$ | $W_2$ | | | | | |
|---|---|---|---|---|---|---|---|
| | | 人文社科 | 理学 | 工学 | 农学 | 医学 | 管理学 |
| 东北大学 | 0.67 | 0.17 | 0.21 | 0.38 | 0 | 0 | 0.60 |
| 北京科技大学 | 0.67 | 0.11 | 0.21 | 0.33 | 0 | 0 | 0.40 |
| 北京交通大学 | 0.67 | 0.11 | 0.29 | 0.33 | 0 | 0 | 0.40 |
| 西南交通大学 | 0.67 | 0.11 | 0.14 | 0.33 | 0 | 0 | 0.40 |
| 河海大学 | 0.67 | 0.11 | 0.07 | 0.28 | 0 | 0 | 0.40 |
| 上海交通大学 | 1.00 | 0.33 | 0.64 | 0.49 | 0.11 | 0.55 | 0.60 |
| 哈尔滨工业大学 | 0.67 | 0.06 | 0.21 | 0.54 | 0 | 0 | 0.60 |
| 同济大学 | 0.83 | 0.28 | 0.43 | 0.41 | 0 | 0.18 | 0.40 |
| 华南理工大学 | 0.67 | 0.11 | 0.36 | 0.54 | 0 | 0 | 0.60 |

资料来源：各大学网站和其他可获得的文献资料。

依据学科宽窄度，可以把大学划分为单科性、多科性和综合性三类。教育部曾经出台指导意见，规定覆盖3个以上学科门类可称为多科性大学，覆盖5个以上学科门类可视为综合性大学。① 此外，学术界还认为，相较于多科性大学，综合性大学的显著特征在于跨越了自然科学和人文社会科学两大学科领域。② 因此，可以从定量角度界定3种类型大学的划分标准：①以 $W_1=0.5$（覆盖3个学科领域）为界，若 $W_1<0.5$ 或 $W_1=0.5$ 且 $W_{21}\leqslant 0.3$ 且 $W_{22}\leqslant 0.3$，将其视为单科性大学；② $W_1\geqslant 0.5$ 是被视为多科性大学和综合性大学的必要条件；③综合性大学需要跨越人文社会科学和自然科学两大学科领域，学科分布比较均衡，所以此类大学的人文社科和理学学科领域的宽窄度均不能低于0.3，即 $W_{21}\geqslant 0.3$ 且 $W_{22}\geqslant 0.3$，同时 $W_{2j}\geqslant 0.3$ 的学科领域不少于3个。

基于上述标准，西工大、南航、南理工、哈工程、西安电子科大和

① 周远清：《周远清文集（二）》，高等教育出版社2001年版，第539页。

② 冯向东：《论并校中的融合》，《高等教育研究》2000年第2期。

北邮6所样本高校为单科性大学，其余8所样本高校为多科性大学，并且均呈现“由单科性大学向多科性大学转型适应”的特征。相比之下，4所标杆高校中：上交为综合性大学；同济为“已经迈入综合性门槛的多科性大学”；哈工大、华南理工虽然为多科性大学，但两校的工学和管理学学科领域宽窄度相较于14所样本高校优势明显，理学学科领域宽窄度也高于多数样本高校，其整体学科生态优于14所行业特色研究型大学。

## 三　学科社会贡献度评价指标分析

基于全国一级学科水平评估结果的分析描绘了社会需求逻辑下行业特色研究型大学学科建设现状的全景图。在此基础上，需要深入细节层面审视这些学科所发挥的社会作用和所体现的独特性社会价值。对此，本书从第四轮全国一级学科水平评估指标观测点中选取“国家级教学成果奖”“国家科学技术奖”两个指标展开分析。

1. 国家级教学成果奖

国家级教学成果奖是中国高等教育教学领域的最高奖项。2005年教育部颁布的《高等教育国家级教学成果奖励办法》是根据“提高教学水平和教育质量、实现培养目标的贡献程度”“适应国家经济建设和社会发展的需要程度”对教学成果奖予以认定和等级划分。可见，国家级教学成果奖的评选凸显了社会需求逻辑。

2001年至今，14所样本高校以第一完成单位共获奖217项，其中特等奖2项、一等奖27项、二等奖188项。为直观比较各校相关学科的教学成果产出，本书引入“教学成果指数”概念，指数越高则产出能力越强，教学成果指数的计算参照学科指数计算公式。依据《第四轮一级学科评估指标观测点折算系数设置方案》，将国家级教学成果特等奖、一等奖、二等奖的权重分别设为2、1和0.5。基于教学成果奖的学科归属①，进而获得了14所样本高校各档学科的教学成果指数分布（见表4—6）。

① 国家级教学成果奖的学科分类中，“综合类”的覆盖面较宽，一般囊括了获奖高校的若干个学科，本书未将这类奖项纳入计算范畴。

表4—6　　14所样本高校教学成果指数分布

| 学校 | A+学科 | | | A学科 | | | A-学科 | | | B+学科 | | | 其他 | | |
|---|---|---|---|---|---|---|---|---|---|---|---|---|---|---|---|
| | 指数值 | 占比(%) | 学科平均贡献值 | 指数值 | 占比(%) | 学科平均贡献值 | 指数值 | 占比(%) | 学科平均贡献值 | 指数值 | 占比(%) | 学科平均贡献值 | 指数值 | 占比(%) | 学科平均贡献值 |
| 北航 | 2 | 21 | 0.67 | 3.5 | 37 | 1.75 | 3 | 32 | 0.75 | 0 | 0 | 0 | 1 | 11 | 1 |
| 西工大 | 2 | 13 | 2 | 2 | 13 | 2 | 0.5 | 3 | 0.5 | 7 | 47 | 1.4 | 3.5 | 23 | 0.88 |
| 南航 | — | — | — | — | — | — | 3 | 43 | 1 | 2.5 | 36 | 1.25 | 1.5 | 21 | 0.75 |
| 北理工 | 0.5 | 10 | 0.5 | 0.5 | 10 | 0.5 | 3 | 60 | 0.6 | 0 | 0 | 0 | 1 | 20 | 1 |
| 南理工 | 1.5 | 25 | 1.5 | — | — | — | 0.5 | 8 | 0.5 | 2.5 | 42 | 1.25 | 1.5 | 25 | 0.75 |
| 哈工程 | 1 | 40 | 1 | — | — | — | 0.5 | 20 | 0.5 | 1 | 40 | 0.5 | 0 | 0 | 0 |
| 成电 | 2.5 | 31 | 1.25 | 1.5 | 19 | 1.5 | 0 | 0 | 0 | 0.5 | 6 | 0.5 | 3.5 | 44 | 0.88 |
| 西电 | 3.5 | 58 | 3.5 | 1 | 17 | 1 | 1 | 17 | 1 | 0 | 0 | 0 | 0.5 | 8 | 0.5 |
| 北邮 | 2 | 50 | 2 | 2 | 50 | 2 | 0 | 0 | 0 | 0 | 0 | 0 | 0 | 0 | 0 |
| 东大 | — | — | — | 1 | 14 | 1 | 2.5 | 36 | 0.83 | 3 | 43 | 0.75 | 0.5 | 7 | 0.5 |
| 北科大 | 0.5 | 10 | 0.25 | 2 | 40 | 2 | — | — | — | 1.5 | 30 | 0.75 | 1 | 20 | 0.5 |
| 北交大 | 0 | 0 | 0 | — | — | — | 6.5 | 48 | 2.17 | 2.5 | 19 | 0.83 | 4.5 | 33 | 1.5 |
| 西南交大 | 4.5 | 38 | 4.5 | — | — | — | 1 | 8 | 1 | 4.5 | 38 | 2.25 | 2 | 17 | 1 |
| 河海 | 2.5 | 71 | 2.5 | — | — | — | 1 | 29 | 0.5 | 0 | 0 | 0 | 0 | 0 | 0 |

注："—"代表该校在第四轮学科评估中没有学科位列相应档位。

对比各档学科的教学成果指数高低，14 所样本高校可以分为三种类型。

一是“顶尖学科”产出优势明显，包括西工大、南理工、哈工程、西电、北邮、西南交大和河海 7 所高校。这些样本高校的 A + 学科平均贡献的教学成果指数值在本校中最高，其中有 5 所高校的 A + 学科贡献了本校 1/3 以上的教学成果指数，包括 A + 学科贡献度高达 71% 的河海。西南交大 A + 学科的教学成果产出能力最强，学科平均贡献指数高达 4.5。

二是非 A + 档的“优秀学科”成果突出。北航、成电、东大和北科大 4 所样本高校的 A 档学科，其平均贡献的教学成果指数值在校内最高。此外，北交大居于 A - 档的“交通运输工程”学科进入 21 世纪以来共获国家级教学成果奖一等奖 2 项、二等奖 4 项，北理工的 A - 学科贡献了本校 60% 的教学成果指数。

三是“潜力学科”的表现占优。南航位列 B + 档的 2 个传统特色学科——“航空宇航科学与技术”“控制科学与工程”，其平均贡献的教学成果指数值在本校中最高。西南交大 B + 学科所平均贡献的教学成果指数虽然低于该校的 A + 学科，但高于 11 所样本高校各档学科所平均贡献的教学成果指数“峰值”。

综上分析，14 所行业特色研究型大学整体呈现了“优势特色学科是教育教学改革的前沿、优秀成果产出的基地”这一特征。

2. 国家科学技术奖

一年一度的国家科学技术奖评选和颁奖是一项具有中国特色的科技奖励制度。根据《国家科学技术奖励条例》的规定可知，国家技术发明奖、国家科学技术进步奖的评选标准均强调要创造显著的经济效益或社会效益，包括为维护国家安全做出重要贡献①，凸显了社会需求逻辑。

2005—2018 年，14 所行业特色研究型大学以第一完成单位共获得国

---

① 国家科技部：《国家科学技术奖励条例》，2019 年 1 月，中华人民共和国科学技术部网站（http://www.most.gov.cn/ztzl/gjkxjsjldh/jldh2016/jldh16xgwj/201701/t20170105_130199.htm）。

家技术发明奖、国家科学技术进步奖 237 项，其中国家技术发明奖一等奖 10 项、二等奖 101 项，国家科技进步奖一等奖 7 项、二等奖 119 项。为直观比较各校相关学科的科技成果产出，本书引入“科技成果指数”概念，指数越高则产出能力越强，科技成果指数的计算参照学科指数计算公式。依据《第四轮一级学科评估指标观测点折算系数设置方案》，将国家科技进步一等奖、二等奖的权重分别设为 1 和 0.5，将国家技术发明一等奖、二等奖的权重分别设为 1.25 和 0.625。基于科学技术奖的工学类学科归属，进而获得了 14 所样本高校各档学科的科技成果指数分布（见表 4—7）。

**表 4—7　　14 所样本高校科技成果指数分布**

| 学校 | A+学科 | | | A 学科 | | | A-学科 | | | B+学科 | | | 其他 | | |
|---|---|---|---|---|---|---|---|---|---|---|---|---|---|---|---|
| | 指数值 | 占比（%） | 学科平均贡献值 | 指数值 | 占比（%） | 学科平均贡献值 | 指数值 | 占比（%） | 学科平均贡献值 | 指数值 | 占比（%） | 学科平均贡献值 | 指数值 | 占比（%） | 学科平均贡献值 |
| 北航 | 21.5 | 62 | 5.38 | 5 | 14 | 2.5 | 5.38 | 16 | 1.34 | 2.625 | 8 | 1.31 | 0 | 0 | 0 |
| 西工大 | 1.75 | 17 | 1.75 | 6.13 | 60 | 6.13 | 0 | 0 | 0 | 1.63 | 16 | 0.81 | 0.63 | 6 | 0.63 |
| 南航 | — | — | — | — | — | — | 2.13 | 29 | 1.06 | 5.13 | 71 | 2.56 | 0 | 0 | 0 |
| 北理工 | 4.13 | 25 | 4.13 | 6.3 | 38 | 3.13 | 5.63 | 34 | 1.88 | 0 | 0 | 0 | 0.63 | 4 | 0.63 |
| 南理工 | 5.13 | 51 | 5.13 | — | — | — | 1.75 | 17 | 1.75 | 2.63 | 26 | 1.31 | 0.63 | 6 | 0.63 |
| 哈工程 | 3.63 | 69 | 3.63 | — | — | — | 0.5 | 10 | 0.5 | 1.13 | 21 | 0.56 | 0 | 0 | 0 |
| 成电 | 8.63 | 69 | 4.31 | 1.63 | 13 | 1.63 | 1.13 | 9 | 1.13 | 0.63 | 5 | 0.63 | 0.5 | 4 | 0.5 |
| 西电 | 2.63 | 39 | 2.63 | 3.63 | 54 | 3.63 | 0 | 0 | 0 | 0.5 | 7 | 0.5 | 0 | 0 | 0 |
| 北邮 | 5.75 | 92 | 5.75 | 0.5 | 8 | 0.5 | 0 | 0 | 0 | 0 | 0 | 0 | 0 | 0 | 0 |

续表

| 学校 | A+学科 | | | A学科 | | | A-学科 | | | B+学科 | | | 其他 | | |
|---|---|---|---|---|---|---|---|---|---|---|---|---|---|---|---|
| | 指数值 | 占比(%) | 学科平均贡献值 | 指数值 | 占比(%) | 学科平均贡献值 | 指数值 | 占比(%) | 学科平均贡献值 | 指数值 | 占比(%) | 学科平均贡献值 | 指数值 | 占比(%) | 学科平均贡献值 |
| 东大 | — | — | — | 3.88 | 54 | 3.88 | 2.25 | 32 | 2.25 | 1 | 14 | 0.5 | 0 | 0 | 0 |
| 北科大 | 2 | 35 | 2 | 2.25 | 39 | 2.25 | — | — | — | 1.5 | 26 | 1.5 | 0 | 0 | 0 |
| 北交大 | — | — | — | — | — | — | 3.75 | 86 | 1.88 | 0.63 | 14 | 0.63 | 0 | 0 | 0 |
| 西南交大 | 3.13 | 46 | 3.13 | — | — | — | 1.63 | 24 | 1.63 | 2 | 30 | 1 | 0 | 0 | 0 |
| 河海 | 4.13 | 56 | 4.13 | — | — | — | 3.25 | 44 | 1.63 | — | — | — | 0 | 0 | 0 |

注:“—”代表该校在第四轮学科评估中没有工学类学科位列相应档位。

对比各档学科的科技成果指数高低，14所样本高校可以分为三种类型。

一是“顶尖学科”产出优势明显。对于北航、南理工、哈工程、成电、北邮、西南交大和河海7所样本高校，其A+学科不仅平均贡献的科技成果指数值在本校中最高，而且贡献的科技成果指数占比也最高，其中北邮A+学科的科技成果指数占比高达92%。此外，北理工A+学科平均贡献的科技成果指数为4.13，为该校各档学科中的最高。

二是非A+档的“优秀学科”成果突出。西工大、西电、东大和北科大4所样本高校的A档学科，以及北交大的A-学科（该校无工学类学科位列A+、A档），其平均贡献的科技成果指数值和整体贡献的科技成果指数占比均在本校的各档学科中最高。

三是“潜力学科”的表现占优。南航位列B+档的2个传统特色学科——“航空宇航科学与技术”“电气工程”，其平均贡献的科技成果指数值和整体贡献的科技成果指数占比均在该校最高。

综上分析，14 所行业特色研究型大学整体呈现了“优势特色学科是高新技术的源头”这一特征。

3. 学科功能均衡程度分析

综合 14 所行业特色研究型大学不同档位学科的教学成果及科技成果的产出情况，有助于判断相关学科的功能均衡程度，具体分为两类。

第一类是均衡全优型，包括南理工、哈工程、成电、北邮、西南交大和河海 6 所样本高校的 A+学科，西工大、东大和北科大 3 所样本高校的 A 学科，北交大的 A-学科以及南航的 B+学科（实为全国第 3—5 位）。这些学科在国家级教学成果奖和国家科学技术奖（含技术发明奖、科学技术进步奖）的产出上均有过硬表现，即“学科育人强，学科创新强”。

第二类是非均衡单优型，包括北航、北理工的 A+学科，以及西电的 A 学科。这些学科在国家科学技术奖（含技术发明奖、科学技术进步奖）的产出上表现突出，但在国家级教学成果奖产出上表现较弱，即“学科创新强，学科育人弱”。

## 第二节　基于国际比较的现状分析

“双一流”建设推动了中国高等教育改革与发展更加注重“面向世界”。相比于此前的“重点大学和重点学科”建设主要以国内作为参照系，属于国内高校之间的竞争，体现的是相对水平，“一流大学和一流学科”建设则是以世界作为参照系，属于全球大学之间的竞争，更强调绝对水平。既然“一流”意味着以世界最高水平作为目标，可量化的排名就成为不可或缺的衡量标准。

如前所述，全国一级学科水平评估关注学科建设满足国家、社会等外部主体需要的程度以及对“解决中国问题”的贡献，侧重于遵循社会需求逻辑。相比之下，软科、US News、QS 和 ESI 四项认可度高的世界学科排名主要通过研究产出的文献计量、权威奖项和国际合作程度等指标，衡量学科在具有共通性的理论、方法和工具的创新上做出的原创性贡献程度，以及在世界范围内的学术共同体中形成学术话语权的能力，侧重于遵循学术逻辑。其中，软科世界一流学科排名设置了“论文总数”“论文标准化影响力”“国际合作论文比例”“顶尖期刊论文数”和“教师获权威奖项数”5项指标；ESI学科排名设置“论文总数”“引文总数”“篇均引文数”和“顶级论文数”4项指标，以上两项排名均遵循单一的学术逻辑。US News世界学科排名偏重于使用文献计量数据的学科评价方法，以科研成果产出评价高校在特定学科领域的研究实力，其权重达75%的指标均基于文献计量，包括“学术论文发表量”“标准化引文影响力”“高被引论文数”和“国际合作论文占比”等，主要遵循学术逻辑。QS世界学科排名中，基于文献计量的“篇均引文影响力”“H指数”2项指标权重合计30%，此外，权重为40%的“学术声望”指标也部分用于评价学科在学术性知识产出上的独创性及其在国际学界中的认可度，均体现了学术逻辑。

## 一　分析方案设计

1. 技术方法

本节运用标杆管理法并选取国际标杆高校与14所样本高校的学科实力进行比较分析。标杆管理产生于20世纪70年代末的美国工商界，20世纪80年代以后开始被逐步应用于公共领域，其内涵被界定为“是一个帮助社会组织或机构发现其他组织或机构更高绩效水平（标杆）的过程”。北美、英国和澳大利亚在20世纪中后期开始了对大学的标杆管理，此后，欧洲大陆国家、亚洲的部分国家和地区也开始了大学的标杆管理实践。[①] 2001年后，标杆管理法被引入中国，在国内大学的战略规划制定等方面被普遍使用。

2. 国际标杆选择

标杆管理的目的是引导组织向标杆学习，争取赶上甚至超过标杆。因此，标杆的选择需要遵循三项基本原则：①相似性原则，即所选择的国际标杆与国内样本具有较高相似性，以保证标杆比较结果的准确性和

① Hämäläinen, K., eds., “Benchmarking in the Improvement of Higher Education”, 2002-04-02, https://www.researchgate.net/publication/225084155_Benchmarking_in_the_improvement_of_higher_education.

可靠性；②领先原则，即国际标杆需在整体上或在某些方面领先于国内样本；③可行性原则，足量的数据是进行绩效指标测量的基础，为避免因数据缺失可能导致的标杆管理工作实施困难或中途失败，还需考虑数据采集的难易程度。

如前所述，欧美国家虽无“行业特色型大学”这一概念，但曾因国家建设需要设立过专门学院。缘于历史时期、教育制度和办学体制等方面的差异，专门学院如今正以不同形式存在于各自的国家。只要未与综合文理学院合并，并且具有“明显处于强势的学科专业，这些学科专业本身能够形成完整的体系；有主要服务面向的特定性；不限于单一的学科专业结构”[①] 几项特征，其即可被视为与行业特色型大学相似的国外专门院校。本节选择佐治亚理工学院、卡内基梅隆大学、德累斯顿工业大学、米兰理工大学和维也纳工业大学 5 所建校之初即聚焦于专门领域，现今仍有特定性服务面向的专攻型研究型大学作为行业特色研究型大学发展的国际标杆。

佐治亚理工学院（Georgia Institute of Technology，GT）创办于 1885 年，建校初期是一所机械工程技术院校，现今已成为以工见长的公立研究型大学，并以美国航空航天工程领域作为重要的服务面向，该校的航空航天系统设计实验室（ASDL）是美国航空航天复杂系统设计领域的重要研究实体之一。卡内基梅隆大学（Carnegie Mellon University，CMU）创办于 1900 年，最初是一所面向制造业培养专门人才的技术学院，现已成为在计算机及相关领域享誉全球的私立研究型大学，其软件工程研究院是美国国防部军管研究院。2 所大学在 ARWU、US News、QS 和 THE 四项世界大学排名中均处在世界前 100 位，可被视为“世界一流大学的领头力量”。

德累斯顿工业大学（Technische Universität Dresden，TUD）创办于 1828 年，最初是一所在机械工程学以及造船等技术领域培养专门人才的技术学院，现是德国 11 所“Elite - Uni - 精英大学”之一、欧洲航空航天大学合作联盟成员。米兰理工大学（Politecnico di Milano，POLIMI）创建于 1863 年，最初是一所专注于民用工程与工业工程的工程技术学院，现

① 山红红：《对特色型大学建设的探讨》，《中国高教研究》2004 年第 8 期。

为欧洲顶尖理工大学联盟成员，在建筑和工业设计领域负有盛名。德累斯顿工业大学在四项世界大学排名中均处在世界前 151—200 位，米兰理工大学处在世界前 300 位，可被视为“世界一流大学的前中坚力量”。

维也纳工业大学（Technische Universität Wien，TUW）创办于 1815 年，最初主要是培养冶金工程师及建筑工程师，至今仍以建筑工程领域作为重要的服务面向，在 ARWU、US News、QS 和 THE 四项世界大学排名中处在世界前 350 位，可被视为“世界一流大学的后中坚力量”。

随着中国高等教育国际化进程的深入，上述 5 所大学均与中国高校开展了不同层次的合作与交流，其办学信息均在网络上作了较为详细的公开，数据收集较为容易。因此，选择这 5 所大学作为国际标杆符合相似性原则、领先原则和可行性原则。

3. 分析视角与观测点

本节选取软科、US News、QS 和 ESI 四项认可度高的世界大学学科排行榜，以 14 所行业特色研究型大学和 5 所国际标杆高校为观察样本，分别从学科总体发展水平、优势学科结构、学院设置的学科层级和学科学术影响力四个方面进行对比分析。其中，在学科学术影响力的评价指标分析方面，拟采用四类观测指标。

一是论文总数。该指标是指在一个周期内被数据库相应学科收录的学术论文数量，可以反映被评价大学在相应学科的科研规模。

二是论文影响力。软科、US News 学科排名采用“论文标准化影响力”指标，即经过归一化处理后的篇均引用率，以此消除不同学科领域、发表时间和出版物类型的差异，使论文标准化的被引次数跨学科可比，反映某一学科在全球的科研影响力。QS 学科排名不仅跟 ESI 排名均采用“篇均论文被引用次数”，还设定了“H 指数”指标。

三是顶级论文数。在软科学科排名中，“顶级论文数”意指过去 5 年在相应学科顶尖期刊上发表的论文数。在 US News 学科排名中，顶级论文被定义为引用率最高的前 10% 论文和处于世界前 1% 的高被引论文。在 ESI 学科排名中，热点论文和高被引论文合称顶级论文。

四是国际合作论文产出。软科、US News 学科排名设有“国际合作论文比例”指标，是指过去一个时期内被数据库相应学科收录的学术论文中有国外机构地址的论文比例，可以用来测量被评价大学在相应学科的国际合作程度。

有关学科整体实力及相关指标的分析视角与观测点见表 4—8 所示。

**表 4—8　　基于国际比较的学科现状分析视角与观测点**

<table>
<tr><th>视角</th><th>观测点</th></tr>
<tr><td>学科总体发展水平对比</td><td>四项世界学科排名中不同位次段的学科数量比较</td></tr>
<tr><td>优势学科结构对比</td><td>优势学科的学科门类和领域分布对比</td></tr>
<tr><td rowspan="2">学院设置的学科层级对比</td><td>相关学科的依托学院数比较</td></tr>
<tr><td>相关学科依托学院在校内相关专业学院占比</td></tr>
<tr><td rowspan="4">学科学术影响力</td><td>论文总数</td></tr>
<tr><td>论文影响力</td></tr>
<tr><td>顶级论文数</td></tr>
<tr><td>国际合作论文产出</td></tr>
</table>

4. 数据来源

本节所使用的数据均来自各类公开的文献资料，包括国内外大学网站、教育部学位中心网站，软科、US News、QS 和 THE 等世界大学排名和世界学科排名网站，以及 ESI 基本科学指标数据库。数据采集时间截至 2018 年 12 月 31 日。

## 二　学科整体实力分析

为便于直观比较，在本节对学科层次做如下界定：一是把位居世界前 50 位或进入 ESI 排名前 1‰的学科视为“世界一流学科”，二是把位居世界前 51—200 位或进入 ESI 排名前 1% 但未进入前 1‰的学科视为“世界高水平学科”。19 所中外高校在四项世界大学学科排行榜中的表现情况如图 4—9 所示。

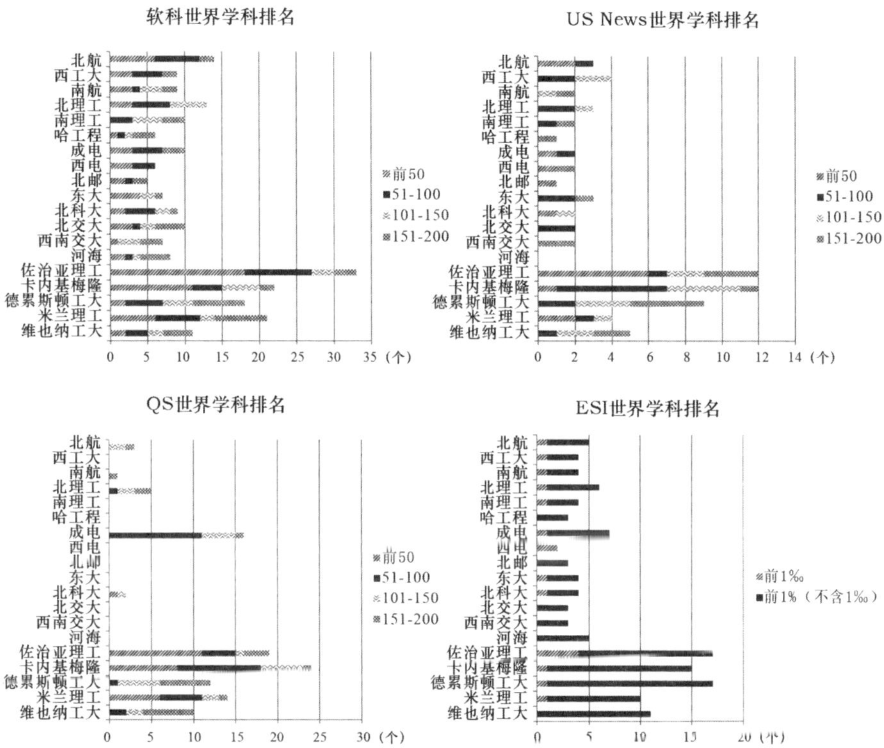


**图4—9　19所中外高校在世界大学学科排行榜中的表现**

1. 国内样本高校和国际标杆高校的学科发展水平对比

数据显示，14所国内样本高校与5所国际标杆高校的比较结果可以分为四个层次。第一层次包括北航、北理工2所样本高校。在软科和US News学科排名中，两校整体超过德累斯顿工大、维也纳工大；北航在两类世界一流学科总量上与米兰理工持平，且US News世界一流学科数多于卡耐基梅隆；北理工在US News榜单排名世界前100的学科数与米兰理工大致相当。在QS学科排名中，北航总体表现欠佳；北理工排名世界前100的学科数与德累斯顿工大、维也纳工大基本持平。在ESI排名中，两校的世界一流学科数多于维也纳工大，且与其他4所国际标杆高校持平，但优势学科总量均低于5所国外大学。总体而言，北航、北理工在优势学科领域的整体规模与水平正逐步比肩于米兰理工（在国际标杆高校中的学科综合实力排名第三），也是整体实力最接近佐治亚理工、卡耐基梅隆等“世界一流大学领头力量”的国内样本高校（见图4—10）。

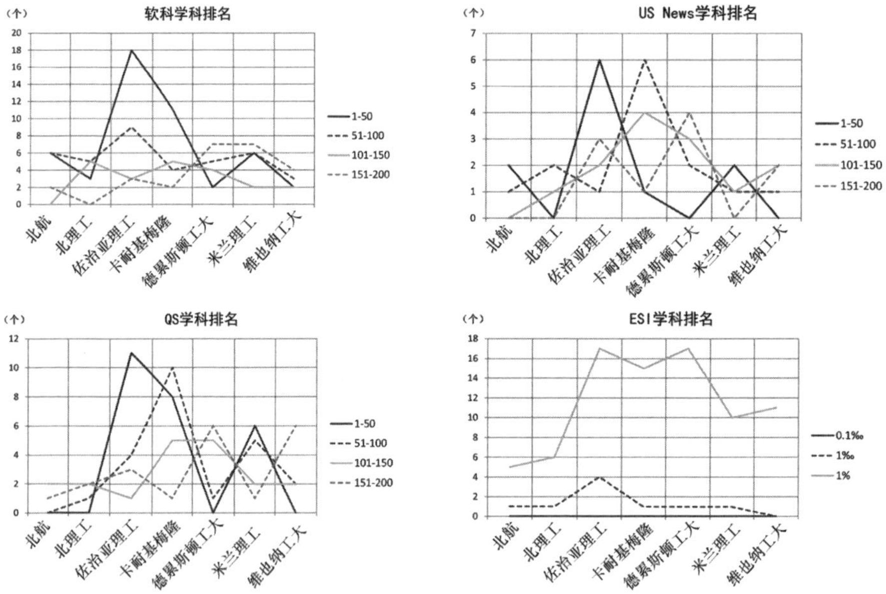


**图4—10　第一层次国内样本高校与国际标杆高校在各个学科排名段的分布**

第二层次包括西工大、成电、西电和北科大4所样本高校。在软科排名中，四校整体优于维也纳工大，排名世界前100的学科数与德累斯顿工大持平，其中西工大、成电、西电的世界一流学科数均多于德累斯顿工大。在US News学科排名中，四校的世界一流学科数均多于德累斯顿工大、维也纳工大，并且排名世界前100的学科实力优于维也纳工大。在QS学科排名中，4所国内样本高校的表现总体欠佳，仅北科大的1个学科进入世界前50位。在ESI排名中，西电的世界一流学科数多于5所国际标杆高校，其他3所国内样本高校的世界一流学科数多于维也纳工大且与其他4所国际标杆高校持平，但四校的优势学科总量均低于国际标杆高校。可以看出，对于第二层次的4所国内样本高校，其在优势学科领域的整体规模与水平正逐步比肩于德累斯顿工大，可将后者作为中长期发展的“常态化”超越标杆（见

图 4—11）。

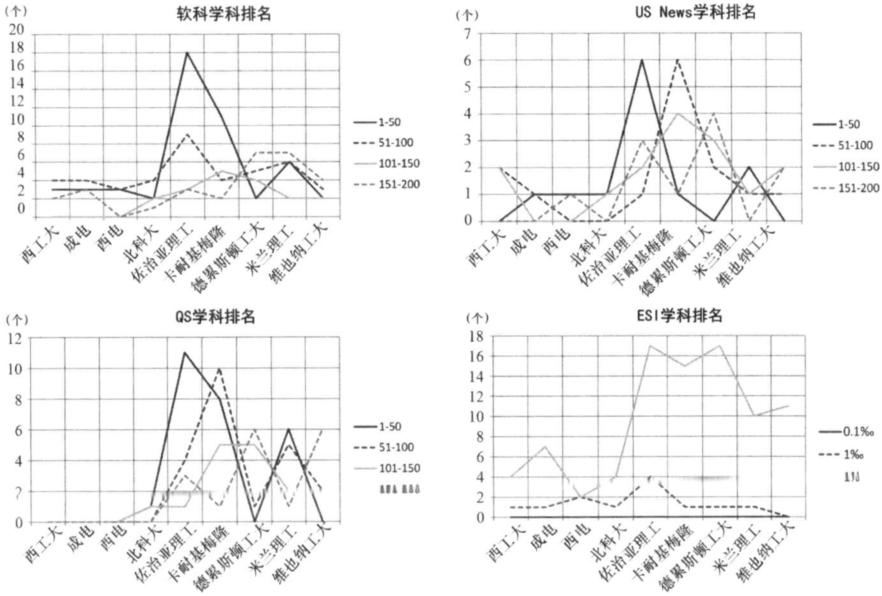


**图 4—11 第二层次国内样本高校与国际标杆高校在各个学科排名段的分布**

第三层次包括南航、东大和北交大 3 所样本高校。在软科、US New 榜单中，三校的世界一流学科数多于德累斯顿工大、维也纳工大，但世界高水平学科的整体实力较弱。在 QS 学科排名中，3 所国内样本高校的表现总体欠佳。在 ESI 排名中，三校的世界一流学科数不低于维也纳工大，但优势学科总量均低于 5 所国际标杆高校。综合分析，处于第三层次的 3 所国内样本高校的优势学科整体实力正逐步比肩于维也纳工大，可将其作为中长期发展的“常态化”超越标杆（见图 4—12）。

南理工、哈工程、北邮、西南交大和河海 5 所样本高校属于第四层次，无论是优势学科的数量还是水平，这些大学在四项排行榜中均与学科实力最弱的国际标杆高校——维也纳工大存在不同程度的差距。

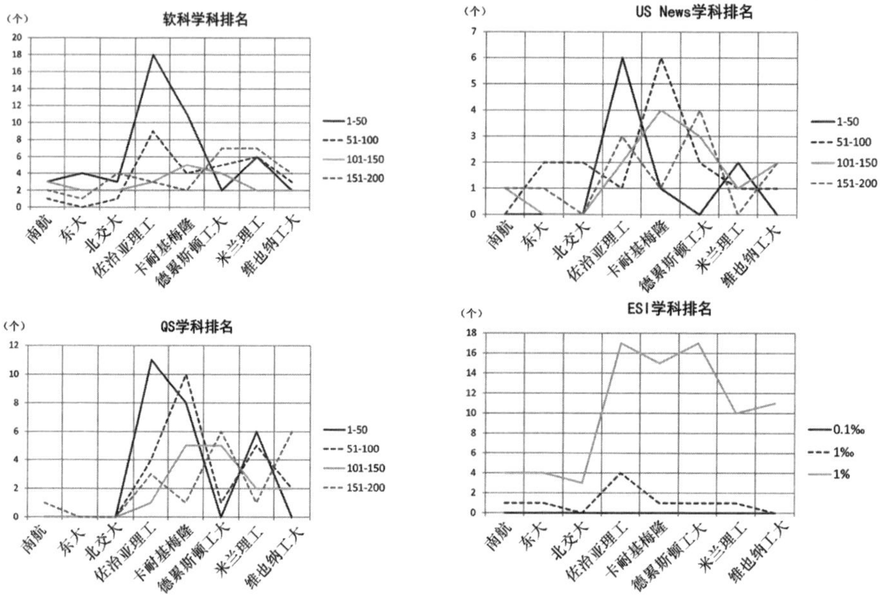


**图 4—12　第三层次国内样本高校与国际标杆高校在各个学科排名段的分布**

2. 国内样本高校和国际标杆高校的一流学科结构对比

上海软科教育信息咨询有限公司开发的学术排行榜具有国际广泛认可度，尤其是该排行榜只使用客观指标来具体衡量大学和学科的学术能力。同时，软科世界一流学科排名的学科划分与中国国务院学位委员会、教育部公布的一级学科目录较为接近，这便于国内样本的深度分析。基于以上两点考虑，本书选择软科世界一流学科排名进行一流学科结构分析。按照数据采集的时间节点，5 所国际标杆高校共有 39 个世界一流学科上榜，学科领域分布如图 4—13 所示。其中，佐治亚理工的 18 个世界一流学科中，含工学类 13 个、理学类 3 个、社科类 2 个。卡耐基梅隆的 11 个世界一流学科中，含工学类 7 个、理学类 1 个、社科类 3 个。其余 3 所国际标杆高校只有工学类世界一流学科。

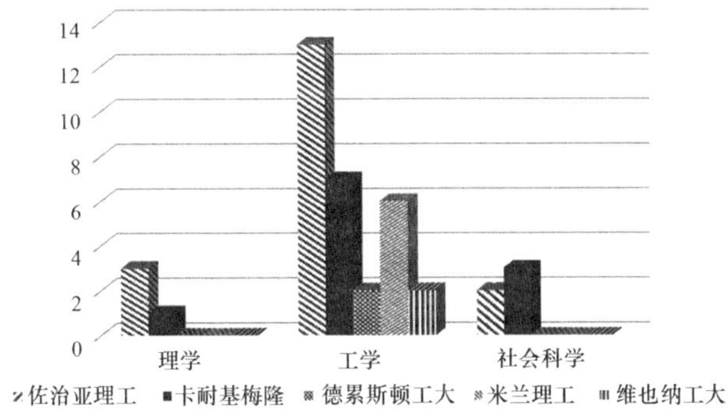


**图 4—13　5 所国际标杆高校的软科世界一流学科分布**

14 所国内样本高校共有 36 个软科世界一流学科，均属工学类（见表 4—9）。值得注意的是，这些学科均与各自高校长期面向的行业密切相关（西电、北邮的“交通运输工程”学科偏重“交通信息工程及控制”方向），这些大学尚未在传统特色及优势领域之外产生世界一流学科。自 20 世纪 70 年代以来，材料、能源、信息被并称为“构成社会经济基础、支撑现代科技发展”的三大支柱，而纳米科学与技术推动了这三个支柱领域的融合，比如基于半导体纳米材料的高性能微纳传感信息器件，是后摩尔定律时代信息系统重要的组成部分和基础支撑；纳米尺度电源系统的开发为纳米器件的持续小型化、集成化提供基本的能源基础等。[①] 然而，14 所行业特色研究型大学的“材料科学与工程”“能源科学与工程”“计算机科学与技术”和“纳米科学与技术”等学科均未跻身世界前 50 位。相比之下，佐治亚理工在建校之初是一所以机械工程学科为主的技术院校，如今已有包括材料、能源、计算机和纳米等在内的 13 个工学类学科达到世界一流水平，并且仅依托了 4 个学院。卡内基梅隆最初是一所培养制造业专门人才的技术学院，现有包括材料、计算机等在内的 7 个工学类世界一流学科，并且仅依托了 2 个学院。两所大学既实现了优势学科拓展，又避免了因学院数量过多可能导致的学科分割。另外三所国际标杆高校也平均每个学院承建了 2—3 个世界一流学科。

① 薛冬峰等：《材料化学进展》，华东理工大学出版社 2010 年版，第 3 页。

**表4—9 国内样本和国际标杆的工学类软科世界一流学科上榜情况**

| 学校名称 | | 工学类软科世界一流学科 |
|---|---|---|
| 国内样本 | 北京航空航天大学 | 机械工程、控制科学与工程、仪器科学、航空航天工程、交通运输工程、冶金工程 |
| | 西北工业大学 | 机械工程、航空航天工程、冶金工程 |
| | 南京航空航天大学 | 机械工程、仪器科学与技术、航空航天工程 |
| | 北京理工大学 | 控制科学与工程、仪器科学、航空航天工程 |
| | 南京理工大学 | — |
| | 哈尔滨工程大学 | 船舶与海洋工程 |
| | 电子科技大学 | 电力电子工程、通信工程、仪器科学 |
| | 西安电子科技大学 | 通信工程、交通运输工程、遥感技术 |
| | 北京邮电大学 | 通信工程、交通运输工程 |
| | 东北大学 | 控制科学与工程、仪器科学、矿业工程、冶金工程 |
| | 北京科技大学 | 矿业工程、冶金工程 |
| | 北京交通大学 | 通信工程、土木工程、交通运输工程 |
| | 西南交通大学 | 交通运输工程 |
| | 河海大学 | 水资源工程、船舶与海洋工程 |
| 国际标杆 | 佐治亚理工学院 | 机械工程、电力电子工程、控制科学与工程、通信工程、生物医学工程、计算机科学与工程、化学工程、材料科学与工程、纳米科学与技术、能源科学与工程、环境科学与工程、航空航天工程、交通运输工程 |
| | 卡内基梅隆大学 | 机械工程、电力电子工程、控制科学与工程、计算机科学与工程、化学工程、材料科学与工程、冶金工程 |
| | 德累斯顿工业大学 | 材料科学与工程、纳米科学与技术 |
| | 米兰理工大学 | 机械工程、仪器科学、土木工程、化学工程、水资源、航空航天工程 |
| | 维也纳工业大学 | 水资源工程、遥感技术 |

资料来源：软科世界一流学科排名网站。

14 所国内样本高校中，除了南理工没有学科进入软科世界排名前 50 位之外，其余 13 所高校的软科世界一流学科建设依托学院数均多于相应的学科数，平均 1 个学科分布在 1.8 个学院，其中哈工程、西南交大的软科世界一流学科数和依托学院数之比分别达到 1 : 4 和 1 : 3，这意味着国内样本高校普遍在按照二级学科甚至三级学科方向设置学院，其势必导致学科力量被行政体制分割。不仅如此，有 7 所样本高校的软科世界一流学科依托学院在校内工科专业学院占比达到或超过 50%，其他 6 所也均达到或超过 33%，这意味着学院之间可能存在学术活动的同质化（见表 4 — 10）。

**表 4—10　国内样本和国际标杆的工学类软科世界一流学科数及依托学院情况**

| 学校名称 | | 世界一流学科数（个） | 一流学科依托学院数（个） | 一流学科依托学院在校内工科专业学院占比（%） |
|---|---|---|---|---|
| 国内样本 | 北京航空航天大学 | 6 | 9 | 56.3 |
| | 西北工业大学 | 3 | 6 | 54.5 |
| | 南京航空航天大学 | 3 | 5 | 55.6 |
| | 北京理工大学 | 3 | 5 | 50.0 |
| | 南京理工大学 | 0 | — | — |
| | 哈尔滨工程大学 | 1 | 4 | 40.0 |
| | 电子科技大学 | 3 | 6 | 60.0 |
| | 西安电子科技大学 | 3 | 4 | 36.4 |
| | 北京邮电大学 | 2 | 3 | 42.9 |
| | 东北大学 | 4 | 6 | 60.0 |
| | 北京科技大学 | 2 | 3 | 37.5 |
| | 北京交通大学 | 3 | 5 | 71.4 |
| | 西南交通大学 | 1 | 3 | 33.0 |
| | 河海大学 | 2 | 5 | 41.7 |

续表

| 学校名称 | | 世界一流学科数（个） | 一流学科依托学院数（个） | 一流学科依托学院在校内工科专业学院占比（%） |
|---|---|---|---|---|
| 国际标杆 | 佐治亚理工学院 | 13 | 4 | 100.0 |
| | 卡内基梅隆大学 | 7 | 2 | 28.6 |
| | 德累斯顿工业大学 | 2 | 1 | 7.1 |
| | 米兰理工大学 | 6 | 2 | 50.0 |
| | 维也纳工业大学 | 2 | 1 | 16.7 |

资料来源：各大学网站和软科世界一流学科排名网站。

## 三　学科学术影响力评价指标分析

基于世界大学学科排名结果的分析描绘了学术逻辑下行业特色研究型大学学科建设现状的全景图。在此基础上，深入细节层面审视世界一流学科在国际可比指标上的表现，能够知晓其在国际学术评价体系中的竞争力，本书在此处将分析“论文总数”“论文标准影响力”“顶尖期刊论文数”和“国际合作论文比例”4类学科发展指标。

### 1. 拟分析学科的选取

在拟分析的学科选取上，除了遵循标杆管理的相似性、领先性和可行性的原则，还需反映国内样本高校的办学特色和行业背景。其中，关于QS世界学科排名，14所国内样本高校中仅有北科大的“采矿和矿物工程”学科进入世界前50名，但5所国际标杆高校中无同类学科上榜。为弥补缺憾，在此选取排位最接近世界一流区间的北理工“材料科学”学科（QS排名世界51—100位）进行分析，并按照同一学科排名进入世界前100位的标准选取了相应4所国际对标高校。综合以上考虑，确定了以下“一流学科”作为研究对象，详见表4—11。

**表 4—11　　开展学术影响力评价指标分析的一流学科入选情况①**

| 学科排名类别 | 学科名称 | 相关国内样本高校 | 相应国际标杆高校 |
| --- | --- | --- | --- |
| 软科 | 航空航天工程 | 北京航空航天大学、西北工业大学、南京航空航天大学、北京理工大学 | 佐治亚理工学院、米兰理工大学 |
|  | 机械工程 | 北京航空航天大学、西北工业大学、南京航空航天大学 | 佐治亚理工学院、卡耐基梅隆大学、米兰理工大学 |
|  | 水资源工程 | 河海大学 | 米兰理工大学、维也纳工业大学 |
|  | 控制科学与工程 | 北京航空航天大学、北京理工大学、东北大学 | 佐治亚理工学院、卡耐基梅隆大学 |
|  | 电力电子工程 | 电子科技大学 | 佐治亚理工学院、卡耐基梅隆大学 |
|  | 通信工程 | 电子科技大学、西安电子科技大学、北京邮电大学、北京交通大学 | 佐治亚理工学院 |
|  | 交通运输工程 | 北京航空航天大学、西安电子科技大学、北京邮电大学、北京交通大学、西南交通大学 | 佐治亚理工学院 |
| US News | 工程学 | 北京航空航天大学 | 佐治亚理工学院、米兰理工大学 |
|  | 计算机科学 | 北京航空航天大学、电子科技大学、西安电子科技大学、北京邮电大学 | 佐治亚理工学院、卡内基梅隆大学 |
|  | 材料科学 | 北京科技大学 | 佐治亚理工学院 |

① 相关样本高校的英文简称：北京航空航天大学（BUAA）、西北工业大学（NWPU）、南京航空航天大学（NUAA）、北京理工大学（BIT）、南京理工大学（NJUST）、电子科技大学（UESTC）、西安电子科技大学（XDU）、北京邮电大学（BUPT）、东北大学（NEU）、北京科技大学（USTB）、北京交通大学（BJTU）、西南交通大学（SWJTU）、河海大学（HHU）。

续表

| 学科排名类别 | 学科名称 | 相关国内样本高校 | 相应国际标杆高校 |
| --- | --- | --- | --- |
| QS | 材料科学 | 北京理工大学 | 佐治亚理工学院、卡内基梅隆大学、德累斯顿工业大学、米兰理工大学 |
| ESI | 工程学 | 北京航空航天大学、南京航空航天大学、北京理工大学、南京理工大学、电子科技大学、西安电子科技大学、东北大学 | 佐治亚理工学院、卡耐基梅隆大学、米兰理工大学 |
| | 计算机科学 | 西安电子科技大学 | 佐治亚理工学院 |
| | 材料科学 | 北京理工大学 | 佐治亚理工学院、卡内基梅隆大学、德累斯顿工业大学、米兰理工大学 |

2. 调查结果与统计描述

（1）软科排名

第一，论文发表以量取胜。除“交通运输工程”以外，其余 6 个软科世界一流学科中，相关国内样本高校的“论文总数”指标得分均高于国际标杆高校。尤其是“电力电子工程”学科，成电与卡耐基梅隆的排名接近，但前者的“论文总数”指标得分达到后者的 2.25 倍。在“交通运输工程”学科中，虽然佐治亚理工的“论文总数”指标得分高于学科排位接近的北航（世界第 25 位），但仅为北交大（排名世界第 1 位）的 74.0%。数据详见表 4—12，下同。

第二，部分学科的论文影响力已呈优势。在“航空航天工程”“控制科学与工程”和“交通运输工程”3 个学科中，国内样本高校的“论文标准化影响力”指标得分均高于或基本持平于相应国际标杆高校。在“机械工程”学科中，米兰理工（排名世界第 30 位）的引文指标得分最高，佐治亚理工、卡耐基梅隆的引文指标得分与国内样本高校持平。然而，在“通信工程”“电力电子工程”和“水资源工程”3 个学科中，各国内样本高校的论文影响力均较低。

**表 4—12　　基于软科世界学科排名的学术影响力评价指标对比**

| 学科 | 学校（学科名次） | 指标得分 | | | | 学科 | 学校（学科名次） | 指标得分 | | | |
|---|---|---|---|---|---|---|---|---|---|---|---|
| | | 论文总数（篇） | 论文标准化影响力 | 顶尖期刊论文数（篇） | 国际合作论文比例（%） | | | 论文总数（篇） | 论文标准化影响力 | 顶尖期刊论文数（篇） | 国际合作论文比例（%） |
| 航空航天工程 | BUAA(1) | 100 | 80.1 | 75.8 | 43.7 | 机械工程 | BUAA(20) | 78.7 | 47.1 | 66.9 | 45 |
| | NWPU(8) | 66.3 | 79.8 | 54.6 | 43.9 | | NWPU(49) | 65 | 50.1 | 43.2 | 51.8 |
| | NUAA(11) | 63.5 | 71.1 | 54.6 | 39 | | NUAA(40) | 66.7 | 46.1 | 52.5 | 40.3 |
| | BIT(25) | 48.5 | 79.8 | 45.0 | 45.2 | | GT(22) | 64.6 | 47.9 | 73.7 | 62.9 |
| | GT(2) | 60.6 | 67.3 | 100 | 39.2 | | CMU(37) | 30.1 | 50.6 | 35.3 | 62.1 |
| | POLIMI(40) | 38.4 | 73.3 | 35.7 | 68.9 | | POLIMI(30) | 55.1 | 57.1 | 59.9 | 65.2 |
| 控制科学与工程 | BUAA(26) | 83.3 | 53.4 | 52.2 | 45.8 | 通信工程 | UESTC(11) | 88.2 | 48.2 | 61.3 | 59.5 |
| | BIT(40) | 63.8 | 51.4 | 51.6 | 56.9 | | XDU(4) | 92.7 | 44.2 | 73.6 | 51.2 |
| | NEU(37) | 75.1 | 50.2 | 48.4 | 51.1 | | BUPT(2) | 100 | 48.6 | 80.3 | 58.8 |
| | GT(39) | 54.5 | 45.4 | 66.6 | 60.5 | | BJTU(25) | 58.7 | 49.2 | 53.1 | 69.3 |
| | CMU(22) | 52.6 | 54.6 | 81.1 | 65.3 | | GT(13) | 53.3 | 62.2 | 69.5 | 71.2 |
| 交通运输工程 | BUAA(31) | 48.5 | 86.7 | 56.5 | 61.7 | 电力电子工程 | UESTC(23) | 93.5 | 53.1 | 40.8 | 54.8 |
| | XDU(46) | 40.4 | 68.6 | 63.4 | 71.7 | | GT(4) | 65.9 | 65.8 | 73.6 | 64.3 |
| | BUPT(32) | 36.1 | 93.6 | 56.5 | 84.6 | | CMU(19) | 41.6 | 68.2 | 79.1 | 67.3 |
| | BJTU(1) | 88.9 | 79.5 | 100 | 78.6 | 水资源工程 | HHU(10) | 100 | 63.9 | 80.1 | 70.2 |
| | SWJTU(44) | 54 | 69.1 | 51.9 | 74.6 | | POLIMI(40) | 53.7 | 79 | 63 | 79.7 |
| | GT(25) | 65.8 | 61.9 | 68.2 | 63.7 | | TUW(31) | 48.5 | 94.1 | 44.6 | 83.9 |

资料来源：软科世界一流学科排名网站。

第三，部分学科的顶尖论文数与国际标杆呈并跑趋势。在“机械工程”学科中，北航（排名世界第 20 位）与佐治亚理工（排名世界第 22 位）的“顶尖期刊论文数”指标得分仅相差 10.2%；西工大、南航的学科排名落后于卡耐基梅隆，但该指标得分分别高于后者 22.4%、48.7%。在“通信工程”学科中，成电（排名世界第 11 位）与佐治亚理工（排名世界第13位）的“顶尖期刊论文数”指标得分仅相差13.3%。相比之下，对于“航空航天工程”“控制科学与工程”“电力电子工程”和“交通运输工程”等学科，国际标杆高校在顶尖期刊上发表的论文数明显占优。

第四，国际合作论文占比整体落后。除“航空航天工程”“交通运输工程”以外，在其余5个软科世界一流学科中，相关国内样本高校的“国际合作论文比例”指标得分均低于国际标杆高校。在“航空航天工程”学科中，北航（排名世界第1位）的该项指标得分略高于佐治亚理工（排名世界第2位），但学科排名靠后的米兰理工（世界第40位）的指标得分高于排名靠前的4所国内样本高校76.7%以上。在“交通运输工程”学科中，5所国内样本高校在“国际合作论文比例”指标上的表现不逊于佐治亚理工。

（2）US News 排名

第一，论文发表以量取胜。3个US News世界一流学科中，5所国内样本高校的“学术论文发表量”指标名次均高于国际标杆高校（见表4—13，下同）。

第二，论文影响力总体落后。在“工程学”“材料科学”2个学科中，国内样本高校的“标准化引文影响力”指标名次均低于国际标杆高校。在“计算机科学”中，北邮（排名世界第20位）的该项指标名次低于佐治亚理工（排名世界第19位）58个位次；但学科排名靠前的卡耐基梅隆（世界第22位）的指标名次低于学科排名靠后的成电、西电。

第三，多数学科的顶尖论文数落后，“计算机科学”学科呈赶超趋势。关于“引用率最高的前10%论文占比”指标，在“工程学”“材料科学”2个学科中，相关国内样本高校的指标名次均低于国际标杆高校；在“计算机科学”学科中，国内样本高校的指标名次低于学科排名领先的佐治亚理工，但北邮略高于学科排名相近的卡耐基梅隆。关于“处于世界前1%的高被引论文占比”指标，在“工程学”“材料科学”2个学科中，国内样本高校的指标名次均未超过国际标杆高校；在“计算机科学”学科中，北邮的指标名次高于学科排名相近的佐治亚理工30位、卡耐基梅隆120位；成电的指标名次高于学科排名靠前的佐治亚理工28位，西电（排名世界第30位）亦比卡耐基梅隆（排名世界第22位）的指标名次高出 67 位。

第四，国际合作论文占比整体落后。相关国内样本高校的“国际合作论文占比”指标名次均低于国际标杆高校。

**表 4—13　基于 US News 世界学科排名的学术影响力评价指标对比**

| 学科（篇） | 学校（学科名次） | 指标名次 | | | | |
|---|---|---|---|---|---|---|
| | | 学术论文发表量（篇） | 标准化引文影响力 | 引用率最高的前 10% 论文占比（%） | 处于世界前 1% 的高被引论文占比（%） | 国际合作论文占比（%） |
| 工程学 | BUAA（47） | 7 | 501 | 358 | 468 | 633 |
| | GT（18） | 15 | 286 | 260 | 372 | 337 |
| | POLIMI（35） | 33 | 163 | 120 | 468 | 238 |
| 计算机科学 | BUAA（44） | 10 | 192 | 195 | 196 | 195 |
| | UESTC（26） | 9 | 104 | 146 | 69 | 191 |
| | XDU（30） | 3 | 132 | 142 | 120 | 241 |
| | BUPT（20） | 4 | 121 | 129 | 67 | 237 |
| | GT（19） | 26 | 63 | 51 | 97 | 146 |
| | CMU（22） | 22 | 171 | 132 | 187 | 114 |
| 材料科学 | USTB（42） | 3 | 421 | 391 | 316 | 450 |
| | GT（6） | 31 | 24 | 12 | 34 | 86 |

资料来源：US News 世界大学学科排名网站。

（3）QS 排名

在论文影响力方面，已有国内样本高校的“材料科学”学科呈赶超态势。在“篇均引文影响力”指标上，北理工得分高于学科排名处在同一档位的米兰理工，并且与德累斯顿工大基本持平。在“H 指数”指标上，北理工的得分高于学科排名处在同一档位的德累斯顿工大、米兰理工，且高于学科排名更为靠前的卡耐基梅隆（见表 4—14）。

表 4—14　　基于 QS 世界学科排名的学术影响力评价指标对比

| 学科 | 学校（学科名次） | 指标得分 | |
|---|---|---|---|
| | | 篇均引文影响力 | H 指数 |
| 材料科学 | BIT（51—100） | 81.3 | 80.9 |
| | GT（13） | 90.8 | 89.7 |
| | CMU（31） | 89.2 | 75.2 |
| | TUD（51—100） | 83.3 | 76.7 |
| | POLIMI（51—100） | 78.8 | 72.0 |

资料来源：QS 世界大学学科排名网站。

（4）ESI 排名

第一，论文总数整体领先。在“计算机科学”“材料科学”学科中，相关样本高校的“论文总数”均高于国际标杆高校；在“工程学”学科中，5 所样本高校的“论文总数”已超过卡内基梅隆和米兰理工，北航的“论文总数”则超过了所有国际标杆高校（见表 4—15，下同）。

表 4—15　　基于 ESI 世界学科排名的学术影响力评价指标对比

| 学科 | 学校（学科名次） | 指标数值 | | | |
|---|---|---|---|---|---|
| | | 论文总数（篇） | 引文总数（篇） | 篇均引文数（次） | 顶级论文数（篇） |
| 工程学 | BUAA（44） | 8696 | 50768 | 5.84 | 81 |
| | NUAA（98） | 5374 | 33275 | 6.19 | 55 |
| | BIT（84） | 5292 | 36593 | 6.91 | 118 |
| | NJUST（137） | 3857 | 27066 | 7.02 | 59 |
| | UESTC（74） | 6570 | 39158 | 5.96 | 87 |
| | XDU（95） | 5389 | 33971 | 6.30 | 70 |
| | NEU（127） | 3758 | 28753 | 7.65 | 63 |
| | GT（24） | 7123 | 70546 | 9.90 | 83 |
| | CMU（125） | 2422 | 28837 | 11.91 | 51 |
| | POLIMI（47） | 5022 | 48285 | 9.61 | 57 |

续表

| 学科 | 学校（学科名次） | 指标数值 | | | |
|---|---|---|---|---|---|
| | | 论文总数（篇） | 引文总数（篇） | 篇均引文数（次） | 顶级论文数（篇） |
| 计算机科学 | XDU（32） | 3095 | 18234 | 5.89 | 53 |
| | GT（26） | 1848 | 19951 | 10.80 | 40 |
| 材料科学 | NWPU（77） | 6699 | 54232 | 8.10 | 60 |
| | USTB（46） | 8520 | 70228 | 8.24 | 55 |
| | GT（19） | 4479 | 147638 | 32.96 | 189 |

资料来源：基本科学指标数据库（Essential Science Indicators）。

第二，论文影响力全面落后。在跻身 ESI 排名前 1‰的“工程学”“计算机科学”和“材料科学”学科中，相关样本高校的“篇均引文数”均低于国际标杆高校。

第三，部分学科的顶级论文数领先。在“工程学”学科中，北理工（排名世界第 84 位）、成电（排名世界第 74 位）的“顶级论文数”多于佐治亚理工（排名世界第 24 位）；南理工（排名世界第 137 位）、东大（排名世界第 127 位）的该项指标高于卡耐基梅隆（排名世界第 125 位）；西安电子科大的“顶级论文数”也多于学科排名领先的米兰理工。在“计算机科学”学科中，西电（排名世界第 32 位）的“顶级论文数”多于佐治亚理工（排名世界第 26 位）。但在“材料科学”学科中，国内样本高校的“顶级论文数”均低于国际标杆高校。

## 第三节 行业特色研究型大学学科建设面临的问题及成因

### 一 突出问题

依据学科建设遵循的两种逻辑，对 14 所样本高校进行“基于中国情景”和“基于国际比较”的学科发展现状实证分析可以发现，行业特色研究型大学在国内的传统学科优势总体上得到保持，“高峰”和“高原”学科的水平在进入 21 世纪以来呈持续进步态势，优势特色学科整体上表现出“既是教育教学改革的前沿，又是高新技术的源头”的特征，若干所样本高校的整体学科实力逐步比肩于世界一流大学的前中坚力量，部分“高峰”学科在国际公认的学科评价体系下已经达到世界一流水平。不过，行业特色研究型大学的学科建设也面临以下突出问题。

1. 优势学科面临挑战

北京航空航天大学的“力学”、西北工业大学与北京科技大学的“材料科学与工程”、北京邮电大学的“电子科学与技术”和东北大学的“控制科学与工程”等国家重点学科在第四轮学科评估中均出现了下滑。哈尔滨工程大学的“船舶与海洋工程”学科在前三轮学科评估中均落后于上海交通大学屈居全国第二。与此同时，清华大学的“力学”、武汉理工大学的“材料科学与工程”和浙江大学、哈尔滨工业大学及国防科技大学的“控制科学与工程”学科晋级 A +，浙江大学的“电子科学与技术”也较上一轮进步并与北京邮电大学同处一档。

2. 整体学科竞争力不足

在第四轮全国一级学科水平评估中，14 所行业特色研究型大学参评学科的 A + 占比及 A 类占比、校均 A + 和 A 类学科数都低于国家“双一流”建设高校的相应均值。与 10 所国内标杆高校相比，14 所行业特色研究型大学学科指数的最高值、最低值、平均值都至少低于前者 3 倍以上。即使是整体学科实力最强的 6 所行业特色研究型大学，其中也仅有北京航空航天大学达到了国内标杆高校的中等水平。

3. 可持续性与多样性的学科生态尚未形成

（1）优势学科整体力量偏单薄

从“基于中国情景”的现状分析来看，比较 14 所行业特色研究型大学在第四轮学科评估中的 A 类及 B + 档位的学科分布，只有北京航空航天大学以 4 个 A +、3 个 A、7 个 A − 和 4 个 B + 形成了较宽的“十字型”结构，而其他 13 所样本高校均为“倒 T 型”或斜度较大的“金字塔型”结构，校均 A + 学科数和 A 学科数仅为 1 个和 0.6 个。

从“基于国际比较”的现状分析来看，行业特色研究型大学的学科“高原”体量有限，“高峰”学科少而集中。在软科、US News、QS 与 ESI 四个世界大学学科榜单中，5 所国际标杆高校校均拥有的世界前 51—200 名（以及 ESI 前 1% 且未进入 1‰）学科数分别为 13.2 个、6.6 个、

10.8 个和 12.6 个，14 所行业特色研究型大学的相应值分别为 6.2 个、0.4 个、1.9 个和 3.6 个，中外高校之间的差距在 1∶16.5—1∶2.1；5 所国际标杆高校校均拥有的世界前 50 名（以及 ESI 前 1‰）学科数分别为 7.8 个、1.8 个、5 个和 1.4 个，14 所行业特色研究型大学的相应值分别为 2.6 个、0.4 个、0.1 个和 0.7 个，中外高校之间的差距在 1∶50—1∶2。可见，行业特色研究型大学不仅在代表世界一流水平的“高峰”学科上数量不多，而且在代表世界高水平的“高原”学科上也体量有限。

5 所欧美研究型大学尤其是佐治亚理工学院、卡耐基梅隆大学等“世界一流大学领头力量”的学科发展比较多元。以佐治亚理工学院为例，该校在创办初期服务于佐治亚州的工业发展规划，仅设立机械工程学科，后期则根据办学定位的变化，经历了由单科性向多科性的拓展。在软科学科排名中，佐治亚理工学院的“高峰”学科涵盖了“机械工程”“电力电子工程”“控制科学与工程”“通信工程”“生物医学工程”“计算机科学与工程”“化学工程”“材料科学与工程”“纳米科学与技术”“能源科学与工程”“环境科学与工程”“航空航天工程”和“交通运输工程”等领域。

中国行业特色研究型大学的学科发展比较单一，优势学科集中在少数领域。比如，在软科学科排名中，国内样本高校的“高峰”学科均为所在大学设立最早、实力最强、行业底蕴深厚的传统优势学科；在 US News 学科排名中，国内样本高校的 6 个“高峰”学科中有 4 个是“计算机科学”；在 ESI 学科排名中，国内样本高校“高峰”及“高原”学科分布的相似程度较高，其中 70% 的“高峰”学科是“工程学”，76.6% 的“高原”学科集中在“材料科学”“物理学”“化学”和“计算机科学”。

（2）工科类优势学科的支撑学科实力薄弱

作为行业特色研究型大学的优势学科和主干学科，工程学科具有综合性、跨学科性的典型特征，且一流工科需要实力不俗的理科及人文社科作为支撑。

从“基于中国情景”的现状分析来看，14 所行业特色研究型大学中，有 12 所样本高校的 A 类学科覆盖面不超过 2 个学科门类。60 个 A 类学科中，工学占比远高于理学、管理学和文学。值得注意的是，14 所样本高校均无基础理科跻身 B + 及以上档位。而基础理科是科学技术的源泉、先导和后盾，对应用技术学科的创新发展具有“底部效应”[①]，是大学提高原始性创新能力、积累智力资本的重要基础。此外，通过学科领域宽窄度分析发现，14 所样本高校中有 6 所为单科性大学，8 所为多科性大学并且均呈现“由单科性大学向多科性大学转型适应”的特征。

从“基于国际比较”的现状分析来看，在软科、US News、QS 与 ESI 四类学科评价体系中，14 所行业特色研究型大学的“高峰”学科均为工学类。相比之下，5 所欧美研究型大学在四类学科评价体系中的“高峰”学科在工学类、理学类、艺术与人文社科类中的占比分别为 62.2%、18.3% 和 14.6%。

为更全面地了解行业特色研究型大学在不同学科门类的发展情况，本书还选取在软科、US News 与 QS 三个世界学科排名中处在前 51—100 区间的学科（即有望跻身世界一流行列的“潜力学科”）进行分析。14 所国内样本高校“潜力学科”中的 97.8% 为工学类，5 所国际标杆高校“潜力学科”在工学类、理学类、艺术与人文社科类中的占比分别为 43.3%、20.0% 和 31.7%。

（3）新的优势学科领域尚未产生

在第四轮全国一级学科水平评估中获评 A + 的学科，以及在软科世界一流学科榜单中位列前 50 位的学科，均与样本高校长期面向的行业密切相关。这些大学尚未在传统特色和优势领域之外产生“高峰”学科。反观国内一流标杆高校中的上海交通大学，其在 20 世纪六七十年代曾经以船舶工业作为服务面向，但在第四轮学科评估中，除“船舶与海洋工程”“机械工程”以外，还有“生物学”“临床医学”“工商管理”3 个学科获评 A +，多学科共生的生态系统业已形成。

“材料科学与工程”“能源科学与工程”“计算机科学与技术”和“纳米科学与技术”等被视为 20 世纪 70 年代以来构成社会经济基础、支撑现代科技发展的支柱性学科。在软科学科榜单中，14 所行业特色研究型大学均无上述学科跻身世界前 50 位。相比之下，佐治亚理工学院建校

① 徐越：《加强基础重视理科人才培养——访著名化学家唐敖庆教授》，《中国高等教育》1993 年第 10 期。

之初是一所以机械工程学科为主的技术院校，其上述 4 个学科均跻身世界一流；卡内基梅隆大学最初是一所培养制造业专门人才的技术学院；德累斯顿工业大学最初是一所在机械工程学以及造船等技术领域培养专门人才的技术学院，前者的材料、计算机学科和后者的材料、纳米学科均跻身世界一流。

（4）学院设置的学科口径偏窄

基于软科学科评价体系下的“高峰”学科分析，各行业特色研究型大学的“高峰”学科数和依托学院数之比的平均值为 1∶1.8，最高值为 1∶1.3，最低值为 1∶4，表明这些大学的学院普遍建立在二级学科乃至三级学科方向基础上。5 所欧美研究型大学的“高峰”学科数和依托学院数之比的平均值高达 1∶0.3，最高值达 1∶0.2，最低值为 1∶0.5。不仅如此，有研究结果显示，中国研究型大学中有 18.0% 是以学科门类作为学院设置标准，以一级学科、二级学科作为学院设置标准的分别占 50.3% 和 20.2%（余下 11.5% 的学院设置标准模糊，很难准确地归属于某一个学科门类或学科）；美国研究型大学已经基本取消了按照二级学科设置的学院，以学科门类或学科群为学院设置标准的占 66.7%，以一级学科为学院设置标准的占 23.9%。[①] 相比于美国研究型大学在一个学院内更强调学科设置的综合性，中国研究型大学的学院设置口径偏窄，尤其是行业特色研究型大学学院设置口径狭窄的情况更为突出。

以软科世界一流学科榜单为例，14 所样本高校中有 7 所的一流学科依托学院数在校内工学类学院中的占比达到或超过一半，另有 6 所也均达到或超过 1/3，这意味着相关学院之间可能存在学术活动的同质化。学院的学科跨度过窄，将进一步强化学科壁垒，增加对母学科的整合难度，对构建相互支撑、协同发展的一流学科生态体系形成阻碍。

4. 在体现创新质量和国际化程度的国际可比学术性指标上总体偏弱

（1）论文数和影响力：总量领先，质量落后

在软科、US News 和 ESI 学科评价体系中，相关行业特色研究型大学的“高峰”学科在论文总量指标上的表现总体领先于国际标杆高校。但

① 樊华强：《中美研究型大学学院设置之比较》，《高教发展与评估》2012 年第 4 期。

是，在软科“论文标准化影响力”指标上，国内样本高校的“机械工程”“通信工程”“电力电子工程”和“水资源工程”学科的得分均低于国际标杆高校；在 US News“标准化引文影响力”指标上，除“计算机科学”学科以外，国内样本高校的“工程学”“材料科学”学科均落后相关国际标杆高校至少 200 个位次；在 ESI“篇均引文数”指标上，国内样本高校的“高峰”学科较相关的欧美研究型大学有相当大的差距，平均差值最低为 59.8%，最高达 303.4%。

（2）顶尖论文数：整体存在差距

虽然有若干所行业特色研究型大学的部分“高峰”学科在顶尖论文数指标上对国际标杆高校已经形成了优势或者赶超态势，但整体仍存在差距。基于软科排名分析的 7 个学科中，国际标杆高校在 5 个学科上的“顶尖期刊论文数”指标得分明显占优。基于 US News 排名分析的 3 个学科中，相关行业特色研究型大学在 2 个学科上的“引用率最高的前 10%论文占比”“处于世界前 1%的高被引论文占比”指标名次均落后于国际标杆高校。基于 ESI 排名分析的 3 个学科中，相关行业特色研究型大学在“材料科学”学科上的“顶级论文数”指标数值均远落后于国际标杆高校。

（3）国际化水平偏低

一流大学和一流学科是世界学术共同体公认的结果，其发展需要置身于世界著名大学的星群之中，参与国际合作与竞争是其必经之路。[①]“工科”缘于其固有的自然学科的客观性，在理论上比较容易与国际学术界进行沟通、交流和对话。[②] 但有关数据显示，行业特色研究型大学优势工科的国际化水平偏低。基于软科排名分析的 7 个工学类一流学科中，相关行业特色研究型大学在 5 个学科上的“国际合作论文比例”指标得分均低于国际标杆高校。基于 US News 排名分析的 3 个工学类一流学科中，相关行业特色研究型大学的“国际合作论文占比”指标名次均低于国际标杆高校。

---

① 马陆亭：《开放是大学昌盛的基础》，《中国高等教育》2016 年第 5 期。

② 郑浩等：《世界一流学科的现状与发展趋势——以 ARWU 和 THEWUE（2012—2015 年）中工科排名为例的实证研究》，《中国高教研究》2016 年第 9 期。

## 二　成因分析

综合历史考察和对教育行政部门领导、高校管理者和相关领域专家学者的访谈，从院校层面而言，行业特色研究型大学学科建设现存突出问题产生的主要原因可以归结为以下三个方面。

1. 学科建构并非起始于形成严密的学术体系

行业特色研究型大学在初创期的学科建设未曾对“相对独立的知识体系”进行科学化、结构化的规划与设计，也没有依据学科建设的要素对办学资源进行系统化配置。这类大学的学科建构产生于创校之初设置的与行业密切相关、按照生产过程及技术发展需要设置的应用型专业，呈现了对作为“工具”的社会需求逻辑的严格遵循，带有“按产品办学科”的历史文化印迹。从科学学的角度而言，学科的建构和发展不能完全依据行业发展的实际诉求。行业特色研究型大学的建校背景决定了其起初的学科建构是以“有用”作为价值目标，力图为国家工业化提供与实际生产过程相匹配的人才培养和技术供给，这类高校在学科创新能力上表现出“重工程技术轻基础理论，重应用开发轻原始创新”的现象。正如某大学校长（P05）在接受访谈时所提道的：

> 学校目前有一种倾向，那就是非常重视项目，而对研究重视不够。项目完成了，科研任务也就结束了，很少有人进一步去深入挖掘项目进程中包含的基础理论问题，去究其所以然，这样也就丢掉了许多提升学术水平和取得新发现的机会。

某大学发展规划部副部长（P04）也认为：

> 学校重视争项目、做课题，重视把科研成果用于工程实践，但在十多年前很多师生没有认识到发表高水平论文也是完成一项严肃科研项目不可或缺的组成部分。

行业特色研究型大学长期专注于“专属性技术开发”，使其基础学科以及应用学科的基础及前沿研究方向实力薄弱，“相较于越是基础、理论的知识其半衰期越长，越是应用的知识其半衰期越短”，导致了行业特色研究型大学在原始创新上的重大突破不多，较少企及“卓越的学术高度”。再加上国际上行业技术壁垒的限制，进一步阻碍了这类大学提升国际学术活跃度和影响力，这些都已成为影响行业特色研究型大学优势工科建设世界一流学科的重要原因。

此外，行业特色研究型大学的学科设置紧密围绕行业需求展开，长期置身并过于依赖计划经济时代的“行业生态圈”，使得这类大学的学科体系发展环境较为封闭，学科结构较为单一，在学科育人上不利于学生的全面发展，尤其是在长远规划、视野眼界、人文素养等综合素质的培养上存在短板。某大学校长（P05）谈道：

> 参加校友会活动时，校友们普遍反映自己学校毕业生存在的突出问题——执行能力很强，但是规划能力太弱，通俗一点讲就是“干活可以”但“带不了头”。上头安排的任务或者工作都能很好地完成，但凡谈到战略层面、规划方面，就很难听到我们校友的声音了，在这方面跟综合性大学的学生相比明显不足。

随着社会主义市场经济体制的建立和完善，行业特色研究型大学与母体行业之间的垄断性供需链条逐渐被打破，行业计划性供给逐渐转为更大市场范围的竞争性供给。[①] 面对综合性大学凭借学科综合优势，以跨界融合创新的方式强势介入相关行业及关键领域，行业特色研究型大学的传统优势和特色面临被弱化的风险。譬如，首批国家集成电路产教融合创新平台建设高校均为综合性大学，而以电子信息见长的“两电一邮”高校（即电子科技大学、西安电子科技大学和北京邮电大学）无一入选。不仅如此，行业特色研究型大学初始学科建构所注重的“行业技术体系发展需求”主要针对的是“对基础学科持‘拿来主义’”的实用技术，面对第三次工业革命之后出现的“科学与技术一体化”发展趋势，这类大学长期表现出被动适应的状态。当前中美冲突加剧所暴露的各类“卡

① 周志强、亓晶：《行业划转地方工科院校场域转换困境与特色再造》，《高等工程教育研究》2020年第6期。

脖子”问题，更是凸显了以基础研究驱动核心关键技术发展的重要性，但行业特色研究型大学在这方面的表现乏善可陈。

2. 长期单科办学制度规训的制约

制度变迁具有路径依赖效应。正如美国经济学家道格拉斯·诺斯所言，“过去的选择影响着现在可能的选择”。制度惯性的产生一方面是缘于制度所固化的利益结构；另一方面则是因为制度的持续性会引导行为主体将制度内化到自我意识之中，习惯于“将已存在的制度性规范、惯例及概念扩展到新的行为领域”，自觉地将制度变迁建立在“以适应已有的传统和既往经历为前提”的基础上。① 对于行业特色研究型大学而言，数十年的单科办学制度不仅在结果上给其造成了“学科布局的结构性弱势”，还使其内部成员对于学科建设产生了认知和行动上的偏差，具体表现在以下方面。

一是较少从学科生态系统的角度审视学科建设。对“学科生态系统的健康程度与学科组织的卓越程度”“学科多样性与大学系统的稳健性及学科的竞争力”“优势学科群落与学科系统的学术水平”等几对重要关系缺乏深刻认识，将“双一流”建设目标中的“率先建成一个或若干个世界一流学科”视为少数优势学科的单兵突进，寄希望于集中优质资源建设极少数传统的优势学科，却忽视了通过构建协同发展的学科体系形成一流学科建设的“群体效应”。某大学发展规划处处长（P11）就曾谈道：

> 在我们这样的行业特色研究型大学，有相当一部分教职工甚至部分校领导对是否应该拓展学科，尤其是加大对理科和文科的扶持力度持有异议。另外，对于不同层次、不同类型、不同发展阶段的学科和学院，如何有针对性地进行投入和评价，现在还没有一套健全的体系。

二是在学院设置上有过度分科的倾向。行业特色研究型大学长期以来专攻一域，在学科育人上奉行又深又专的人才培养理念，在学科创新

① ［美］道格拉斯·诺斯：《制度、制度变迁与经济绩效》，杭行译，格致出版社 2008 年版，第 306 页。

上擅长于知识往纵向的不断分化，使得这类大学普遍设置了承担口径窄的二级学科甚至三级学科方向发展任务的学院，校内学科建制呈现“小而细”的特点。过度分科强化了学科壁垒，既不利于按照大类招生培养人才，也导致了同一学科内部、不同学科团队之间的合作出现各自为政的局面，既难以整合力量、形成大团队、承担大项目，又引起了不必要的“内耗”，导致学科研究方向缺乏相对的稳定性，制约了一流学科的融合发展与持续生长。某大学发展规划处副处长（P07）在接受访谈时谈道：

> 学校在办学规模上因政府拨款额度和自身筹资能力的限制是有一个边界条件的，一方面“高峰兀立”的传统优势学科因为担心被竞争对手超越而对有限资源形成了“虹吸”效应，另一方面相关学科又在低水平重复建设，这严重挤占了其他学科的发展空间，学校难以投入资源和精力去发展新的学科，困在原有的结构框架下我们几乎看到了办学水平的天花板。

三是加强学科群治理能力的意识不够。尽管在“双一流”建设中行业特色研究型大学普遍开展了学科群的建设探索，但通过开放式访谈和参与式观察，可以发现多数样本高校尚未真正建立起与学科群建设要求相匹配的治理结构和机制，在建设实践中具体表现为：①没有从契合知识生产模式现代转型的新要求出发，从促进学科交叉融合发展的角度，论证学科群建设的中心任务、拟解决的核心问题和凝练学科群内各个参建学科的关键共性科学问题，并探索灵活开放的学科组织方式。结果导致没能完全实现参建学科各自发展与学科群整体发展之间的有机结合，在依托学科群开展实质性的跨界行动和协同创新上成效不大。②缺乏有效的校、群两级管理机制，在校级层面的学科群组织设立、监督管理与考核评价，以及学科群层面的以学科群带头人为核心的分工合作运行等环节的机制建设上缺乏有效举措，再加上学科群带头人自身的影响力、组织力和执行力等方面的限制，使得不少学科群陷入“基于分科而治的单一学科组织模式和依托学院管理及资源配置方式”而形成的学科发展路径依赖。除了“抱团”争取学科建设资源，在实际建设、运行过程中仍然是以各个学科往纵向细分的方向发展为主，相互之间缺少有机联系，难以实现多学科交叉融合。

3. 学科建设缺乏整体性和长远性规划

进入21世纪以前，行业特色研究型大学长期置身于计划经济时期形成的“行业养大学”办学体制下，自身是特定行业系统的组成部分，其知识生产与人才培养更多在行业部门内循环，学科建设的自主性较小，主要遵循社会需求逻辑，对行业发展的需求亦步亦趋。世纪之交的高等教育管理体制改革之后，行业特色研究型大学的自主权及发展空间在增大，社会需求逻辑和学术逻辑对国内高校发展和改革的驱动作用呈复合叠加趋势。但与此同时，失去了行业主管部门的明确指导和专门扶持，也使行业特色研究型大学在尚未摆脱传统的被动思维的情况下，对学科建设缺少整体性和长远性规划，未来发展愿景不清晰，其具体表现在以下方面。

在学科布局方面，较少基于国家现代化阶段演进与国际地位变迁的历史大背景，审视行业特色研究型大学及国外相似高校的学科发展轨迹和制度逻辑，剖析相关高校学科布局调整的机制原理及经验教训，进而面向未来谋划自身作为行业特色研究型大学在应然形态下的学科布局。战略目标和路径的不明晰，导致行业特色研究型大学难以辩证看待自身兼具的“高校共性”和“行业特性”双重特征，学科布局在学术主导与行业导向、特色性和综合化之间摇摆。

在优势学科发展方面，很大程度上仍寄希望于延续对当下行业发展需求的对口服务和精准支撑，以及在人力、资金、设备和场地等方面加强投入的“要素驱动”，而非转变为“创新驱动”层面的学术追求和学科思维，其结果是优势学科的规模在变大，却多局限于传统的研究方向，导致研究领域的广度不够，在着眼未来学科前沿及经济社会发展需求，布局和发展新的学科领域或方向上缺乏主动作为，对于相关行业和关键领域未能起到引领作用。某大学校长（P10）在谈及本校“新工科”建设时认为：

学校的龙头学科经过数十年的发展已经进入了上升的平缓期，在巩固传统优势上的压力很大，面对相应的产业结构调整和行业业态发展趋势，表现出对新技术、新需求的敏感度不足、学科融合度不够、发展创新性不高；面对学校的整个学科体系，表现出高峰引领和辐射带动作用发挥不充分，促进新兴交叉学科生长的能力偏弱。

在学科拓展方面，缺乏对新设学科在“本校核心使命中的地位、成本和质量等因素”[①] 的统筹考虑，尤其是没有充分重视新设学科对其他学科的渗透性，造成不少新设学科迟迟不能实现对已有学科结构的深度嵌入，进而难以形成相互支撑的学科网络。某大学发展规划处处长（P11）接受访谈时提道：

> 有些新设学科的定位不够准确，在资源有限的情况下网撒得太广，难以抓住重点集中突破。

类似简单加法的“散点式”学科增设，导致的结果是学科规模虽然扩大了，但在学科生态优化、人才培养模式改革、支撑相关行业和关键领域创新发展的能力提升等方面并没有显著变化，若处理不当还会在某种程度上打破行业特色研究型大学原先在学科链与产业链之间的紧密关系，陷入行业发展需求与学科建设二元逻辑分离的局面。[②]

## 第四节 本章小结

国家“双一流”建设政策强调以“中国特色、世界一流”为核心，其实质是兼顾两种高等教育哲学——政治论和认识论。有基于此，本章依据影响学科建设的社会需求逻辑和学术逻辑，选取可资利用的评价标准和对标高校，开展了基于“中国情景”和“国际比较”的行业特色研究型大学学科建设现状实证研究，得出以下结论。

---

① Eckel, P. D., “Decision Rules Used in Academic Program Closure: Where the Rubber Meets the Road”, *The Journal of Higher Education*, Vol. 73, No. 2, 2002, pp. 237 – 262.

② 周志强、亓晶：《行业划转地方工科院校场域转换困境与特色再造》，《高等工程教育研究》2020 年第 6 期。

一方面，若干行业特色研究型大学具备了学科综合实力跻身世界一流的基础与潜力。基于国内高等教育发展参照系及历轮全国一级学科水平评估结果，行业特色研究型大学的传统学科优势在总体上得到保持并且处于国内领先地位；“高峰”和“高原”学科规模在进入 21 世纪以来总体上持续扩大，相应的学科门类逐轮拓展；从标志性教学和科研成果产出来看，行业特色研究型大学的优势特色学科整体上呈现“既是教育教学改革的前沿，又是高新技术的源头”的特征。基于国际高等教育发展参照系及四项认可度高的世界大学学科排名数据，6 所样本高校的学科整体实力与世界一流大学的前中坚力量呈“比肩”态势，部分“高峰”学科在国际学科评价体系下已经达到世界一流水平，部分学科在论文发表量、引文影响力、顶尖论文数等学术影响力评价指标上对国外标杆高校已经形成了优势或者赶超态势。

另一方面，行业特色研究型大学需要破解学科布局的结构性弱势。一是代表国内领先或者世界一流的学科“高峰”兀立，代表国内前列或者世界高水平的学科“高原”体量有限，并且“高峰”学科均与样本高校长期面向的行业密切相关，在传统行业领域之外的新的优势学科发展滞后；二是学科整体竞争力仍有待提高，部分传统优势学科在国内面临强劲对手；三是优势工科的发展缺少高水平的理科和人文社科支撑，学科结构呈现的是“综合性或多科性大学形式下单科性大学的底子”；四是对于学科整体竞争力最靠前的样本高校，其“高峰”学科“重科研轻育人”的表现较为明显；五是学院设置的学科层级偏低，较多的是按照二级学科乃至三级学科方向设置；六是在体现创新质量和国际化程度的国际可比学术性指标上总体偏弱。

综合历史考察和访谈调查，从院校层面而言，行业特色研究型大学学科建设出现上述问题的成因可以归结为三个方面：一是学科建构并非起始于形成严密的学术体系。这类大学在初创期的学科建设未曾对“相对独立的知识体系”进行科学化、结构化的规划与设计，也没有依据学科建设的要素对办学资源进行系统化配置，其学科设置紧密围绕行业需求展开，长期置身并过于依赖计划经济时代的“行业生态圈”，致使其学科体系的发展环境较为封闭。面对社会主义市场经济体制下行业垄断性供需链条逐渐被打破和第三次工业革命之后出现的“科学与技术一体化”

发展趋势，这类大学一直表现出被动适应的状态。二是长期单科办学制度规训的制约。包括较少从学科生态系统的角度审视学科建设，在学院设置上有过度分科的倾向，在“双一流”重点建设学科群的治理能力提升上重视不够并缺乏有力举措。三是学科建设缺乏整体性与长远性规划。在学科布局上，较少基于国家现代化阶段演进、国际地位变迁以及科技革命和产业革命的大背景，审视自身及其国外相似高校的学科发展轨迹和制度逻辑，剖析这类大学学科布局调整的机制原理及经验教训，进而面向未来开展顶层设计与前瞻性布局；在优势学科发展上，很大程度上仍寄希望于延续对当下行业发展需求的对口服务和精准支撑，而非转变为创新层面的学术追求和学科思维；在学科拓展上，缺乏对新设学科在学校核心使命中的地位、成本和质量等方面的统筹考虑，尤其是未能充分重视新设学科对其他学科所具有的渗透性。

# 第五章

# “双一流”背景下行业特色研究型大学学科建设的目标探讨

“双一流”建设是面向未来的高等教育发展战略，探讨符合行业特色研究型大学特质的一流学科建设路径，离不开对这类大学学科建设目标的探讨。对此，本章拟从三个方面入手：一是借鉴西方发达国家历史上单科性工学院的成长经验，探究其学科结构变化与国家发展阶段之间的关系及其背后的规律，进而探讨行业特色研究型大学如何理性看待大学的综合化发展趋势，如何选择应然状态下的学科结构；二是基于新一轮科技革命、国际形势演变和国家经济体制改革，阐述中国产业形态发生的变化，进而对行业特色研究型大学的学科特色与优势予以重新审视；三是厘清知识生产模式转型背景下行业特色研究型大学建设世界一流学科面临的机遇与挑战，进而分析在知识生产新模式下这类大学学科组织创新的未来形态与主要特征。

## 第一节　大学综合化发展趋势下形成理工深度融合基础上的多科性

世界一流大学以拥有若干一流学科为显性标志，而恰切的学科结构和战略选择是形成一流学科的前提。[①] 行业特色研究型大学长期被置于“部门经济”和“部门办学”体制之中，“学科建构非始于形成科学的学

---

① 宋亚峰、王世斌、郄海霞：《我国一流大学建设高校的学科布局与生成机理》，《江苏高教》2018 年第 9 期。

术体系的需要”。[①] “选择怎样的学科结构”也因此成为这类大学“双一流”建设亟待明确的关键问题之一。

## 一 学科发展“博”与“专”之间的游离

如前章所述，20 世纪 90 年代以来，进入 21 世纪以后，行业特色研究型大学走上了向综合化发展的道路。其动因来自两个方面：一方面，社会主义市场经济体制建立以后，基于国家部门管控的行业垄断被打破，传统行业体系之外的办学资源（如政府基础研究基金、行业工业化转向区域工业化之后引发的地方经济社会发展需要、企业创新需求等）和新的竞争者（如具备学科综合优势的综合性大学、具备系统级项目研发优势的工业研究院所、对产品创新异常灵敏的技术型企业等）的进入，赋予了行业特色研究型大学向综合化发展的外部动力。另一方面，受现代大学尤其是世界一流研究型大学综合性发展模式的影响，以及期望在国家重点建设中占据有利位置，提升对竞争性科教资源的获取能力，激发了行业特色研究型大学向综合化发展的内部动力。

然而，在学科综合化的实践过程中，行业特色研究型大学对先前的综合性大学或学科宽度较高的多科性大学持有“追赶心态”，所选择的“追赶型”发展路径往往侧重于横向比较而忽视情境约束和特定问题导向[②]，致使行业特色研究型大学的学科综合化进程并非像自然生态系统那样是一个“自然”生长的过程，而是在人为干预下表现出“突然”催生的特征。某大学学科建设处处长（P12）回忆道：

> 学校决定实施“学科拓展”战略之前，曾经对比过国内外几个有影响力的大学排行榜，发现学科面窄是制约学校进步的最大阻碍。对照《国家中长期科学和技术发展规划纲要》提出的重点领域以及

① 荀振芳、汪庆华：《试析高水平行业大学的学科发展路径》，《高等教育研究》2013 年第 4 期。

② 阎凤桥：《我国高等教育“双一流”建设的制度逻辑分析》，《中国高教研究》2016 年第 11 期。

优先主题，我们从中选择了拓展新学科的若干领域，并很快成立了新学院。考虑到这些是学校较为陌生的领域，因此启动了面向全球公开招聘院长。

实施“追赶策略”和寄希望于“跨越式发展”，使行业特色研究型大学实现了学科领域覆盖面的明显拓宽。但是，真正意义上的综合性大学或多科性大学不仅要达到一定的学科数量，还要强调学科质量和各类学科之间的关联度。先前作为研究样本的 14 所行业特色研究型大学共有 452 个一级学科硕士点，其中，同时为博士点的仅占 58.2%，而且 8 所样本高校的这一数值还在平均线以下。相比之下，C9 联盟成员高校共有 441 个一级学科硕士点，其中 84.4% 同时为博士点。曾经主要面向土木建筑行业办学的同济大学和面向轻工业部门办学的华南理工大学，其一级学科硕士点中的博士点占比分别达到 68.1% 与 79.5%。根据第四轮全国一级学科水平评估结果，14 所样本高校的 A + 学科占比、A 类学科占比、校均 A + 和 A 类学科数均低于全国“双一流”建设高校的相应均值，并且有 12 所样本高校的 A 类学科覆盖面局限在 2 个学科门类以内；全部 60 个 A 类学科中，工学占比远高于理学、管理学和文学；14 所样本高校均无基础理科跻身 B + 及以上档位，这意味着缺乏强有力的基础理科支撑。不仅如此，一些传统优势学科还面临激烈竞争，如哈尔滨工程大学的“船舶与海洋工程”学科在前三轮评估中均落后于上海交通大学屈居全国第二；北京航空航天大学的“力学”、西北工业大学与北京科技大学的“材料科学与工程”、北京邮电大学的“电子科学与技术”和东北大学的“控制科学与工程”等国家重点学科在第四轮评估中均出现了下滑。与此同时，清华大学的“力学”、武汉理工大学的“材料科学与工程”和浙江大学、哈尔滨工业大学及国防科技大学的“控制科学与工程”学科晋级 A +，浙江大学的“电子科学与技术”也较上一轮进步并与北京邮电大学同处一档。结合上一章的学科领域宽窄度分析，14 所行业特色研究型大学呈现的是“综合性大学形式下单科性大学的底子”，尚处于“由单科性大学向多科性大学转型适应”阶段。

一流大学的学科发展及学术活动必须仰仗昂贵的资源支撑。[①] 2002年至2017年，教育部、工信部直属高校的科技经费累计增长了6.1倍，而14所样本高校的科技经费总体仅增长了4.6倍。2002年，两部委直属高校、14所样本高校校均科技经费分别为2.04亿元和2.41亿元。[②]到了2017年，两项数据反转为13.88亿元和13.49亿元。[③] 可见，伴随着学科规模的扩大，14所样本高校在学科建设十分依仗的科技经费增长上落后于相应部委直属高校的整体水平。其意味着这些大学在竭力巩固传统优势特色学科"高峰"地位的同时，能够用于发展新学科的资源有限。

综合化进程中出现的学科生态"强者趋弱，弱者恒弱"迹象，加上近年来"双一流"建设政策和全国一级学科水平评估结果的引导，共同引发了行业特色研究型大学对学科综合化的踌躇与困惑。2015年10月颁布的《总体方案》倡导高校坚持办学特色、发挥比较优势，要求落实重点建设学科，这在很大程度上打破了国内高校此前"大而全、齐头并进"的学科发展倾向，被认为是"对高校过度综合化的重塑"。[④] 按照目前的政策设计，若有一个学科被列入"双一流"建设学科名单，其所在高校就跻身了"双一流"建设高校行列，从而获得政策"红利"。这种政策导向凸显了"高峰学科"的重要性，使学科结构偏单一，但精于一业的大学在首轮"双一流"建设高校遴选中获得了比较优势，而对"双一流"建设高校身份的追崇又在某种程度上引发了学科建设的功利化，激励了大学囿于少量学科乃至单一学科推行重点建设，"客观上抑制了大学的综合化"。[⑤] 某大学党委书记（P03）谈道：

学校内部在2017年前后形成了一项原则性意见：不能进入全国

① 眭依凡：《关于"双一流建设"的理性思考》，《高等教育研究》2017年第9期。

② 中华人民共和国教育部科学技术司：《2003年高等学校科技统计资料汇编》，高等教育出版社2004年版。

③ 中华人民共和国教育部科学技术司：《2018年高等学校科技统计资料汇编》，高等教育出版社2019年版。

④ 陈志文：《双一流：对高校过度综合化的重塑》，2019年3月，科学网（http://news.ciencenet.cn/htmlnews/2017/9/389402.shtm）。

⑤ 王建华：《"双一流"建设与大学的综合化》，《北京教育（高教）》2020年第12期。

> 前十或者前10%的学科，学校将不予重点扶持；不能进入全国前二十或前20%的学科，学校将不予专项支持；不能进入全国前30%的学科，学校将不再增加投入，主要靠学科自己的能力生存。在与同城高校的竞争中不占优，或者在校内同质化竞争、缺乏特色和影响力的学科，将逐步停办。

从2016年下半年开始，包括清华、北大在内的众多国内高校较大幅度地调整了学科。2017年12月全国第四轮一级学科水平评估结果揭晓后，高校动态调整学科的进程开始加速。在此后的两年时间内，14所行业特色研究型大学共撤销92个一级学科。在各校公布的“双一流”建设方案中均确定了学科建设口径，特别是9所“一流学科建设”样本高校，其建设口径最宽的覆盖了本校已有一级学科博士点的58.8%，最窄的仅覆盖了14.3%。

总而言之，前一阶段的学科综合化未能有效实现“量变引发质变”，传统优势学科又受到巨大的竞争压力，再加上当前国家宏观政策和项目竞争体制的影响，以及在办学资源获取上的相对弱势，致使学科拓展在行业特色研究型大学内部成为一项备受争议的行动计划，这些大学实际上已经采取了收缩策略来强化学科的优势与特色。但是，合理的学科结构依然是一所大学实现内涵式发展的重要基础，对于行业特色研究型大学而言，如果学科结构不合理，学科建设的质量和特色都将是短期的、缺乏保证的，而且单项指标越高可能导致学科结构的整体稳定性越差。

## 二 国外历史上的单科性院校学科发展经验

回顾世界高等教育发展史，不少欧美国家在现代化进程中都曾有过一段单科性院校发展的黄金期。在大国崛起的过程中，这些单科性院校的发展走向及其历史经验，对当下中国行业特色研究型大学学科建设具有借鉴意义。

### 1. 美国单科性院校发展路径

南北战争结束后的美国恢复了和平和统一，经济开始高速增长，大批单科性院校在此期间纷纷建立。以麻省理工学院为例，该校创办于1861年，建校初期是一所建筑工程技术院校。19世纪六七十年代兴起的第二次工业革命推动了美国的工业化和城市化进程，MIT 所在的波士顿地区成为经济重镇。秉承“适应社会需求，为社会的利益而发现和应用知识”的办学理念，MIT 从 19 世纪 70 年代至 20 世纪 20 年代，先后增设了机械工程、电气工程、化学工程、环境卫生工程、采矿工程、地质学、造船工程、航空工程和气象学等应用学科[①]，培养了大量实用技术人才，既满足了美国工业化的需要，也使学校与联邦政府、工商业界建立了紧密联系。这一时期，虽然有创校校长威廉·罗杰斯提出“基础科学与应用科学并重”“工程实际与崭新的科学理论相结合”的办学原则，并成立物理系、化学系和物理化学研究机构，但基础学科在 MIT 处于从属地位，主要承担课程教学。

1913 年，美国工业产量超过英、法、德等国，占世界工业总产量的三分之一强。一战进一步使美国的工业生产能力提高了近 30%。1928 年，美国国内生产总值超过了整个欧洲，成为世界第一大经济体。而此时的 MIT 虽然在工业应用领域取得了巨大成就，但对基础学科及基础研究的忽视，使该校的学术地位不升反降，还阻碍了从洛克菲勒基金会等机构获得资助。[②] 一些基础学科教师在“纯科学”还是“应用科学”的矛盾冲突中选择了离开，如化学家阿瑟·诺伊斯转任加州理工学院化学系主任，并与天文学家乔治·黑尔、物理学家罗伯特·密立根组成“三驾马车”推动该校形成了学术高地。此外，MIT 反思建校以来的人才培养后发现，本校毕业生的现实适用性很强，但对未来问题的解决能力偏弱。[③]

同一时期，世界科学技术和美国工业生产的发展也对 MIT 产生了深刻影响。20 世纪初，相对论、量子力学相继创立，突破了经典物理学框架下的基本观念，彻底改变了人类对于自然的认识，并引发了化学、天文学、地球科学以及生命科学等自然科学领域的重大突破。这对建立在传统科学之上的工程和技术产生了巨大冲击，以往对基础学科持“拿来

---

① MIT, “Featured History”, 2019 - 04 - 18, http: //mitstory. mit. edu/mit-highlights-timeline.

② 1926 年，麻省理工学院向洛克菲勒基金会寻求援助遭拒，理由之一是基金会认为 MIT 只是一所技术学院，缺乏从事基础研究的能力。

③ MIT, “MIT Reports to the President (1911 - 1946)”, 2019 - 04 - 18, https: //dome. mit. edu/handle/1721. 3/58931.

主义”的态度受到了质疑，工科大学开始注重夯实和拓展工程技术学科的科学基础，并投身到“科学与技术一体化”的浪潮中。进入20世纪20年代之后，美国工业生产对基础研究的需求日趋旺盛，企业开始认识到基础研究的重要性在于它是工业研究的“原料”①，如1925年由企业创办的贝尔实验室就以巩固和发展前期有一定基础的理学研究作为重要任务之一。1930年前后，美国涌现了诸多以研究为基础的工业企业。随着工业化向更高阶段迈进，理论知识在工业生产中的先导作用越发凸显，这就需要大学“把基础学科融入工程教育中”，使工程师具备深厚的科学基础，而不仅限于纯技术性的设计和操作。

新需求引发大变革。1930年，普林斯顿大学物理系原主任卡尔·康普顿接过MIT帅印。上任伊始，康普顿就提出“没有第一流的理学院，就没有第一流的工学院……要加强MIT的基础科学研究并且挽救学校正在下降的声誉”。② 此后，该校以物理学为突破口加强理科建设，强化应用学科与基础学科的联系，使具有传统优势的应用学科发展建立在强有力的基础学科之上。1932年，MIT规划组建了三个学院，即工学院、理学院和建筑学院，基础学科与工程学科从此在MIT具有了同等地位，“工程科学运动”也由此开启。此外，MIT建立了乔治·伊斯曼物理研究实验室、光谱学实验室等机构，推动基础学科的理论与实践结合；建立了以雷达实验室为代表的跨学科研究机构，解决复杂尖端科学问题，开展跨学科人才培养，发展新的科学领域。随着学术影响力的上升，MIT于1934年被吸纳为美国大学协会成员，正式跻身研究型大学行列。

加强理科建设、推进理工结合、促进基础科学研究与应用工业研究的相对平衡，使MIT在物理学、化学、信息科学（无线电、微波）、计算机科学等领域形成了学术声誉，该校物理系还成为全美高校中最顶尖的三个物理系之一。③ 再加上一战期间形成的“战时为国家利益服务”传

---

① 周进：《重点理工大学转型时期理科发展研究》，博士学位论文，华中科技大学，2002年，第12—15页。

② MIT, “Reports to the President (1910)”, 2019-04-22, https://dome.mit.edu/handle/1721.3/62219?show=full.

③ Morse, P. M., *In at the Beginnings: A Physicist's Life*, Cambridge: MIT Press, 1977, p. 119.

统，使 MIT 在二战期间被赋予了雷达、航空设备、核武器等重大军事研究任务，由此成为二战中参与军工研究最多的大学。在服务国家重大战略的同时，MIT 发展了跨学科的学术传统，战时的跨学科研究中心作为一种新的学术组织形式在 MIT 生根开花，这也为其他大学树立了典范。在目标导向和需求牵引下，MIT 还拓展了电子技术、数字计算以及数字控制等新兴学科领域。

二战后的美国成为超级大国，MIT 围绕“评价战后世界的状态，思考科学事业的进展，并构思自身作为科学和工程教育机构的未来角色”等主题组织了全校性研讨。就“未来几十年 MIT 应该培养什么样的人才”这一问题，该校于 1947 年成立了由化学工程系教授沃伦·刘易斯（Warren Lewis）任主席的教育调查委员会，对学校的教育政策、方法和目标进行了为期两年的调查，最终在 1949 年 12 月发布了《刘易斯报告》。该报告提出 MIT 应该承担更加广泛的教育使命，培养领袖级、引领性人才，“无论 MIT 的毕业生今后从事何种职业，社会都将期待他们具备卓越的领导才能”。[①]“科学技术和现代社会的各种问题是如此错综复杂地交织在一起，以致人文与社会科学必然成为个人适应未来生活和职业发展不可或缺的基本要素。”[②]《刘易斯报告》建议 MIT 同等重视工程学、自然科学、建筑学与城市规划学、人文社会科学的发展，认为在自然科学和人文社会科学之间建立联系具有必要性和可行性，并且二者的密切联系、共同发展将有利于 MIT 的长远进步。

1950 年，MIT 独立设置了人文与社会研究学院（1959 年更名人文与社会科学学院），重点发展与自然科学及技术学科联系紧密的人文社会学科，包括经济学、社会学、心理学、政治学、语言学和历史学等。1952 年，MIT 成立工业管理学院（1964 年更名为斯隆管理学院）。除了将人文社会科学提升到与理工科的同等地位，MIT 还在美国大学中率先把人文社科类通识教育纳入工科学生培养的必修环节，该校四年制本科阶段 20% 的学时用于开设写作、口语、音乐、心理学、人类学、科学思想史和文

---

① MIT，“Mission”，2019-04-22，http：//web. mit. edu/facts/mission. html.

② Committee on Educational Survey，“Lewis Report：Task Force on the Undergraduate Educational Commons”，2019-05-10，http：//web. mit. edu/committees/edcommons/initiateves/lewis. htm.

学概论等广泛性文科课程。此外，MIT 发扬跨学科研究的传统，推动文理工交叉，譬如组织社会科学、人文科学、艺术学、材料科学和工程学的力量开展考古和人类学研究；汇聚神经科学、心理学、语言学等领域的专家开展脑科学和认知科学研究，进而形成“语言学与心理学携手并进，经济学与工业管理学紧密结合，政治学和电子学密切相关”的学科生态。[①] 在理工科的支撑和带动作用下，不仅 MIT 的文科形成了特色和领先优势方向，文理工交叉也拓展了 MIT 理工类学科的发展空间。

与 MIT 类似，同属美国三大理工学院之一的佐治亚理工学院，其在 130 多年的办学历程中也经历了由单科性向多科性的拓展（见表 5—1）。

**表 5—1　　　　佐治亚理工学院学科发展历程**

| 时间 | 办学定位 | 学科发展情况 |
| --- | --- | --- |
| 1885 年 | 学校创建 | ／ |
| 1888 年 | 服务佐治亚州的工业发展规划 | 设立机械工程学科，培养实用性技术人才 |
| 19 世纪 90 年代—20 世纪 20 年代 | 服务佐治亚州乃至美国南方的工业经济（主要承担政府委托项目） | 保持机械工程学科优势，逐步新增土木工程、电气工程、纺织工程、化学工程、建筑工程、冶金工程等学科，并于 1912 年开办商学 |
| 20 世纪 30—40 年代 | 一所被认可的区域性工程学院 | 新增航空工程、工业设计等应用学科，以及数学、物理、化学等基础自然学科 |
| 20 世纪 40—50 年代 | 由区域性高校转变为在国家层面有影响力的大学 | 增设电子学、工业与系统工程、城市与区域规划、建筑构造学、管理学、经济学等学科 |
| 20 世纪 50—70 年代 | 成为一所在自然科学和高新技术领域具有强劲实力的大学 | 开办信息科学、计算机科学、航天工程等工程学科，加强基础自然学科实力 |

① 翟亚军、王战军：《理念与模式：关于世界一流大学学科建设的解读》，《清华大学教育研究》2009 年第 1 期。

续表

| 时间 | 办学定位 | 学科发展情况 |
| --- | --- | --- |
| 20 世纪 70—90 年代 | 跻身美国三大理工学院之一 | 开办材料科学与工程、生物工程、生物医学工程、纳米技术、环境工程等工程学科，以及生命科学、地球与大气科学、心理学等基础自然学科。认识到科技与人文的融合有助于激发学生的创造潜能，加大了对文科的扶持，逐步开办历史社会学、文化传播学、现代语言、公共政策、国际事务等社会科学学科 |
| 21 世纪初至今 | 稳居世界一流大学行列 | 增设交互计算、生物分子工程等新兴学科 |

资料来源：佐治亚理工学院官方网站和其他可获得的文献资料。

2. 法国单科性院校发展路径

18 世纪，出于对外殖民扩张、对内发展经济的需要，以及不满传统大学在教会控制下所表现出的保守和封闭，法国王室和贵族创办了专门化高等学校，包括炮兵学校（1720 年）、军事工程学校（1749 年）和骑兵学校（1773 年）等军事学校，以及皇家造船学校（1741 年）、皇家路桥学校（1747 年）和皇家矿业学校（1783 年）等民用学校。[①] 这类专门化高等学校在法国被称为“大学校”（Grande école），以区别于起源中世纪的大学（Université）。1789 年法国大革命爆发后，面对稳定国内局势和应对外来干预的双重需求，资产阶级当权者强化了教育为民族国家发展服务的功能，推崇知识的实际运用和实用人才培养。根据 1793 年颁布的《关于公共教育组织法》，法国关闭了巴黎大学等传统大学，通过新办或改造两种方式扩大了大学校规模，并另行设置了专门研究机构。[②] 譬如，

① Green, A., *Education and State Formation: The Rise of Education Systems in England, France and the USA*, London: The Macmillan Press LTD, 1990, p. 136.

② 黄福涛：《欧洲高等教育近代化——法、英、德近代高等教育制度的形成》，厦门大学出版社 1998 年版，第 74 页。

在1794年创办巴黎高等师范学校，该校的职责是“在全国召集受过应用科学教育的公民，为其提供各领域最出色的学者传授教育法”。[①] 同年，法国将大革命前建立的工兵学校和土木学校合并改造为中央公共工程学校（次年更名为巴黎综合理工学校），目的是为各类工程技术部门和需要数理知识的各类职业输送人才。大学校在1795年发展到58所，专业划分细致，包括数理、伦理、政治、机械、矿业、路桥、军事、文学、音乐等，其办学具有明显的行业性和应用性特征。

拿破仑执掌政权后，视教育改革为巩固政权的手段，并建立了中央集权教育制度。1808年颁布的《大学组织令》除规定全国每个学区设文、理、法、神、医5个学院，还确认了大学校的法律地位并鼓励其继续发展，法国正式形成了“双轨制”高等教育体制。为培养更多富国强兵所需的高级专门人才，拿破仑在夺取政权后不久即对大学校进行了调整和改造。1799年12月颁布的《综合工科学校的组织建设的相关法令》规定巴黎综合理工学校的办学目标是“传播数学、物理、化学等科学基本理论和制图、测量等实用技术，尤其是为其他工程师学校输送学生”。从此，工程师大学校被分为两类：综合理工学校成为学生进入其他工程师大学校继续接受教育的基础学校，路桥、矿业、炮兵等大学校等成为接收综合理工学校毕业生的应用学校。这一举措推动了工程知识的科学化和学科化，在自然科学和工程技术之间架起了桥梁。[②] 此外，法国不仅恢复了巴黎高等师范学校等此前被停办的大学校，还创办了圣·西尔军校等军事学校，以及涵盖工艺、数学、法律、绘画等专业领域的十余所大学校。[③] 大学校遵循社会需求逻辑，立足于培养“通专结合”的高级专门人才，坚持“少而精”的招生制度、严格的日常管理和杰出的学业评价标准，使工程师教育在法国成为不同于大学教育的“精英教育”模式。

随着第一次工业革命向各国传播，法国进入19世纪后加快了工业化

---

① ［法］弗朗索瓦·杜费：《巴黎高师史》，程小牧等译，中国人民大学出版社2008年版，第4页。

② 周光礼：《建设世界一流工程学科：“双一流”高校的愿景与挑战》，《现代大学教育》2019年第3期。

③ 贺国庆：《外国高等教育史》，人民教育出版社2006年版，第175页。

步伐，并在19世纪中期成为实力仅次于英国的工业国。1870年法兰西第三共和国成立后直至一战爆发前，法国经济得到了持续发展。工业与科技的进步以及资本主义经济演化的阶段性需求，推动了水利、农艺、林业、化工、电信和商业类大学校的建立。到1914年，法国大学校已有85所。经历了两次世界大战所导致的相对停滞期之后，大学校又得到了快速发展，在1986年达到300余所，到1997年增至500余所，在2010年已有952所。除了数量的增长，大学校的类型也不断丰富，按学科领域可划分为四类：工程师学校、师范类学校、农林类学校和商业、经济、法律、行政及艺术类学校。除巴黎高等师范学校等形成了文理综合性学科结构以外，多数大学校的学科设置较为单一，致使其在复合型人才培养和新兴交叉学科发展上止步不前。不仅如此，在1793年颁布的《关于公共教育组织法》以及拿破仑后期改造的影响下，法国的高教机构与科研机构之间泾渭分明。长期“重教学、轻科研”，致使法国大学校从19世纪末开始，陆续被推崇教学和科研相结合的德国新式大学、美国研究型大学后来居上。

针对学科结构单一、基础研究能力薄弱、投入充足但办学规模过小所产生的教育资源浪费等问题，以及应对大学涉足工程师教育等挑战①，法国大学校从20世纪80年代末开始探索两条应对途径。

一是拓展学科结构，强化科研职能，争取此前法国大学才拥有的博士生培养资格。在基础类大学校中，如巴黎综合理工学校（EP）由单一理科拓宽形成了理工科结构，其在经济学领域也具有了国际影响力。该校在1969年仅设有5个理科系（数学、应用数学、物理、化学和力学）和人文社科系，此后陆续新增了5个系（部），包括生物学系、计算机科学系、经济系、语言与文化系、创新管理与创业部。② EP还成立了博士生院，在23个实验室中汇集了约1650名研究人员（含近500名博士生），研究涉及“复杂系统建模与优化”“极端条件下物质与辐射”“宇

---

① 根据1984年法国《高等教育法》第33条之规定，大学中可以设立“准大学校”或技术学院。

② École Polytechnique, “Academic and Research Departments of École Polytechnique”, 2019-05-02, https://www.polytechnique.edu/en/departments.

宙运行规律及结构”“生命与健康科学”“纳米科学与纳米材料”“能源、交通与环境”“数字社会”及“市场、创新与科学社会关系”八大领域。[①] 在应用类大学校中，如巴黎国立高等矿业学校（MINES）将重心转向了能源技术、环境工程、数学与系统科学、工程管理等学科领域。再如国立高等先进技术学校（ENSTA），除了服务法国陆军武器与弹药工程、海军造船工程与水文工程，还拓展了运输系统、能源、数学工程和系统工程等新领域并形成了学术声誉。[②]

二是校际资源整合，形成多科性，具体包括三个发展阶段：①高校联盟阶段，其中以巴黎高科联盟（Paris Institute of Technology）最为知名。该联盟在1991年由位于巴黎的11所工程师大学校和巴黎高等商学院联合组成，旨在共同出版博士学位论文、促进成果转化和国际合作，推动学制改革以顺应“博洛尼亚进程”。联盟成员学校仍受原主管部门领导，维持独立的财务和行政管理体系，颁发本校文凭。到2005年，巴黎高科联盟每年授予400个博士学位，年度科研经费3亿多欧元，学科面覆盖了自然科学、工程科学的几乎所有领域，以及生命科学、社会科学与管理的诸多领域。[③] 2016年之后，尽管先后有巴黎综合理工学校等5所大学校退出，巴黎高科联盟覆盖的学科仍然包括数学与应用数学、物理与光学、化学、统计学、力学与机械工程、信息与通信科学与技术、生命科学与工程、地球科学与环境工程、能源、材料科学、工业工程、交通运输、经济学与社会科学、管理学等。[④] ②集群阶段。为改变大学、大学校和科研机构各成体系、彼此割裂的格局，促进资源的优化整合和共享，提升高等教育质量及国际竞争力，法国于2006年推动创建高等教育与研究集群（PRES）。集群属于机构联合实体，与之前的高校联盟相比，集群致力于探索共同管理模式，如组建联合博士生院实行统一的过程管理和质

---

① École Polytechnique,“Multidisciplinary Research”,2019－05－02,https://www.Polytechnique.edu/en/multidiscciplinary-research.

② IP Paris,“Our Institutions”, 2019－05－02, https://www.ip-paris.fr/en/home-en/about-us/our-institutions/.

③ ［法］多米尼克·迪克斯隆：《巴黎高科的经验以及国立高等先进技术学校案例分析》，《国家教育行政学院学报》2006年第9期。

④ The Paris Tech Grandes Écoles,“Introduction”, 2019－05－02, https://www.Paristech.fr/en/paristech-grandes-ecoles/introduction.

量监控，强化内部成员单位的科研合作并以集群的名义发表科研成果。集群成员单位仍然保持高度自治，自愿选择联合方式，非法律强制性。[①] 原巴黎高科联盟中的10所工程师大学校于2007年组成“巴黎高科技术科学学院”（The Paris Tech Grandes Écoles）集群，成为欧洲五大理工学院之一。③共同体阶段。2010年，法国政府出台“卓越大学计划”，旨在深度整合现有优质资源，在已具备世界一流竞争力的高等教育机构、高等教育与研究集群和科研机构中进行选拔，通过合并与转化形成协同类型的新型大学。[②] 为配合计划的实施，法国于2013年修订了《教育法典》相关条款，规定创建“高校共同体”，并以此替代“集群”。与集群相比，共同体的成员单位虽然保留各自的法律地位，自主开展人员招聘和新生录取，但学术成果均以共同体的名义发表。尤其是共同体具有法律效力，能够在教学和科研事务上行使实体大学的权利，统筹安排“卓越大学计划”资助经费，实施统一的国际化战略，这从根本上突破了此前阻碍不同机构之间开展实质性合作的制度性障碍。受国家资助的共同体必须与企业开展密切合作，促进研究成果的商业化和科技创业公司的孵化。[③] 原属巴黎高科集群的6所大学校会同巴黎中央理工—高等电力等4所大学校于2015年加入“巴黎—萨克雷大学与科研机构共同体”。此后，考虑到大学校和大学在办学传统上的显著差异，以及对历经近300年考验的法国特色高等教育办学模式的坚持，加上对看重国际大学排名所引发的高校追求“大而全”现象的反思，巴黎综合理工等6所大学校于2017年年底退出巴黎—萨克雷共同体，其中5所自2019年5月起组成新的共同体——巴黎理工学院。该校在自然科学、工程科学、经济学等领域具有显著优势，近期旨在建成以理工学科为主的世界一流研究型大学，为此将整合30个研究实验室，包括900多名学者和约1000名博士生[④]，发展

---

① 高迎爽：《从集中到卓越：法国高等教育集群组织研究》，《清华大学教育研究》2012年第1期。

② Salmi, J., *The Challenge of Establishing World-Class University*, Washington DC: The World Bank, 2014, pp. 7–9.

③ Jack Grove for Times Higher Education, “A French Ivy League”, 2011–10–07, https://www.insidehighered.com/news/2011/10/07/french-ivy-eague.

④ IP Paris, “Who We Are”, 2019–05–12, https://www.ip-paris.fr/en/home-en/about-us/who-we-are/.

基于多学科的前沿研究。

3. 欧美单科性院校发展历程的启示

纵观美、法两国历史上的单科性工学院，如今已跻身世界一流大学行列的基本上都经历了从单科性拓展成理工科，进而演变成多科性乃至综合性大学的过程。究其原因，当一国处在中期或中后期工业化社会时，提升生产效能主要是依托资源和生产要素禀赋，强烈需要与实际生产过程相匹配的人才及技术供给。单科性院校正是因为擅长批量化培养“适销对路”的实用技能型人才，以及开展纯技术性的应用研究，才成为了美、法两国高速工业化阶段的支柱力量。但是，当国家工业化一旦超越了特定阶段，就不再有相应阶段的人才和技术需求。在生产要素以“技术—智力密集型”为组合特征的工业化阶段，产业升级主要依仗自主创新和科技发展，工程科技进步更多地来自“技术要素与非技术要素的‘集成构建’和‘集成创新’”，越来越多的新发明、新技术和新产品是多学科交叉融合的产物，随之而来的是对“全人教育”和“领袖型”人才培养的需求日益迫切，而这需要建立在跨学科互动和异质性知识整合的基础上。面对科技发展形态和社会需求的变化，单科性院校开始凸显其弊端，并在日后产生了分化：第一类实现了学科布局调整和学科生态优化，拓展形成多科性或综合性结构，跻身成为世界一流大学领头力量或前中坚力量的高校多为这一类，如麻省理工学院、佐治亚理工学院和巴黎理工学院等。第二类维持了单科性结构，继续在服务本国高等教育大众化或精于一业培养专门人才上发挥作用，但难以成为公认的“旗舰型大学”，其中的典型代表是科罗拉多矿业学院（CSM）。该校保持了在矿产和石油资源开采领域的单科性。然而，由于全球矿产行业整体下行，加之数字化、自动化和智能化等技术进步使资源开采行业对专门人才的需求量减少，CSM 的影响力严重衰退，全球排名已在 500 名以外。第三类是被兼并，如巴黎中央理工—高等电力学院被并入巴黎—萨克雷大学，原属巴黎高科联盟成员的巴黎高等矿业学院、巴黎工业物理化学学校和巴黎国立高等化工学校等被并入巴黎文理研究大学。某大学校长（P08）也谈道：

单科性高校要保持长盛不衰，难度很大，也不符合科学规律，

> 毕竟有高潮就会有低谷。当前这个时期，中国单科性院校承受的压力远远大于理工科院校。单科性院校普遍有一种孤岛心态，危机感很强，总怕办不成百年大学。在同城大学之间，单科性院校这些年的共同感觉是“一路小跑，长期小跑，跑得满头大汗”。而其他综合性大学好似闲庭信步，结果人家的各项发展指标也很不错。

美、法两国单科性工学院的学科拓展，既顺应了“科学由分化走向重新统一”的发展趋势——遵循学术逻辑，也体现了对国家战略和经济社会发展不同阶段需求的满足——遵循社会需求逻辑，而且两种逻辑叠加的趋势越发明显。首先，基础学科建设主要遵循知识生长的内在规律，并成为新兴学科产生的力量来源。[①] 譬如，MIT 以物理学为突破口加强基础理科，在实现“理工融合”的同时顺应知识分化以及科学与技术一体化发展趋势，于20 世纪 30 年代发展了信息科学（无线电、微波）、计算机科学等新兴学科。其次，应用学科建设主要受外部需求的驱使。MIT、GT 和法国大学校的应用学科因外部特定需求而创立，在支撑国家工业化、服务国家战略需求和推动行业技术进步中做出了历史性贡献。最后，交叉学科的生长往往兼顾学术前沿和重大需求。MIT 在二战期间发展跨学科的学术传统和建立体制化的跨学科研究中心，巴黎理工学院组建之后整合 30 个科研实验室开拓多学科研究前沿，都体现了对学科建设的双重逻辑遵循。

美、法两国单科性工学院向多科性乃至综合性发展，还反映了知识生产模式的转型变迁。20 世纪 40 年代以前，MIT 的学科建设属于“小科学”时代的产物——专业化被视为增进知识的可靠手段，知识生产局限在单一学科领域内，问题的发现、分析和解决都基于特定学科框架，学术性知识产出由院系垄断，呈现的是“学院科学”理念下的知识生产模式 I。二战爆发后，美国联邦政府推动建立了战时“大科学”体制，在应用机制的推动下，MIT 的学科建设更加注重围绕现实世界中的实际问题展开。以雷达研制为例，不同学科背景的理论科学家、实验科学家和工程技术人员聚集在一起，政府和企业部门也加入其中，凭借多学科的视角、语境和策略来整

---

① 张继龙、陈廷柱：《“双一流”建设中的学科发展规划：战略、管理及有效性》，《中国高教研究》2018 年第 7 期。

合来自各领域的创新要素。对应用问题的解决方案不再局限于单一学科知识的范畴，而是以跨学科交叉知识为基础，强调跨学科的系统思维与集成创新，呈现的是“后学院科学”理念下的知识生产模式Ⅱ。相比之下，法国大学校从知识生产的模式Ⅰ向模式Ⅱ转变起始于20世纪70年代。尤其是2010年法国“卓越大学计划”实施之后，以跨学科为基础，植根于应用情景推动学术创新和成果商业化，依托“共同体”制度促成不同类型机构之间的实质性合作，加深了知识生产的异质性与组织多样性，这些都加快了法国大学校向知识生产模式Ⅱ转型的步伐。

总体而言，学科综合化反映了科学发展的趋势和规律，也映衬了一个国家发展到一定阶段之后所产生的更高层次需求。但成功实现转型的世界一流大学并非简单地追求学科齐全，而是有选择性地追求卓越。这些大学的学科结构普遍呈现理工结合、文理渗透、基础与应用并行的协同态势，为世界一流学科的生长营造了良好的学科生态环境。

### 三　形成理工深度融合基础上的多科性

“双一流”建设是中国在实现“两个一百年”奋斗目标的关键期实施的重大战略举措，其目的是为中国和平崛起与中华民族伟大复兴的实现培养一流人才、产出一流成果。对于行业特色研究型大学而言，其主要使命不再是批量化培养专业对口的技术人员、被动适应产业需求从事实用技术研究，而是培养对特定方向（领域）具有深刻洞察力和前瞻性判断力的科技领军人才或高端管理人才，以及在主动适应乃至引领产业发展的任务实施中实现尖端技术突破乃至重大理论发现。根据美、法单科性院校发展的历史经验及其反映的学术逻辑和社会需求逻辑的叠加、知识生产模式的转型变迁等趋势，构建和谐的学科生态系统，形成多学科互相支撑、协同发展的学科布局，是行业特色研究型大学有效履行上述使命的必要条件。

行业特色研究型大学长期被置于“部门经济”和“部门办学”体制之中，学科结构相对单一。由于学科禀赋存在的先天不足[①]和办学资源的

---

① 柴葳：《一所行业特色型大学的“时代之问”》，《中国教育报》2019年5月29日第4版。

局限，再加上大学的综合化发展实质上是一种较长周期的“全局复杂性运作”，决定了行业特色研究型大学学科建设既不能一味固守“单科性”，又不能盲目追求“综合性”。“单科性”建设模式虽然有益于学科组织在短期内提高学术产出和培养质量，但不利于为不确定环境下的学科生态系统成长提供缓冲机制，特别是在行业生命周期波动和社会环境变革时期，过于单一的学科系统可能由于学科的淘汰或技术的颠覆性创新而解体。“综合性”建设模式强调学科生态系统的规模和综合能力，但可能诱使行业特色研究型大学倾向于学科规模的扩大而忽视内涵建设，致使特色和竞争优势的消退。“双一流”建设并非是单个学科的做大做强，而是形成优势互补的学科群落；并非学科普遍发展的贪大求全，而是彰显个性化发展的办学智慧。[①]“双一流”背景下的行业特色研究型大学学科建设，其核心任务不仅是把少数传统优势学科建成世界一流学科，还要基于中长期时间维度实现学科结构由单科性向特色鲜明、合理均衡的多科性转型，为学校最终跻身世界一流大学奠定基础。某大学校长（P08）也认为：

> 现在整个学校就被一个典型的工科院校圈住了、动弹不得，我们的工科就像晚上的月亮很大很亮，其他学科就像星星一样只是一闪一闪。我们的目标是到“十四五”结束前必须把理工科研究型大学的结构搭起来，如果搭不起来，那我们就基本上永久停留在一个工科大学、单科性大学的层次上去竞争了。我们当然是走不了综合性大学的路的，但是我们完全可以走出一条多学科性的世界一流大学的中国模式，这也是国家对我们这种行业特色型大学建设世界一流大学的要求与期待。

明确了学科拓展的发展方向——形成多科性之后，则需考虑行业特色研究型大学该选择怎样的学科布局调整策略来实现多科性。具体学科在大学核心使命中的位置是进行学科布局调整时需要考虑的首要

---

① 何晓芳、王洋：《世界一流大学学科结构及发展模式研究——基于 QS 学科排名基础数据的分析》，《现代教育管理》2018 年第 11 期。

因素。[①] 推进国家工业化一直是行业特色研究型大学的重要使命，而中国在未来中长期将保持工业倚重型经济形态，我国实施制造强国战略亟须世界一流工程学科的支撑。有鉴于此，“双一流”背景下行业特色研究型大学学科建设的重点任务应为依托传统行业特色学科的比较优势，率先建成世界一流工程学科，并以此引领优势学科群落的布局和生长，提升本校学科生态系统的核心竞争力。从工程哲学的角度来看，现代工程活动是技术要素和非技术要素的集成系统[②]，工程思维具有“集成创新性”和“集成构建性”的典型特征。在某大学教育学院副院长（P13）看来：

> 以工见长的行业特色型大学应该清醒地认识到，我们现在正身处大科学时代，这个时代的工程学科具有知识生产模式 II 的特点，也就是集成性与跨学科性。

现今拥有优势工科的世界一流大学在学科布局上也呈现理工结合、文理渗透、基础与应用并行的共性特征。[③] 从产业发展的角度来看，随着关系国家安全、国民经济命脉和国计民生的重要行业更多地由“技术跟随模仿”走向“技术自主创新”，国家对于基础研究的重视达到了前所未有的高度。基础理科是科学技术的源泉、先导和后盾，是大学提高原始性创新能力、积累智力资本的重要基础，一流工程学科亦离不开强大的理科作为支撑。[④] 近年来随着中美贸易摩擦加剧所暴露的各类“卡脖子”问题，大多是由于基础学科创新不足、应用学科跟进不深造成的。[⑤] 对行业特色研究型大学学科建设现状的分析发现，这类大学重应用技术研究轻基础理论研究，致使其现有的优势工科还难以被国际学术界认可为世界一流。有鉴于此，以本校优势工科的共性需求为突破口加强理科建

---

① Eckel, P. D.,“Decision Rules Used in Academic Program Closure: Where the Rubber Meets the Road”, *The Journal of Higher Education*, Vol. 73, No. 2, 2002, pp. 237 – 262.

② 殷瑞钰：《哲学视野中的工程》，《中国工程科学》2008 年第 3 期。

③ 山红红：《行业特色型大学学科建设的思考与实践》，《中国高等教育》2013 年第 15—16 期。

④ 谢辉祥、赵志钦、甘国龙：《从全国一级学科评估审视高水平行业特色型大学学科竞争力》，《中国高教研究》2018 年第 9 期。

⑤ 李斑斑、刘进：《人工智能如何促进学科变革》，《中国高校科技》2019 年第 9 期。

设，基于问题导向强化应用学科与基础学科的联系，推进基于基础研究进步的工程技术创新，以建设强大理科增强一流工科的发展后劲，实现理工深度融合，应该成为行业特色研究型大学在现阶段学科结构优化的关键任务。从学科育人的视角来看，行业特色研究型大学在“双一流”建设进程中若要继续成为“行业科技领军人才或高端管理人才的摇篮”，还应加强通识教育与人文教育，尤其是培养理工科学生的领导力，让学生兼备人文素养与科学素养，培养其理解、对话以及和这个世界相处的能力，而这些离不开工学、理学、人文与社会科学等领域知识的融会贯通。因此，行业特色研究型大学相应地需要发展规模适当、专业精湛的文科。

基于以上论述，形成“理工深度融合基础上的多科性”是“双一流”背景下行业特色研究型大学学科结构的应然形态。

## 第二节　产业形态革新趋势下实现学科特色重构与优势再塑

行业特色研究型大学与国家产业体系的建立和发展相伴相生，国家“双一流”建设总体方案也要求“着力提高高校对产业转型升级的贡献率，努力成为催化产业技术变革、加速创新驱动的策源地”。在科技、政策等多重因素的影响下，中国的产业形态发生了深远的变化，需要在产业形态革新趋势下对行业特色研究型大学的学科特色与优势予以重新审视。

### 一　多重因素驱动下的产业形态革新

产业由分工不同、利益相连的多个行业组成。随着新一轮科技革命、国际形势演变和国家经济体制改革的推进，中国的产业形态发生了以下三个方面的变化。

1. 产业跨界融合方兴未艾

以移动互联网为代表的新一代信息技术兴起，以及近年来的大数据、云计算、人工智能、物联网等新兴科技的蓬勃发展使产业形态呈现融合化发展趋势。新兴科技的广泛应用以及信息化和智能化进程的加速，使得传统工业全过程各环节相互渗透的同时，也让产业链得以拓展，其结果是：一方面，打破了传统产业内部的分工界限，使不同环节之间的合作更加紧密甚至融为一体；另一方面，突破了不同产业之间的界限，使其相互之间成为目标一致的利益共同体。新一代信息技术的广泛应用，不仅能够显著提升资源整合和配置效率，打破时空界限，而且能够为传统产业注入新的发展动力，并促进多元产业的跨界融合和重构，这将打破中国传统封闭式的制造流程和服务业业态，促进制造业和服务业在产业链上的融合。信息技术在不同产业之间的应用，还将改变原有产业的技术路线、生产方式、经营模式和市场需求，使原有产业的边界逐渐模糊，产业之间相互渗透甚至融合，生成新产品、新服务乃至新产业和新业态，进而推动产业结构的高级化。不仅如此，产业跨界融合过程中产生的新技术、新产品、新服务在客观上提高了消费者的需求层次，取代了某些传统的技术、产品或服务，致使这些产业的市场需求逐渐萎缩，并在整个产业结构中的地位和作用不断下降。同时，产业融合催生的新技术将融入更多的传统产业部门，改变这些产业的生产与服务方式，促进其产品与服务结构的升级。产品与服务的持续更新换代又将带动需求结构升级，进而拉动产业结构升级。

2. 国外科技封锁促使产业自主创新加速

在 2017 年 12 月美国发布的《国家安全战略报告》中，中国被美方视为“战略上的竞争对手”，在这中间，中国科技实力的快速提升被视为一个重要的政治因素，美方认为“科技领域的领先不仅关乎标准的制定，而且是塑造地缘政治的重要力量，成为国际系统性竞争的重要部分”。[①]随着中美贸易摩擦升级，美国试图最大限度地挤压中国科技创新发展的时间和空间。美国参众两院出台法案并发布报告，美国联邦政府机构调整政策并开展行动，在留学访学、学术交流、人才引进、合作研究、技术出口、海外并购等方面对中方予以严格限制，将国内的一批高校、科研院所和企业列入出口管制“实体清单”，还对中兴、华为等国内高科技企业进行了严厉制裁。

---

① 张伟、马陆亭：《美国科技封锁对“双一流”建设的影响与对策》，《中国高教研究》2020 年第 8 期。

从供给角度来看，美国等西方发达国家处在全球产业链的上游，虽然中国高科技产业已经具备了一定的自主研发能力，但外源性的技术供给仍然是中国高科技产业技术转移的主要来源之一。在科睿唯安（Clarivate）发布的《德温特2020年度全球百强创新机构》报告中，美国上榜企业共计39家，遥遥领先于其他国家，而中国内地仅有华为、腾讯和小米3家企业上榜。① 据统计，中国对外知识产权付费在2018年达到358亿美元，同比增长24.74%，创下近十年来最高同比增速。其中，美国多年来是中国最大的专利进口来源国，近年来中国从美国进口知识产权占总进口额比值维持在25%左右。此外，不少国外先进技术通过“仿制+改进”等方式实现了对华转移。美国针对中国实施的技术转移遏制措施，使中国的外源性技术供给受到抑制，并在一定程度上减少了中国的高科技产业产出，延缓了高科技产业升级的步伐，中国在集成电路、基础软件、高端生产装备、新材料等领域的产业供应链面临断裂风险。此前类似高铁行业采取“以市场换技术”战略，“通过对国外先进技术的引进消化吸收再创新，强调工程化和商业化的技术能力建设思路，进而提升产业技术创新能力”的发展模式遭受阻力。国外技术封锁和“脱钩”威胁进一步凸显了增强产业自主创新能力，实现关键核心技术自主可控可信的必要性与紧迫性。“把创新摆在产业发展的核心位置，加强关键核心技术攻关”“抓好关键核心技术攻关”分别被列入了工信部2019年、2020年的重点工作。2020年1月，科技部等五部委联合印发《加强“从0到1”基础研究工作方案》，提出面向国家重大需求，对关键核心技术中的重大科学问题给予长期支持，包括重点支持16个重大领域，推动关键核心技术突破。

3. 产业集群成为区域经济增长引擎

中华人民共和国成立初期直至20世纪80年代初，国家实行的是“集中统一、以条为主”的经济管理体制，产业体系被置于“行业经济”的格局之中，隶属于国家不同业务部门的央属企业之间以及央属企业与地方政府管理的企业之间较少发生横向联系。进入20世纪80年代以后，

① Clarivate Analytics, “Derwent Top 100 Global Innovators 2020”, 2020-02-20, https://clarivate.com/derwent/campaigns/derwent-top-100-global-innovators-2020-report/.

传统计划经济体制下的“行业工业化”逐渐被市场经济体制下的“区域工业化”所取代，以城市为中心的行业联合与产业聚集由此发端。经过多年的发展，作为在自然资源条件、专业化社会分工和技术创新时空不均匀分布条件下出现的产业区域化现象，产业集群已成为中国区域发展和产业布局的重要模式和发展趋势，也被视为区域提升产业竞争力和整体经济实力的重要手段以及国家参与全球性产业竞争的战略性力量。党的十九大报告也提出，促进我国产业迈向全球价值链中高端，培育若干世界级先进制造业集群。

关于产业集群在区域经济发展中的优势和作用，学界普遍认为，产业集群为企业发展提供了一种新型产业组织形式，既可以克服由于单个企业规模扩张而产生的企业内部组织成本过大、对市场反应刚性等规模不经济效应，又可以降低由不确定性大、交易频率小等纯市场制度缺陷引起的市场交易费用；产业集群能够创造竞争优势，推动产业结构升级；产业集群可通过节约集群内各家企业的交易成本而获得低成本优势。集群内企业分工与合作的竞争将使企业更富有创新活力，集群内企业的空间集群性与信息传递的便捷性，能够使创新成果在集群内的扩散速度更快；集群内的知识不断积累，加上集群内企业的创新竞争以及相互学习和借鉴，有助于推动产业的技术创新与升级。产业集群具有“集聚效应”，能够吸引区域以外的技术、资本和劳动等经济资源向集群集中，从而促进区域产业集群发展，乃至催生新的产业集群。正是缘于产业集群对区域经济发展的巨大推动作用，中国地方政府纷纷将培育和扶持产业集群纳入重点工作任务（见表5—2）。

**表5—2 中国直辖市与副省级城市2020年政府报告中有关产业集群的阐述**

| 城市 | 报告内容 |
|---|---|
| 北京 | 着力发展新一代信息技术、新能源智能汽车、医药健康、机器人和智能制造等四大产业集群 |
| 天津 | 做强软件、现代中药、动力电池等一批优势产业集群，做大集成电路、航空、生物医药等一批高端产业集群，培育人工智能、网络安全、大数据、区块链、5G等一批新兴产业集群 |

续表

| 城市 | 报告内容 |
| --- | --- |
| 上海 | 大力培育集成电路、人工智能、生物医药、航空航天、智能制造、数字经济等新兴产业集群 |
| 重庆 | 壮大健康食品、特色轻工、精品服饰等优势产业集群，努力打造国家生物医药产业集群 |
| 广州 | 建设智能网联汽车产业集群和智能装备产业集群，引领超高清视频和智能家电产业集群发展 |
| 武汉 | 做大做强光电子信息、汽车及零部件、生物医药及医疗器械等三大世界级产业集群 |
| 哈尔滨 | 着力发展高端装备制造业、绿色食品产业、文化旅游和新一代信息技术产业等四大产业，着力打造 4 个千亿级产业集群 |
| 沈阳 | 加快新兴产业集群化发展（含新能源汽车产业、机器人产业、内燃机产业、IC 装备及零部件产业、健康医疗与生物医药产业，以及区块链、人工智能、量子技术等未来产业） |
| 成都 | 务实推进成渝地区双城经济圈建设，共同培育电子信息、汽车等世界级产业集群 |
| 南京 | 聚力打造新型电子信息、绿色智能汽车、高端智能装备、生物医药与节能环保新材料四大先进制造业主导产业，努力形成规模优势领先、核心技术领先、产业配套完善的产业集群；全力打造集成电路、生物医药、新能源汽车等三大千亿级产业集群 |
| 西安 | 着力打造千亿级先进制造业产业集群（含做强电子信息制造、汽车、航空航天、高端装备、新材料新能源、生物医药等 6 个支柱产业；做大人工智能、机器人、5G 技术、增材制造、大数据与云计算等 5 个新兴产业；做优现代金融、现代物流、研发设计、检验检测认证、软件和信息服务、会议会展等 6 个生产性服务业） |
| 长春 | 着力打汽车产业、电子信息两个万亿级产业集群，以及高端装备制造业、食品及农产品深加工产业、影视文创产业、现代服务业和“三医”产业“五个千亿级”产业集群 |

续表

| 城市 | 报告内容 |
| --- | --- |
| 济南 | 打造新一代信息技术产业集群、高端装备产业集群、医养健康产业集群、精品钢产业集群、电子商务产业集群 |
| 杭州 | 继续做强电子商务、信息软件、云计算、大数据、智能安防等优势产业，打造新一代信息技术及应用万亿级产业集群；大力发展生物医药、汽车、航天航空、高端装备、新能源、新材料等重点产业，强化关联产业配套，加快产业链培育和产业集群集聚 |
| 大连 | 推动已有的软件和信息技术服务业千亿元产业集群转型升级，做大做强；培育发展洁净能源、智能制造、生命科学、文化创意和海洋科技五大产业集群 |
| 青岛 | 推进现代海洋、智能家电、轨道交通装备、汽车制造、现代金融、现代物流、精品旅游、商务服务、健康养老九大优势特色产业集群“提档升级” |
| 深圳 | 实施新一轮技术改造倍增计划，创建未来通信高端器件、高性能医疗器械等国家制造业创新中心，推动“深圳制造”向“深圳创造”转型，打造万亿级先进制造业产业集群 |
| 厦门 | 加快打造现代服务业万亿产业集群 |
| 宁波 | 加快培育数字产业集群 |

资料来源：相关城市人民政府门户网站。

## 二 产业形态革新趋势下寻求学科特色重构

国家统筹推进“双一流”建设的基本原则之一是“坚持特色一流”，其中学科建设的重点在于强化优势、突出特色。行业是产业的基本构成要素，也是行业特色研究型大学学科建设所依托的“腹地”。伴随着当前产业形态的变化，行业特色研究型大学对学科发展的时代特色也需要相应做出选择。

1. 特色回归

所谓“特色回归”，是指立足现有学科基础和资源条件，再现曾经鲜明的学科特色。通过本书第三章的历史考察可以发现，行业特色研究型大学从创建伊始就侧重于遵循社会需求逻辑，系科的建立实质上是国家力量主导下的强制性建构过程。如今行业特色研究型大学引以为傲的学科优势与特色，既离不开长期办学历程中的积淀，也在很大程度上得益于计划经济时代行业发展的垄断性与封闭性。在某大学高教所所长（P14）眼中，“行业特色型大学可以被视为一种‘特殊任务型’高校，它的特色和优势都存在于计划经济时代的固有体制优势”。计划经济条件下的工业专业经济部门扮演了资源配置的载体，行业特色研究型大学作为行业自给自足的附属机构，根据指令性计划为行业发展提供人才和技术支持，并从行业中获取独特性资源和垄断优势，使自身能够在独特的专业领域追求卓越，从而形成彰显中国特色的学科形态。改革开放 40 多年来，随着社会主义市场经济体制的建立以及政府行政管理体制改革与高等教育管理体制改革的深化，行业特色研究型大学昔日塑造“行业的学科特色”的制度基础与经济基础已然消失，势必要在产业形态的变迁中寻求新的特色。

2. 特色重构

当行业特色研究型大学昔日“行业的学科特色”失去了赖以存在的基础，势必将在“双一流”建设中寻求学科特色重构，以求突破发展瓶颈。从时间的角度来看，“特色重构”分为“面向现实的”和“面向未来的”两类。

“面向现实的特色重构”是指结合已有的学科基础和产业发展的现实需求，对学科特色进行重新定位和建构。一方面，市场经济体制打破了计划经济时代形成的行业边界，让行业特色研究型大学失去了在特定行业继续享有垄断优势的可能，但也使这些大学拥有了涉足更多行业的机会，这与产业跨界融合的需求相契合。另一方面，随着产业集群在中国诸多区域兴起，以及怀揣推动产业迈向全球价值链中高端的强烈愿望，地方政府对于行业特色研究型大学在助力区域经济高质量发展方面有了更高期待，这在很大程度上调动了地方政府支持“双一流”建设的积极性，符合“加大‘双一流’建设的地方区域统筹”的政策导向。在某大学校长（P08）看来：

> 在行业特色高校，可能整个学校都是在围绕特色学科办学，在与特定行业相关的主干学科领域拥有师资队伍整齐、专业结构有梯次、实验平台精良并齐全等特点，具有较完整的技术链和创新链。

对此，在“双一流”建设中体现关键核心技术与产业发展的国家意志以及服务行业和区域经济社会发展的多元需求，成为行业特色研究型大学学科建设需要彰显的中国特色。因此，注重社会需求逻辑，发挥学科的“长板效应”，探索“优势工科＋行业”和“优势工科＋区域”将成为这类大学寻求特色重构的努力方向。

“面向未来的特色重构”是基于“双一流”建设的长远目标以及产业未来的发展趋势，为突破发展瓶颈而开展的特色创建。由于办学主要遵循社会需求逻辑，再加上行业办学体制的制约，行业特色研究型大学的学科建构并非始于“构建严密的逻辑体系和系统化的科学知识”的需要，学科发展呈现“高峰”兀立、“高原”未成片、基础学科薄弱、多学科协同发展不足等结构性缺陷。由此而言，“面向现实的特色重构”是这类大学针对结构性瓶颈所采取的阶段性举措。面向未来，寻求学术逻辑与社会需求逻辑的相互平衡与包容，及时洞察全球科技前沿和发展动态，在新科技革命和产业变革的下一个“浪头”即将拉起的时候及时跟进，前瞻部署与经济社会及战略体系相关的先导学科，实现对行业的引领与超越，进入学科发展的自由境界，迈向制度层面乃至哲学层面的世界一流，形成世界一流大学共性基础上的学科特色，是行业特色研究型大学学科建设契合产业形态革新趋势的客观要求，也是这类大学摆脱“高等教育依附论”的影响和突破现有特色发展的结构性瓶颈，探索符合自身特质的“双一流”建设路径的总体趋势。正如某大学校长（P05）所言：

> 服务国家需求及行业发展和国际学术前沿与大学内在逻辑的交汇互动，是推动行业特色研究型大学科学发展的持久动力，其将推动这类大学及其学科成为技术创新的加速器和新知识产生的孵化器。

### 三　产业形态革新趋势下实现学科优势再塑

国家“双一流”建设政策要求高校成为催化产业技术变革、加速创新驱动的策源地，尤其是围绕国家急需的关键领域解决“卡脖子”问题。作为与中国产业体系建立和发展相伴相生的高等院校，行业特色研究型大学若要在产业形态革新背景下再度塑造学科优势，需要重点关注两个方面的问题。

1. 在产业科技创新体系中实现错位发展

在中国产业科技创新体系中，包含企业、专业科研院所和研究型大学三类创新主体。相较于其他两类主体，研究型大学具有两点优势：一是更擅长基础研究。研究型大学作为学术性组织，受制于内在学术逻辑的“张力”，崇尚追求客观知识、探寻自然真理，关注国际学术前沿动态，其较为宽松自由的学术环境有助于学者们广泛探索人类的未知领域，不断拓展知识的深度和广度。研究型大学拥有不断流动的、好奇心强、求知欲旺盛、无知无畏且富有创新潜力的学生，他们与学术造诣高、思想活跃的教师之间的互动交流能够激发创新火花，并同时倒逼着后者往学术的深处走，去把一些基本科学问题弄清楚，这都有益于在基础研究上实现“从0到1”的创新突破。二是更具多科性。研究型大学一般都是多学科的，其有利于各类学科之间的交叉渗透，从而催生新的研究方向，孕育新的学科生长点和创新成果。不仅如此，某大学校党委书记（P06）在接受访谈时说：

> 相较于综合性研究型大学，有行业血统的行业特色研究型大学在与本行业相关的主干学科领域具有较完整的创新链，在办学上注重国家战略和行业发展需求使其更具服务产业需求的自觉性，“大雁编队型”学科创新的传统组织形式也有助于这类大学承担产业领域的重大创新项目。

然而，随着以企业为主体的技术创新体系逐步完善，加上市场需求所带来的研发经费快速增长，企业的技术创新能力大幅提升，工程试验验证的硬件条件不断完善，产业对行业特色研究型大学在技术与工艺领域的需求减弱。某大学校长（P08）指出：

> 技术创新体系把企业纳入主体，注重技术创新与产业发展的紧密结合。专业科研院所的研发能力经过国家专项扶持计划的实施得到了显著增强，同时凭借以项目为导向的科研体制优势，更多地由其牵头承担了相应产业领域的系统级项目。

面对在产业创新链中可能被边缘化的风险，如何在产业科技创新体系中找准定位，发挥自身独特优势，强化多学科的交叉融合，推动基础研究和技术研发的有机衔接，依靠原始创新催生重大技术创新，通过推进科教融合、产教融合培养创新引领性人才，努力在优势学科领域的关键技术输出和创新人才供给上形成核心竞争力，实现与企业、专业科研院所的错位发展，方能让行业特色研究型大学学科建设在产业形态革新和科技体制改革的进程中占得先机。

2. 学科建设与产业发展之间形成松散耦合

“部门办学”体制时期的行业特色研究型大学高度重视社会需求逻辑，强调对产业发展的对口支持，大学与产业之间是一种“紧密耦合”关系，前者主要依据对口行业的技术体系发展需求设置学科，虽然在行业相关的主干学科领域形成了优势，但也造成了可持续性与多样性的学科生态缺失，导致行业特色研究型大学面对行业生命周期波动缺乏缓冲机制。世纪之交的高等教育管理体制改革致使行业特色研究型大学与产业之间的依附关系解构，面对外部环境剧烈变化所导致的迷茫，加之国家高等教育重点扶持政策对“世界一流”目标的推崇，以及盎格鲁—北美高等教育体系传统的影响，这类大学的学科建设有了过于崇尚学术逻辑的倾向，其与产业之间出现了“非耦合”的迹象，若不加以调适可能导致行业特色研究型大学错失参与或引领新一轮产业变革并驱动办学实力跃升的历史机遇，加剧这类大学发展的同质化倾向，乃至损害其在应用学科领域具有的核心竞争力。

基于以上分析，“松散耦合”是行业特色研究型大学与产业之间关系的理想状态。一方面，保持学术思想的自由碰撞和学术研究的追求卓越，突出学科发展的前瞻性，面向科学技术前沿和产业发展前沿，开展知识创新驱动的纯基础研究和产业驱动的定向基础研究，凝练出不局限于行业的学科重大发展问题，突出前沿引领技术和颠覆性技术创新，培养未来科技创新领军人才和科技创新创业人才，引领产业的未来发展方向乃至催生和培育新兴产业。另一方面，保持学科组织的弹性，主动适应和满足产业发展的现实需求，依托优势特色学科探索适应行业特色研究型大学学科结构特征的学科交叉融合机制，提升学科建设对产业变革需求的敏感度和响应速度，破解产业共性与关键技术难题，建设跨行业、跨学科的“新工科”并以此培养产业发展所需的“适用性”人才，在提高产业基础能力、增强产业链自主性的同时，产生新的学科增长点。在某大学教育学院副院长看来：

> 行业高校与行业企业的关系不再可能回到一体化的时期，因为客观环境条件发生了重大改变，尤其是行业经济和计划经济体制基础已经消失，而且行业高校本身也有了显著变化。行业高校与产业经济之间保持“松散耦合”的状态，契合行业高校作为复杂的社会子系统在实施变革上的内在要求。

总之，实现学科建设与产业发展之间的松散耦合，争取在学术逻辑与社会需求逻辑之间保持平衡，将是产业形态革新和“双一流”建设的时代背景下行业特色研究型大学学科建设的应然状态。

## 第三节 知识生产模式转型趋势下构成“问题域”导向的学科集群

作为知识体系和学术组织制度的结合体，以及实现大学功能的基本单元，学科是“双一流”建设的切入点和突破口。缘于知识经济时代来临、信息技术与交通运输业快速发展和高等教育规模持续扩张等多重因素叠加，知识生产方式正在发生现代转型。在以知识为联结中心的高校关系场域中，一流学科建设不可能脱离知识生产创新而有实质进展。[①] 因此，把握知识生产模式转型的新趋势，适应知识生产模式变革的新要求，对“双一流”背景下的行业特色研究型大学学科建设至关重要。

### 一 知识生产模式转型所带来的机遇与挑战

按照迈克尔·吉本斯等学者的观点，相较于以“学术范式”为轴心的模式Ⅰ，以“应用范式”为主导的模式Ⅱ具有五个方面的典型特征，而

---

① 田贤鹏：《一流学科建设中的知识生产创新路径优化——基于知识生成论视角》，《学位与研究生教育》2018 年第 6 期。

且这些特征在当前“双一流”建设的现实环境中有明显体现。一是植根于应用情景。不同于盎格鲁—北美高等教育体系通行的“学术共同体”学科制度，中国的学科制度呈现“国家控制”的特点。国家语境中的学科建设强调服务国家的能力，秉承以适应社会需求为目标的应用价值取向。譬如，《总体方案》提出一流学科建设“以支撑创新驱动发展战略、服务经济社会发展为导向”，《指导意见》提出优化学科布局应该“与国家和区域发展战略需求紧密衔接”。二是跨学科性。通过对各高校“双一流”建设方案的文本分析可以发现，“立足前沿和交叉领域培植学科增长点”是各校的普遍做法。譬如，因具有很强的渗透性，并被预见将对各行各业产生颠覆性影响，人工智能发展受到了国家的高度重视，国务院于 2017 年 7 月印发了《新一代人工智能发展规划》。在作为研究样本的 14 所行业特色研究型大学中，有 13 所成立了人工智能学院（或研究院），而人工智能正是跨学科整合的产物。不仅如此，“交叉学科”已经成为中国第 14 个学科门类。三是组织多样性与从业者异质性。中国科技创新体系长期由高校、中科院和接受政府领导的各类工业研究院所组成。进入 21 世纪以来，华为、阿里巴巴等国内高新技术企业也引揽了大量研究人员从事密集性的知识生产活动。譬如，阿里巴巴成立了专注于基础科学、创新性技术和应用技术的研究机构——达摩院，该集团的技术人员中还有人当选了中国工程院院士。华为 5G 技术能够全球领先，离不开高校、企业等多方力量共同围绕特定问题组建的灵活多样、非等级化的临时性知识生产团队。四是社会问责性与反思性。中国从“十二五”期间开始推进科技评价奖励制度改革，其中，基础研究成果以同行评价为主（包括加强国际同行评价），应用研究成果由用户和专家等相关第三方评价，产业化开发由市场和用户评价。① 在科研评估的范式上，由过去单纯地关注学术影响转向充分考虑科研活动对学术界以外的、更广泛的“非学术影响”。② 五是质量控制的多维标准。除了追求学术上的卓越，“双一流”

① 新京报:《中国将推进科技评价奖励制度改革》，2019 年 9 月，科学网（http: //news. sciencenet. cn/htmlnews/2012/9/269825. shtm）。

② 王楠、罗珺文:《高校科研成果的非学术影响及其评估：是什么，为什么，怎样做?》，《华东师范大学学报》（教育科学版）2020 年第 4 期。

建设背景下的知识评价和质量控制还受到经济、政治等多种因素的影响。按照国家科技评价的政策导向，对基础研究着重评价成果的科学价值，对应用研究着重评价目标完成情况、成果转化情况以及技术成果的突破性和带动性，对产业化开发着重评价对产业发展的实质贡献。近年来随着中美关系日趋紧张和西方技术封锁的加剧，各方更加关注高校在关键领域解决“卡脖子”问题的成效。

如前所述，学科是大学履行知识生产功能的基本单位。知识生产模式转型给学科建设模式的转变提供了内部动力和外部推力，只有那些具有创业精神的大学才能准确把握转型发展时机，通过学科建设范式的改造来实现学科实力跃升。反之，一所大学若缺少创业精神，其学科建设将很可能陷入路径依赖，错过转型发展的机遇期，最终在知识生产的新模式下失去竞争优势。因此，对于行业特色研究型大学建设世界一流学科而言，知识生产模式 II 的方兴未艾可谓机遇与挑战并存。

1. 机遇

回顾世界高等教育发展史，那些实现了引领时代的一流大学与一流学科，无不表现出“对新趋势的深刻洞察，对新使命的自觉担当，以及对新需求的恰当回应”。从 15 世纪到 18 世纪大约 300 年时间里，欧洲从“达·芬奇的技术时代蜕变进入了伽利略的近代科学时代”①，但此时的工程知识依然呈现出“零散的、经验性的、面向实践的特点”。② 18 世纪中叶，法国创办工程师大学校，率先开创了基于现代自然科学的工程实践范式，推动了工程知识从“以经验为基础”转向“以科学为基础”，催生了工程学科的建立，并使之跟数学等自然科学学科一样进入了高等教育机构并取得合法性地位。20 世纪 30 年代前后，随着“科学与技术一体化”浪潮的兴起，以及理论知识在工业生产中的先导作用越发凸显，麻省理工学院以物理学为突破口加强理科建设、推进理工结合，实现了从工程技术学院向理工结合的研究型大学转变。二战期间，麻省理工学院

---

① 马冲：《15—18 世纪中国与西方技术发展比较分析》，博士学位论文，辽宁师范大学，2018 年，第 I 页。

② 周光礼：《建设世界一流工程学科：“双一流”高校的愿景与挑战》，《现代大学教育》2019 年第 3 期。

紧密围绕国家战略需要调整学科布局和科研重点，成为战时参与军工研究最多的大学，被军方视为“可以按照所希望的速度完成工作的唯一机构”，不仅巩固了自身在物理学、化学、信息科学（无线电、微波）等领域的学科优势，还拓展了电子技术、数字计算和数字控制等新兴学科领域，并发展了跨学科的学术传统。二战后，随着第三次科技革命的兴起和以学术为基础的产业发展模式扩展，斯坦福大学实施了“卓越塔尖”学科发展战略[①]，聚焦电子工程等“更能体现知识发展方向和趋势”的尖端学科，并重视企业在学科知识生产过程中的利益诉求，采用“创新的互动模式”推动学科发展，探索了“斯坦福 + 硅谷”模式。此举不仅推动了地区乃至全美的经济发展和技术进步，斯坦福大学在硅谷的核心地位也使其尖端学科发展获得了强劲的动力和丰厚的资源，学科领域也得到了拓展，该校的工程学科更是在较短时间内超过了加州大学伯克利分校的优势工科并成为世界一流学科。[②] 行业特色研究型大学具有鲜明行业办学特色与知识生产密集型组织特征，知识生产模式的现代转型能够给这类大学的世界一流学科建设带来以下机遇。

（1）促进世界一流学科建设的理念创新

不同于模式 I 旨在证明“真理”的存在性，模式 II 中的问题提出、方法完善、成果使用与推广等均植根于应用情景。对应用问题的解决是在应用机制的推动下，经历了不断沟通、协商的过程，旨在实现大学、政府、企业及其他社会机构的协同创新，从而满足知识生产场景日益复杂化的需要，所产出的知识具备了对社会各方的应用价值。[③] 依据约翰·布鲁贝克归纳的高等教育哲学基础观，体现知识生产“学术范式”的模式 I 秉承的是认识论哲学观，映照知识生产“应用范式”的模式 II 遵循着政治论的哲学观，后者在知识经济时代以及知识与智力资源配置的市场化、商业化时代更具生命力。因此，大学开始走向“十字街”，不再局

---

① Etzkowitz, H., “Research Groups as ‘Quasi-Firms’: The Invention of the Entrepreneurial University”, *Research Policy*, Vol. 32, No. 1, 2003, pp. 109 – 121.

② Adams, S. B., “Follow the Money: Engineering at Stanford and UC Berkeley During the Rise of Silicon Valley”, *Minerva*, Vol. 47, No. 4, 2009, pp. 367 – 390.

③ Gibbons, M. eds., “Revisiting Mode 2 at Noors Slott”, *Prometheus*, Vol. 29, No. 4, 2011, pp. 361 – 372.

限于学科自治和精英学术的固有模式，而是更加关注学科建设的应用情境，更多地考虑学科建设对于社会现实问题的解决和对社会需求的满足。

行业特色研究型大学伴随着新中国工业体系的建立应运而生，这类大学在建校伊始就肩负服务国家战略和经济建设的重任，在与本行业相关的主干应用学科领域具有明显的比较优势，擅长实践应用导向的工程科技研究，主要遵循政治论的高等教育哲学观，与以“应用范式”为主导的知识生产模式Ⅱ具有内在契合性。尽管模式Ⅰ与模式Ⅱ的知识生产特征截然不同，但两者之间是协同共生、互为补充的关系。这就要求行业特色研究型大学全面地运用系统思维来审视知识生产模式转型，兼顾一流学科建设的“学术性”与“实践性”，使具有传统优势的应用学科依托强有力的基础学科实现可持续发展。

（2）促进世界一流学科建设的组织形式创新

模式Ⅰ中的知识生产基础是学科的制度化，即“处于零散状态且缺乏独立性的一个研究领域转变为一门独立的、组织化的学科”。[①] 大学在组织架构上以学科为界，普遍采取“松散连接体和有组织的无政府主义”的邦联制形式。然而，知识生产模式转型对大学学科建设的组织形式创新提出了迫切要求。一方面，随着知识生产模式由“自治文化”转向“责任文化”，大学的学科组织形态由单一学科模式转向应用情境的跨学科模式，解决复杂问题往往基于多学科的视角、语境和策略。另一方面，模式Ⅱ中的知识生产强调从“满足认知的能力需求”转变为“关注社会合理性及知识效用性”。大学作为外部资源依赖型组织，需要与政府、企业等共同商讨知识生产方式和知识实际效用等问题，才能获取自身发展所需的资源。不仅如此，政府、企业等对知识转化为生产力和知识的商品化持有强烈需求，并将采取各种方式强化对大学知识生产的干预。在此背景下，大学将由“追求纯粹真理”的学科型组织转变为“应用诉求导向”的服务型组织，并与外部的相关利益方一起围绕特定问题的解决尽快组成跨学科的研究团队或机构。

对于模式Ⅱ下知识生产的跨学科性所带来的影响，行业特色研究型大学的学科布局与其之间具有契合性。某大学校长（P08）曾形象地比喻道：

---

① 李铁君：《大学学科建设与发展论纲》，中国社会科学出版社2004年版，第12—13页。

国内外综合性大学的学科分布类似于电路中的“并联”，学科之间虽然有一定程度的交叉，但大体呈彼此并行的状态。行业特色型大学的学科分布则类似于电路中的“串联”，学科的设置基本上是围绕着行业发展需求，学科之间的联系更加紧密，彼此之间也更加容易相互支撑。

行业特色研究型大学的传统优势学科大多属于工科，而工程学科的典型特点是跨学科性。此外，产业形态正呈现全链条、跨界性、综合化的发展趋势，面对行业复杂的现实问题，必须依仗跨学科的知识方能解决，这将推动行业特色研究型大学探索符合自身特质的跨学科交叉融合的组织方式。至于模式 II 下知识生产的异质性与组织多样性，由于长期面向行业办学，行业特色研究型大学与行业主管部门、骨干企业之间形成了共生关系，建立了多样化的联系机制，形成了面向行业需求从事知识生产的组织文化，易于依托“大雁编队型”学科创新团队组建“问题为本”的研究单位，与其他非大学组织结成“产学研联合体”。

（3）促进世界一流学科建设的评价方式创新

相较于模式 I 中的知识生产是在相对独立的学术空间中由学者共同体主导，模式 II 中的知识生产强调应用价值的创造，不满足于研究者对研究对象的单向审视，而是把研究过程视为“发生在研究者与研究对象之间的、或许永无止境的紧张对话”。模式 I 中的知识生产以知识本身为目的，以知识的学术价值为旨趣，且基本限于单一学科内部，主要依赖分门别类的学科专家的同行评议和“学术守门人”等方式来把控知识生产的质量关口。在模式 II 中，知识生产者的范围较模式 I 明显扩大并呈现“异质性”特征，加上跨学科团队的组建以及对跨学科知识体系的依仗，使得“学科同行”在现实的学术工作中难以辨认，知识评价和质量控制明显超出了传统学科意义上的学者共同体范畴。总之，模式 II 强调知识生产的社会问责和基于多利益相关方的质量控制。与此相适应，基于不同学科的差异及其各自的使命和功能，对世界一流学科建设成效的评价势必需要多维标准。

遵循知识生产模式的转型趋势，以及模式 II 与模式 I 之间协同共生、互为补充的关系，对于行业特色研究型大学而言，一方面，评价其工程学科的建设成效主要是关注应用情景下对国家重大需求、行业和区域经济发展需要的满足程度，以及围绕关键技术问题中包含的原理、规律等开展基础研究和产出原创性理论成果的效果——契合行业特色研究型大学在办学实践中侧重于遵循社会需求逻辑的特点。另一方面，评价这类大学基础学科的建设成效主要遵循学术范式，关注是否在科学前沿实现重大突破，及其对催生重大技术创新的支撑度——契合行业特色研究型大学强化应用学科与基础学科之间的联系、推进理工深度融合的发展趋势。

2. 挑战

由于在“双一流”建设中过于突出学科建设重点而带来学科边界固化倾向、学院设置的学科层级偏低与学科容量偏小，以及学科评价工具的误用，知识生产模式的转型与当前行业特色研究型大学的世界一流学科建设实践之间也产生了一系列冲突。

（1）“学科情结”下的学科边界强化

《总体方案》所提出的原则之一是“坚持以学科为基础”，要求突出学科建设重点。无论是一流大学建设高校还是一流学科建设高校，都要求在本校的建设方案中落实具体重点建设学科。在“双一流”建设自评报告和动态监测数据填报中，高校都被要求写明对具体建设学科的经费投入，并择期向社会公开一流学科建设进展情况。依据新制度主义理论，高校对制度环境的关注常常大于对技术环境的关注。① 某学会副会长（P01）指出了当前较为普遍的一种现象：

> 无论是“双一流”建设高校还是寄希望于在下一轮建设遴选中入围的“双非”高校，目前都开始把资源集中起来投入有限的优势学科建设中，以期打造更多的“学科高峰”。

以学科为基础的政策导向激发了“双一流”建设中的“学科情结”，强化了学科的利益意识，“当面临更直接的利益冲突，不同学科在尽力抢

① 冯向东：《高等教育结构：博弈中的建构》，《高等教育研究》2005 年第 5 期。

占资源和实施‘保护主义’的同时，会彼此划清界限并逐渐走向封闭”[①]，这将严重制约学科的交叉与融合。此外，在学科建设中“体现扶优扶强扶特”的导向，有可能强化行业特色研究型大学不同学科之间已有的等级差序，进一步挤压学科之间合作与整合的空间，这些都有悖于知识生产模式的转型趋势。

（2）学院设置冗繁造成的学科壁垒固化

学院和学科是国内大学事业发展依仗的两个支柱，大学主要依托学院来分解学科建设责任，也通过学院来配置和聚集学科资源。[②] 然而，中国研究型大学的学院设置存在学科容量偏小、学科层级偏低等不利于学科交叉融合的问题。有学者对美国、英国的 9 所顶尖大学及中国九校联盟（C9 League）成员高校的下设学院数量进行统计分析后发现，前者校均仅有 8 个学院，后者则校均高达 38 个学院。作为研究样本的 14 所行业特色研究型大学，其学科体量小于 C9 大学，但校均学院数也达到 18 个。美国、英国的 9 所顶尖大学主要依据学科门类乃至学科门类群设置学院，此类占比达 76.4%。C9 大学则主要依据一级学科及一级学科群设置学院，此类占比为 82.4%。[③] 相比之下，根据本书第四章的研究发现，14 所行业特色研究型大学普遍是依据二级学科设置学院。按照美国社会学家史蒂文·布林特提出的一流学科发展的两条路径[④]，国内研究型大学的学院设置因其学科层级相对较低、学科容量偏小，难以在院系层级打破学科组织壁垒进行资源的交叉重组，行业特色研究型大学甚至存在学院之间学术活动同质化的现象。某大学校长（P08）感叹道：

> 学科面过窄，又长期不按一级学科设置学院，不仅学科责任和学院责任没有关联起来，还产生了校内低水平重复的问题，好些学

---

① 朱冰莹、董维春：《从“符号化评价”到“真实性评价”：一流学科建设评价的核心向路》，《学位与研究生教育》2018 年第 6 期。

② 陈廷柱：《学院设置与学科建设相互关系论略》，《大学与学科》2020 年第 1 期。

③ 石中英、安传迎、肖桐：《我国 C9 大学与英美顶尖大学学院设置的比较研究》，《高等教育研究》2020 年第 8 期。

④ Brint S.，“Creating the Future：‘New Directions’ in American Research Universities”，*Minerva*，Vol. 43，No. 1，2005，pp. 23 – 50.

> 院搞的方向越来越交叉、重复，校内争项目、争课题的情况越来越多，实际上不少都是低水平的重复，包括我们新引进的一些青年人才因对别的学院不了解都封闭和浪费在这上面了。

由此可见，如果上述情况长期得不到扭转，将导致行业特色研究型大学陷入“在模式Ⅰ知识生产范式内进行持续性创新，实现学科排名提升”的路径依赖。反之，美英顶尖大学主要依据学科层级较高的学科门类设置学院，学院内部的学科容量较大，更能适应学科交叉融合的趋势，更易于在模式Ⅱ知识生产范式内从事跨学科研究和开拓新的研究领域，进而实现学科的颠覆性创新。

（3）学科评价工具不当使用可能带来的导向偏差

绩效评价是推动“双一流”建设取得预期成效的政策工具。中国高等教育现代化发展具有“后发外生型”的特征，因此，选取西方发达国家的一流大学及其优势学科进行标杆对照，基于可比指标分析学科建设存在的差距，成为“双一流”建设高校的普遍做法。某学会高等教育专委会理事长（P02）指出：

> 2017年，在专家投票选出的“双一流”建设学科遴选标准中，ESI世界前1‰学科、QS世界学科排名前50位成为充分条件，文献计量数据等量化学科评价标准由此受到“双一流”建设高校的高度重视。

在绩效评价的压力下，行业特色研究型大学对于高水平论文数、国际权威奖项数等可测量的学术绩效指标给予了过度关注，从而强化以“学术范式”为轴心、单一评价标准的知识生产模式Ⅰ。这很可能会割裂行业特色研究型大学的“办学传统、特色优势及其学科建设的逻辑遵循”与其一流学科建设实践过程之间的联系，致使其在某种程度上忽视所肩负的公共责任和对社会需求的回应，丧失通过协同创新增强科技创新能力和社会服务能力的机会。此外，同样被纳入“双一流”建设学科遴选条件的全国一级学科水平评估结果虽然属于中国特色的学科评价体系，但其规定了“专任教师只能归属到一个其主要工作的一级学科”，高校也由此习惯于将某位教师的学术成果统一归属到同一学科中，而这无异于继续强化“学科中心主义”，进而抑制行业特色研究型大学面向知识生产模式Ⅱ实施包括学科建设在内的战略转型。

## 二 构成以“问题域”为导向的学科集群

知识生产模式的转型反映了大学适应国家战略和市场力量的逻辑维度，学科存在和发展的逻辑遵循趋于多元化。尽管“以追求高深学术为旨趣”的认知逻辑仍是学科获得内在合法性的基石，但学科建设不再完全由其主导。与此同时，适应国家战略的政治需求逻辑、顺应产业变迁的市场需求逻辑的影响在日益增强。从大学的功能角度来看，社会服务以满足外部社会组织或机构的需求为宗旨，知识工作方式和要求主要是应用情景下的“现场”工作，以解决现实问题为目的。社会服务导向的知识体系是着眼于解决具体社会组织或机构的现实生产问题而建构出来的，具有较强的时效性、针对性和应用性。从这个意义上来说，学科不再是知识生产模式Ⅰ中“满足认知的能力需求、以单一学科建制为基本单位的知识地图”，而是适应知识生产的新模式，在形态上表现为“关注社会合理性及知识效用性、对支撑国家战略和促进区域经济社会发展具有现实功用的多学科或跨学科知识领域”。

面对知识生产模式的革新和学科形态的变化，行业特色研究型大学若囿于传统的学科概念——“在国家学科目录中作为知识体系的一个成文概念以及由此形成的学科建制”[①] 和狭隘的学科口径，并以此作为世界一流学科建设的对象和目标，这类大学及其学科将难以把握知识生产模式Ⅱ方兴未艾所带来的机遇，迟滞实现从“跟随”到“领跑”的超越并跻身世界一流水平的进程。基于知识生产模式Ⅱ相比于模式Ⅰ的5个典型特征，即知识生产的应用情景、跨学科性、异质性与组织多样性、社会问责性与反思性以及质量控制的多维标准，突破传统的学科分类框架，秉承大科学观促进学科交叉与会聚，构建以“问题域”为导向的学科集群，是行业特色研究型大学在知识生产模式转型时代推进世界一流学科

---

① 荀振芳、李双辰：《“双一流”建设背景下高水平行业特色型大学的资源配置与发展》，《高等教育研究》2019 年第 5 期。

建设的发展趋势。基于“问题域”的学科组织创新具有如下应然特征。

1. 需求牵引和问题导向

相较于2015年10月国务院颁布的《总体方案》中对“双一流”建设的要求是“统筹推进”，2017年10月党的十九大报告中要求“加快‘双一流’建设”，由此可见“双一流”建设的紧迫性。究其原因，缘于国家发展模式从以要素驱动、投资规模驱动发展为主，向以创新驱动发展为主转变之后，亟须通过“双一流”建设促进中国尽快实现自主创新能力的大幅提升。对于行业特色研究型大学而言，世界一流学科建设的知识领域构建应该针对两个方面的问题：一是面向现代产业技术创新体系，中国目前相对薄弱且受西方发达国家掣肘的关键核心技术和能够引领产业变革的颠覆性技术发展中存在的问题和难点；二是面向国家战略需求的基础前沿领域的重要科学问题。可见，行业特色研究型大学一流学科建设的“问题域”选择，势必要从国家现实急迫需要和长远潜在需求出发，以实践中衍生的重大问题为导向，瞄准国家在科学、技术、工程和产业等领域的战略性目标，把握好学科发展与社会需求之间的距离，使这类大学在知识生产模式II中能够继续成为“整合性知识体系”的重要组成。

2. 多种学科发展方式并存

行业特色研究型大学侧重于遵循社会需求逻辑，尽管契合以“应用范式”为主导的知识生产模式II，但这类大学长期以“有用”作为学科设置和知识生产的价值目标，对应用问题的解决往往局限于“解决问题本身”，忽视了对隐蔽在技术问题背后的学术瓶颈问题的探究。在现代科学与技术之间的界限日趋模糊，彼此呈现一体化发展态势的今天，工程学科亦需与强大理科协同发展。然而，基础研究和基础学科实力薄弱，限制了行业特色研究型大学为产业技术进步积累原创资源的能力，阻碍了这类大学支撑乃至引领重大技术突破。少有在科技前沿产生世界领先的重大原创性成果，也使得行业特色研究型大学的优势学科难以成为国际公认的世界一流学科。因此，在“双一流”建设中，行业特色研究型大学同时面临基础学科与应用学科的基础部分强化原始创新，以及应用学科攻克关键技术难题和开展产业化研究的多重任务。某大学校党委书记（P03）在接受访谈时谈道：

> 学校要加强有组织的、多学科交叉融合的科研活动，进一步探索应用工程技术大项目中的学术价值和科学问题，并通过学科交叉和资源配置去引导未来的发展。优势学科要发挥特色和带动作用，推动交叉学科发展，以更好地挖掘学术价值，提升我们对科学研究和工程技术的贡献。我们要深入了解完成和创造的科研成果究竟解决了哪些重大问题、具有哪些不可或缺的价值，要学会在完成一个复杂系统的同时找出其最关键的核心问题。

以“问题域”为导向的学科集群要求不同学科在战略聚焦、任务明确的前提下，围绕一个整体的知识创新目标推动知识网络聚合，在解决现实问题的过程中结合学科特色开展“学科集群”再造，并着眼于学科建设多种逻辑遵循的动态平衡和两种知识生产模式的恰当结合，针对不同学科的特点，在功能定位、资源投入和质量控制等方面采取差异化策略，建构起基础学科、应用学科、跨学科和学科交叉等多种学科形式并存、功能互补、互利共生的学科生态体系，而这些都是知识生产新模式理论框架下行业特色研究型大学建设世界一流学科的应然需要。

3. 多主体协同创新

在“创业型大学”和“三螺旋”概念的重要奠基人亨利·埃兹科维茨看来，“时代正从‘永无止境的前沿’来到了‘永无止境的转化’”。其中，一个转化发生在基础研究、应用研究和产品开发的相互关系中，这三种先前距离较远的研究类型正走到了一起，未来将不再有严格的界限，将相互融合并且来回转化；另一个转化发生在地区、国家和多国层面上，大学、企业和政府之间的“三螺旋”关系正在成为创新体系的框架。[①] 由此可见，在知识生产模式 II 的理论视角下，以“‘问题域’引导基础科学、应用科学的知识网络聚合”超越了模式 I 中的科学范式和学科

---

① ［美］亨利·埃兹科维茨：《麻省理工学院与创业科学的兴起》，王孙禺等译，清华大学出版社 2007 年版，第 192—193 页。

边界，大学、产业和政府共同参与并组成了知识创新共同体。[①] 鉴于“问题域”导向的学科集群通常关注涉及国家战略以及科学、技术、工程和产业等领域的重大问题并寻找应对措施，因此只有当大学、产业和政府之间实现通力合作，方可形成“基础研究—关键技术研发—成果转化”有机衔接的创新链，实现知识创新“源头”与成果转化“用户”的适配。这尤其有利于行业特色研究型大学发挥与行业主管部门、骨干企业之间曾长期具有共生关系的组织优势，采用“创新的互动模式”推进世界一流学科建设，实现“永无止境的前沿”和“永无止境的转化”相辅相成。

总而言之，面对知识生产模式的转型，行业特色研究型大学的一流学科建设将继续履行学科在知识传承、人才培养和学派形成中的知识再生产功能，同时，将更加重视知识交叉在推进学科知识创新中的颠覆性作用。相应地，行业特色研究型大学建设世界一流学科不再是封闭孤立地划定学科界限和相应加大学科生产要素投入，而应该是以解决实践中衍生的重大问题为目的，构建以“问题域”为导向的学科集群，其优势学科与特色学科围绕“集群”整体的知识创新目标与其他学科交叉融合，通过增强学科生产能力逐渐确立自身在学科集群中相对于其他学科的核心地位，在兼顾“学术性”和“实践性”的知识生产过程中跻身世界一流学科行列。

## 第四节　本章小结

本章在“双一流”建设的宏观背景下，综合考虑大学综合化发展、产业形态革新和知识生产模式转型三种趋势，提出了行业特色研究型大学学科建设的应然目标。

第一，面对大学综合化发展趋势，有必要在学科结构上形成“理工深度融合基础上的多科性”。20 世纪 90 年代以来，行业特色研究型大学的学科发展出现了“博”与“专”之间的游离。通过梳理历史上曾聚焦

---

① 武建鑫：《世界一流学科的组织成长及演化路径研究——以工程学科为例》，《国家教育行政学院学报》2019 年第 6 期。

于专门领域的美国工程技术学院和法国工程师大学校的发展历程可以发现，这类院校中如今已跻身世界一流大学行列的，基本上都经历了从单科性拓展成理工科，进而演变成多科性乃至综合性大学的过程。这一过程既顺应了“科学由分化走向重新统一”的发展趋势——遵循学术逻辑，也体现了对国家战略和经济社会发展不同阶段需求的满足——遵循社会需求逻辑，还反映了知识生产模式的转型变迁。基于行业特色研究型大学在“双一流”建设中的主要使命和在推进国家工业化进程中应发挥的作用，考虑到这类大学学科建设的现状，以及大学综合化实质上是一种较长周期的“全局复杂性运作”，加上现代工程学科具有集成性与跨学科性的特质，从而提出“形成理工深度融合基础上的多科性”是行业特色研究型大学学科结构的应然形态。

第二，面对产业形态革新，有必要实现学科特色重构和学科优势再塑。随着新一轮科技革命、国际形势演变和国家经济体制改革，中国的产业形态发生了跨界融合方兴未艾、自主创新加速、集群式增长引擎作用凸显等变化。在学科特色上，面对昔日塑造“行业的学科特色”的制度基础与经济基础已然消失，行业特色研究型大学既要注重社会需求逻辑，结合已有的学科基础和现实的产业发展需求，突出特色优势学科向行业及区域的渗透性，实现“面向现实的特色重构”；又要寻求学术逻辑与社会需求逻辑的相互平衡及包容，面向“双一流”建设的长远目标和产业发展的未来趋势，突出学科发展的前瞻性，寻求对行业的引领与超越，实现“面向未来的特色重构”。在学科优势上，既要发挥自身比较优势，在产业科技创新体系中实现与企业、专业院所的错位发展，在源头技术创新和创新人才供给上形成核心竞争力；又要避免部门办学体制时期的“紧密耦合”和世纪之交院校管理体制改革后出现的“非耦合”两种极端，保持学术逻辑与社会需求逻辑之间的平衡，争取在学科建设与产业发展之间形成“松散耦合”，从而实现产业形态革新背景下的学科优势再塑。

第三，面对知识生产模式转型，有必要在学科组织方式上实现以“问题域”为导向的学科集群化发展。知识生产由模式 I 向模式 II 转型，既给行业特色研究型大学的学科建设带来了机遇，包括理念创新、组织形式创新和评价方式创新三个方面，也与这类大学当前世界一流学科的建设实践之间产生了冲突，包括“学科情结”下的学科边界强化、学院设置冗繁造成的学科壁垒固化和学科评价工具不当使用可能带来的导向偏差。鉴于模式 II 的知识工作方式和要求主要是应用情景下的“现场工作”，以解决现实问题为目的，在这个意义上，学科不再是知识生产模式 I中“满足认知的能力需求、以单一学科建制为基本单位的知识地图”，而是“关注社会合理性及知识效用性、对支撑国家战略和促进区域经济社会发展具有现实功用的多学科或跨学科知识领域”。对此，构建以“问题域”为导向、多种学科发展方式并存、多主体协同创新的学科集群是行业特色研究型大学在知识生产模式转型时代推进世界一流学科建设的应然取向。

# 第六章

# “双一流”背景下行业特色研究型大学学科建设目标的实现路径

纵观世界高等教育发展史，一个国家的大学能否达到世界水准，除通过大学自身的努力在人才培养和科学研究上成就卓越，获得世界认可的影响力和号召力之外，还与国际格局变迁、国家实力消长有密切关系。“一个整体上强大的大学系统并不能仅由研究上的卓越来实现，而应从根本上符合社会的需求和需要。”① 基于上一章的目标探讨，将社会需求逻辑和学术逻辑相结合，在办学中体现战略技术及产业发展中的国家意志，服务行业和区域经济社会发展的多元需求，发挥中国特色社会主义的制度优势并探索体现中国智慧的一流大学和一流学科发展模式，又坚持用国际学术标准来衡量、引领和推动各项事业发展，持续增强核心竞争力，在国际可比的客观学术指标上有杰出表现，促进服务国家和知识创造的有机统一，是“双一流”背景下行业特色研究型大学一流学科建设的可行路径。

## 第一节　聚力“固基筑峰”，建强“冰山”型学科体系

行业特色研究型大学是围绕国民经济中产业结构的建立和发展而创办的，在办学实践中侧重于遵循社会需求逻辑，由此形成了彰显“中国

① OECD，“Higher Education in Regional and City Development：Amsterdam，The Netherlands 2010”，2010－08－20，http：//www. oecd. org/dataoecd/20/6/46006696. pdf.

元素”的学科结构。国内外综合性研究型大学因其更倾向于遵循学术逻辑，学科分布类似于电路中的“并联”，学科之间虽然有一定程度的交叉，但大体呈彼此并行的状态。行业特色研究型大学的学科分布则类似于电路中的“串联”，学科的设置基本上是围绕着行业发展需求，学科之间的联系更加紧密。从校内各个学科的生态位和支撑关系来看，行业特色研究型大学的学科结构又类似于“冰山”，浮于海平面之上的是最具优势的“拳头”学科，在海平面之下还有大量的相关支撑学科（见图6—1）。例如，北京航空航天大学的“航空宇航科学与技术”学科在历次全国一级学科水平评估中均排名第一，该学科得到了数学、物理学、系统科学、电子科学与技术、机械工程、环境科学与工程、特种医学和设计学等非传统优势学科的支撑。在冰山型学科结构之下，不少行业特色型大学尽管在一流学科总量上不及综合性大学，但其具有行业特色的优势学科却能在国内名列前茅。在全国第四轮一级学科水平评估中，76 所高校（不含军事院校）拥有 A + 学科，其中 48 所是行业特色型大学，占比为 63% 。

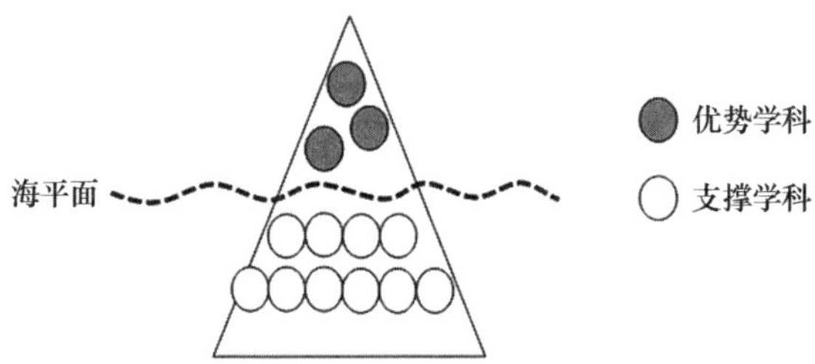


**图 6—1　行业特色研究型大学“冰山型”学科结构**

学科是大学实现知识创造、知识传播和知识转化三大系统循环运行的核心“节点”。在世界一流学科建设过程中，行业特色研究型大学面临的最大挑战，是如何既巩固和加强传统优势学科，又能有序拓展学科结构。对于这类大学，传统的同质性学科结构或单一学科结构会造成创新系统的封闭。因为在信息化时代，创新更多地来自创新主体与创新资源之间实现最大可能的跨界、互联、互通。如第五章所述，受学科生态不均衡的限制，行业特色研究型大学在“双一流”建设中需要真正实现学科结构从单科性向多科性的转型。多样性学科生态的形成需要满足两个条件：一是在学科布局上要有性质差异的学科存在，以实现互补；二是这些差异性学科要消减"短板效应"，其质量和规模要达到与其他学科对话的临界点，进而拥有与其他学科发生连接的可能。只有同时满足以上两个条件，各学科之间才能形成一种协同共享的网络，由此推动所在的大学构成"异质性＋对等性"的网络多科型，并实现多学科均衡发展以及最大程度的学科资源共享与协同创新。若异质性学科弱小，尚达不到与其他学科对话与合作的临界点，则其所在的大学仅能形成"异质不对等"的简单多科型，不同学科之间难以聚合，学科资源产生浪费。为形成多样性学科生态，行业特色研究型大学可采取"倾斜—共生—融合—提升"的学科建设策略（见图6—2）。

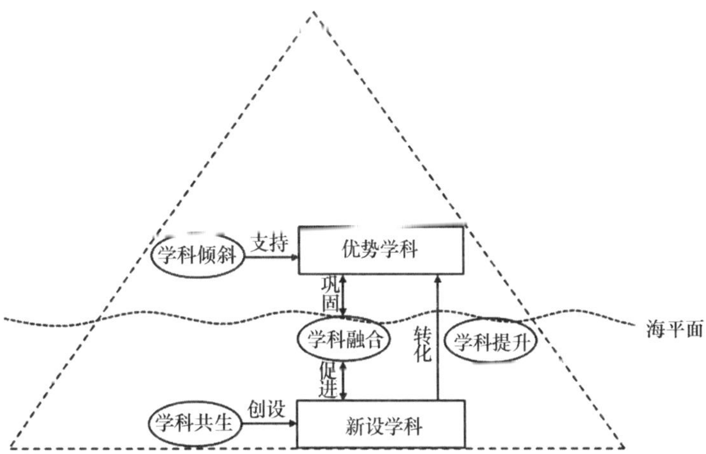


**图6—2 "倾斜—共生—融合—提升"的学科建设策略**

"学科倾斜"策略旨在增强优势学科的行业贡献度和学术竞争力，在聚焦国家重大战略和国民经济发展需求的同时，面向国际学术前沿，推动传统优势学科跻身世界前列，使"冰山"顶部达到新的高度。值得注意的是，在"双一流"建设中突出优势学科并非是要造成学科之间的等级结构或者封闭孤立地划定学术领域，而是顺应知识生产模式的现代转型趋势，构建学科发展的链条和生态，使优势学科从知识生产模式Ⅰ下的

“原子式”发展转变为模式Ⅱ下的学科相互嵌入式的“网络式”发展。[①]

“学科共生”策略旨在突破资源约束条件，在发展传统优势学科的同时，前瞻性地把握科学前沿动态、行业发展趋势和人才需求变化，适度创办具有战略意义和发展潜力的新学科，稳定和扩充“冰山”的底座，进而增加行业特色研究型大学的学科生态位宽度，获得更大的战略纵深机动空间。以行业特色研究型大学发展人文与社会科学学科为例，这类大学在“双一流”建设初期可面向人才培养，侧重于“教学的学术”，推动形成与学校人才培养目标相适应的哲学社会科学育人体系，发展以支撑行业精英人才培养为要务的人文与社会科学学科。在充分发挥学科育人功能的基础上，再逐步面向社会需求，以“发现的、整合的、应用的学术”为导向，推动形成与学校阶段性发展目标相称的哲学社会科学研究体系，充分发挥学科的社会服务功能。此外，针对少数学术积淀和学术声誉较好的学科，可有选择性地面向学术前沿并予以专项扶持，推动形成与学校整体发展战略目标相匹配的哲学社会科学学科体系，建成“特色精品文科”，实现行业特色研究型大学的文科从“有声音”向“有地位”的转变。

“学科融合”策略旨在推动优势学科与新设学科的交叉融合，尤其是慎重选择主干学科之外的异质性学科，通过提高其发展的规模与质量，促使新设学科更快达到与传统优势学科对话的临界点，在各学科之间形成网络协同关系。以电子信息类行业特色研究型大学为例，其在拓展医科时不宜选择“纯医学”的发展方式，而是可以着眼于探索医学和电子信息类学科之间的交叉融合，由此发展壮大信息医学学科[②]。这类新兴交叉学科既能扩充所在高校的学科门类，又能成为支撑原有“冰山”的新底座，甚至可能成为一座新的“冰山”。

“学科提升”策略旨在有针对性地将部分新拓展的学科列为战略发展重点，对其持续增加资源投入，推动这些学科经历一定的发展阶段之后

---

① 刘贵华、孟照海：《“双一流”建设突破研究》，华东师范大学出版社 2020 年版，第 41 页。

② 信息医学学科涉及的知识领域包括：一是针对生命、医学研究特别需要的信息科学与技术；二是以“信息”为核心的生命及医学科学难题，如脑科学、认知科学等。

转化为新的优势学科，让更多的“冰山”冒出海面。而这不仅有助于行业特色研究型大学培育更多具有“世界水准”的优势学科，也能促进其学科结构的有序拓展，逐步破解制约这类大学发展的结构性难题。总体而言，行业特色研究型大学的学科建设需要学科集群的分工合作，在保持学科特色的同时，形成合力和向心力，从而支撑优势学科的持续发展。

## 第二节 强化有组织的攻关创新，激活学科知识创新“动力源”

世界一流大学和一流学科普遍把科技创新能力的“世界水准”作为一个重要标准，并将其视作培养一流人才所需要的基础条件。中国大学曾经一度将“世界水准”的科研成果狭义地理解成在 *Nature*、*Science* 等国际著名学术期刊上发表论文，由此形成了“论文导向”的跟踪型科研模式，即题目来源、成果产出等均“唯论文”。“论文导向”的跟踪式科研虽然促进了中国大学知识生产能力的提升，但更多的是循着追踪模式的路径来实现科研产出规模的超越，却未能显著增强知识生产的原始创新和源头供给，这既无助于解决中国原创性科技贡献偏少的问题，又无益于推动中国现代化进程。行业特色研究型大学创建“双一流”，对这类大学的学科解决实际问题能力和原始创新能力提出了更高要求。

在人类历史上，尚无一个超过 3 亿人的国家全面实现过现代化。中国作为一个拥有 14 亿多人口的大国，在现代化进程中会出现许多独特的问题。行业特色研究型大学在增强学科创新能力的过程中，需要强化有组织的攻关创新，加强“问题导向”的原创性科研，发现和解决制约中国未来经济社会发展尤其是制约产业发展的瓶颈性科学问题与技术难题。问题驱动型研究范式具有满足国家经济和社会需求的应用性、原创性和战略性等特征①，而产业技术的显著特点是集成性，这意味着行业特色研究型大学知识生产的组织形式应该是跨学科、集体性、合作式的，需要通过有组织的科技创新活动把学科和知识生产置于统一目标的牵引下来实现共同发展。值得注意的是，相比于“自下而上”自由探索，“自上而

① 王嘉毅、陈建海：《从研究型大学到创新性大学》，《高等教育研究》2016 年第 12 期。

下”有组织的攻关创新更契合行业特色研究型大学的特点，即这类大学冰山型学科结构框架下的学术研究力量更容易聚合，长期面向行业办学形成了强有力的组织能力和团队协作传统，“大雁编队”模式成为行业特色研究型大学学科创新组织的普遍形态。

在国际可比的学术产出评价指标上向“世界水准”看齐的同时，强化有组织的科研行为和“问题导向”的原创性科研，立足学术前沿和立足国家需求与行业发展并重，在科学内在逻辑和社会需求逻辑的交叉点上取得学术突破，是行业特色研究型大学在学科创新能力建设上不容忽视的“中国元素”。对此，行业特色研究型大学可以采取二维方针来提升学科创新能力：一维是立足学术前沿，发现和解决定向性的科学问题；另一维是立足国家需求和行业发展，发现和解决技术应用领域的关键问题。

## 一 立足学术前沿

国内大学的科研职能在中华人民共和国成立初期曾经被剥离给科研院所，此后虽然逐步恢复了科研业务，但一直未能经历基础研究的长期体制化进程。[①] 行业特色研究型大学更是长期以应用研究或应用基础研究为主，纯基础研究存在“短板”。对此，行业特色研究型大学需将服务国家目标与鼓励自由探索相结合，自上而下地推动有组织的学术创新，特别是从重大工程应用中寻找基础前沿研究方向、凝练定向性基础科学问题，相应精准培育和引进学科带头人，采取重点建设投入、聘任制度改革、评价机制创新等措施，支持一批学者对这些关键科学问题开展稳定性深入研究。在这一方面，上海交通大学（在20世纪六七十年代曾经隶属于国家行业部委，以船舶工业作为服务面向）加强工程基础研究的经验值得借鉴，该校有组织地动员全校教师，提出100个“涉及重大工程的基础性、前瞻性科学问题”，为本校的基础研究指明了方向。在基础学科平台建设上，行业特色研究型大学可以考虑设立基础与前沿研究院或自然科学研究院，将其作为关键领域原始创新的“学术特区”，以谋划与凝练学术方向、汇聚潜心基础研究的青年才俊、保持高度的国际学术活跃度和建立有利于激发基础研

① 朱冰莹、董维春：《大学知识生产“动力源”解读——对美国研究型大学科研崛起的分析》，《高教探索》2013年第6期。

究活力的新机制等为重点，加强定向性基础研究。除了建立"集中式"的基础学科特区，行业特色研究型大学有必要以完善高水平学术成果产出的激励机制为切入点，提升理科学院"分散式"基础学科平台的发展水平，进而在校内形成"星月型"的基础学科创新平台体系。

在提升基础学科建设水平与原始创新能力的同时，行业特色研究型大学还需要探索推进理工深度融合的体制机制，促进基础学科和应用学科的交叉渗透，推动基础研究和技术研发的有机衔接，形成知识与应用相互统一的知识体系，在前沿和交叉学科领域培植新的学科生长点，解决重大工程应用背后的基础科学问题，致力科学前沿突破，产生一批领先世界的重大原创性成果，依托原始创新催生重大技术创新，助推中国在更多科技领域打破国外垄断。

## 二 立足国家需求和行业发展

回顾行业特色研究型大学的发展史，可以将其视作这类大学服务国家需求和行业发展的奋斗史。为关系国家安全、国民经济命脉的重要行业和关键领域提供前瞻性技术支撑、解决行业共性关键技术问题是行业特色研究型大学的责任。然而，中国在增加研发投入的同时，也逐步把企业纳入技术创新主体，再加上政府下属研究机构，高校在国家研发投入中所占份额实际在不断下降，牵头系统级项目的机会也在减少。国家统计局发布的数据显示，2019 年国内企业 R&D 经费支出达到 16921.8 亿元，是普通高校的 9.4 倍，占全国 R&D 经费总量的 76.4%。[①] 再以轨道交通行业为例，2013 年原铁道部转制之后，八成以上的国家高铁科研项目由国铁集团及其下属研究机构牵头或独立完成，北京交通大学、西南交通大学等行业特色研究型大学只能参加某项指标设计或者承担一些研究型的试验。[②] "科研漂移"现象预示着行业特色研究型大学有可能逐步远离创新活动密集的中心地带。对此，行业特色研究型大学可以通过创

① 国家统计局、科学技术部、财政部：《2019 年全国科技经费投入统计公报》，2020 年 9 月，国家统计局网站（http：//www. stats. gov. cn/tjsj/zxfb/202008/t20200827_ 1786198. html）。

② 汤庆园、陈艳艳、张亦潇：《行业特色鲜明的大学在中国高铁技术创新体系中的角色——基于制度环境变化的视角》，《西南交通大学学报》（社会科学版）2020 年第 4 期。

新科研组织模式，组建跨学科、跨学院、跨团队的交叉跨界研究中心，按照“跨界—协同—融合—创新”的发展思路，加强校内学科创新力量的整合和协作。

对于行业特色研究型大学而言，组建交叉跨界研究中心是构建以“问题域”为导向的学科集群的一种实践形式。在实际运行过程中，这类中心的作用如同磁场，对内汇聚因行政体制分割而分散在各个学院的学科力量，推动跨界整合与协同攻关，尤其是有助于构建可供不同学科的知识生产从业者充分对话的“交易区”——在半空间化、半概念化的“交易区”内，不同学科背景、思维方式迥异的师生作为“交易方”，可以碰撞观念、整合思想，进而通过局部协调不同学科的信念和行为，促进不同学科之间的交叉研究。在此基础上，不同学科的师生可以借助学科互涉的方式建构有利于自身发展的知识体系，并联合学科利益相关者共同获取新的组织资源，并开辟新的知识领域，进而减少学科之间的距离，可以说，置身于“交易区”的学科创新活动将成为知识生产模式转型时代行业特色研究型大学一流学科建设的新景观。

在对内构建跨学科对话“交易区”的同时，交叉跨界研究中心对外可以聚焦某个领域的重大问题或系统级应用需求，联合政府机构、科研院所和产业部门开展合作共建，依托系统级项目在产业技术创新的“关键点位”与“核心领域”实现突破，立志在相关方向或者点位上达到国内领先、国际一流，牵引行业特色研究型大学学科创新竞争力的整体提升（见图6—3）。

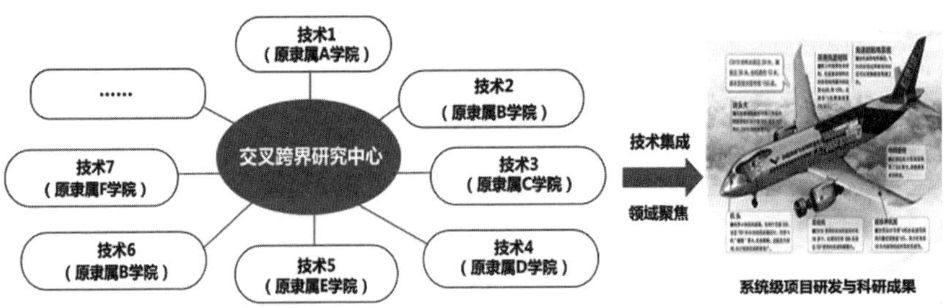


**图6—3　行业特色研究型大学交叉跨界研究中心功能**

关于交叉跨界研究中心建设，在2016年9月杭州G20峰会安保工作中表现抢眼的中国第一代警用标准处警/巡逻车研发是一个值得借鉴的案例。该型警车的智能系统由某样本高校的“公共安全信息与装备集成技术研究中心”负责研制。据该研究中心主任（P09）介绍：

> 中心对本校在电子材料、微波等离子体、光电传感、无线通信、图像处理、自动识别与控制、网络空间安全等领域的技术进行了集成，这些技术力量原来分散在7个学院。中心与公安部及十余个省级公安机关开展了共建，与国内公共安全、电子信息、航天科工、汽车等行业领域的骨干企业建立了伙伴关系，通过聚焦中国警用装备标准化、专业化、信息化的发展需要，研制出国内第一套根据公安实际业务需求定制的智能警车系统，研发的电子围栏等多型产品也入围了公安部列装名录，并在全国公安机关开始了列装，相关科研成果获得了国家科技奖励3项。

由以上案例可以看出，交叉跨界研究中心建设与德国、澳大利亚、日本、丹麦和瑞典等发达国家建设世界一流大学采取的“中心模式”具有高度相似性。譬如，均呈现了“问题导向”和“跨学科、跨界别”的特征，契合了知识生产模式转型时代知识生产的新特点与新要求等，其将有力增强行业特色研究型大学的学科创新能力。

## 第三节 推动教育目标重识与流程再造，强化学科育人功能

与20世纪中叶完成工业化且当前信息化程度较高的欧美发达国家相比，中国尚处于工业化的中后期，面临着既要完成工业化，又要加快信息化，还要推动两化融合的多重任务。与此同时，具有高渗透性、高带动性的信息技术与各行各业的深度融合，正在引发产业变革，形成新的生产方式、商业模式和经济增长点。① 作为中国开启大规模工业化的时代产物，行业特色研究型大学需要立足国家工业化和产业转型升级的现实

---

① 李言荣：《“电子信息+”就是金山银山》，《中国科学报》2017年4月11日第1版。

目标与发展方向，根植于自身的历史积淀和传统优势，借鉴世界一流大学的成功经验，识别自身人才培养质量的特质性，构建与国际接轨的学科育人体系，为中国实现新型工业化、参与乃至引领第四次工业革命培养“可靠顶用”的工程科技人才。

“工程”与“技术”是有区别的，前者是由“关联性技术群”和“非技术性要素”共同构成的系统集成体系。① 工程思维的突出特点是集成创新性和集成构建性，工程教育的特性在于实践性、综合性、经济性和创新性。② 基于对现代工程科技的哲学思考，以及当下正处在以分享经济和跨界融合创新为特征的新经济时代，行业特色研究型大学在发挥学科育人功能上，不能再延续高等教育的苏联模式，即“专注于细分的专业，以培养‘专业对口的技术人员’为主要目的”，也不能照搬综合性研究型大学“注重宽口径、强调理论型”的培养方式，尤其是要避免20世纪80年代后期陷入“科学模式”误区的情形再次发生。若重“科学”轻“工程”，教学活动完全按照学科逻辑来组织，将导致行业特色研究型大学的人才培养逐渐丢失“工程化”特色，进一步加深中国工程类人才供需的结构性矛盾。

根据行业特色研究型大学在推进中国新型工业化进程中的使命，这类大学应以学科建设为载体，立足以培养行业精英人才为主的育人定位，面向特定行业并辐射相关产业培养新知识的创造者、新技术的发明者、新产业的开拓者和高端管理人才。基于人才培养目标，行业特色研究型大学可从两个维度构建面向以产业技术和专业学术为主的学科育人体系，打通青年学子成为未来行业领军人才和学术引领人才的通道。一方面，从时间维度上关注教育的整体性，按人才培养目标将原有的各个学段打通进行总体设计，包括本科生教育和研究生教育的衔接，统筹规划通识教育、专业教育与多元化教育。另一方面，从知识维度上关注教育的综合性，强化跨学科教育和多学科融合，帮助学生形成对复杂工程的系统视野和跨学科知识结构，养成前瞻交叉思维方式，加强其知识综合、技术集成和跨界整合的能力以及领导力培养。此外，行业特色研究型大学还可发挥自身在对应行业领域的集成创新优势，推动学科与产业的融合，培养学生在复杂多元的

---

① 殷瑞钰：《哲学视野中的工程》，《中国工程科学》2008年第3期。

② 朱高峰：《中国工程教育的现状和展望》，《高等工程教育研究》2011年第6期。

真实科研、生产和销售情景下创造性解决实际问题的能力。

在面向以产业技术和专业学术为主的学科育人体系中，四年制本科教育可划分为通识教育、专业化教育和多元化教育 3 个阶段。其中，在通识教育阶段需重点加强人文艺术修养、工程与创新领导力培养以及家国情怀的培育；在专业化教育阶段应打破行业特色研究型大学曾经学科口径过窄的专业化培养模式，以解决工程实践或产业发展中衍生的问题为目的，围绕知识生产模式 II 下的“整合性知识体系”构建，通过学科的交叉融合，实施“泛专业化”人才培养改革。对此，在课程设置上需要强调多学科知识的融合，关注对知识和综合技术集成能力的培养。在整个育人过程中，除了坚持教育的主体性，体现人才培养的“中国元素”，行业特色研究型大学还可以围绕“一带一路”等国家总体对外开放战略，吸收和整合国际高等教育优质资源和质量保障经验，拓展学生赴海外一流大学交流学习、赴国际组织和国际企业实习实训的通道，以及通过开展高水平的中外合作办学和参加国际等效的专业认证，提升人才培养的国际竞争力和国际雇主的认可度。进入研究生教育阶段后，则需要改革人才培养评价机制，关注学生通过参与科研对重大工程项目和核心技术突破的贡献度。

在面向以产业技术和专业学术为主的学科育人体系中的多元化教育阶段，建议主要围绕毕业生的出口来开展设计。行业特色研究型大学本科毕业生的发展方向可以分为四类，即基础研究创新人才、行业领军人才、技术创新人才和创业人才。这四类人才在培养规格上又可以归纳成三类，即专业学术类、交叉复合类和就业创业类，各类人才的培养方式、能力与素质亦有不同要求。譬如，对于专业学术类，需要更多地深入基础与前沿科学领域，尤其是培养批判性思维能力；对于交叉复合类，需要有宽广的知识面，要增强跨学科的广度；对于就业创业类，重点是培养创业精神、职业素养。当前，新经济的创新周期越来越短，技术开发和产业化的边界日趋模糊，技术更新和成果转化更加快捷，产业更新换代不断加快①，这就要求毕业生具备创新创业的精神和能力，创新创业教

---

① 吴爱华等：《加快发展和建设新工科 主动适应和引领新经济》，《高等工程教育研究》2017 年第 1 期。

育也因此成为大学的应尽之责。行业特色研究型大学是面向行业的新理论、新知识、新技术的策源地，相对于“自上而下”的科研组织方式，这类大学可探索“自下而上”的创新创业育成模式，具体可以包括三个阶段：首先，创造条件让若干具有不同专业背景、具备创新潜力的青年学生聚在一起，不受思维定式的约束，在相互碰撞、深度交流的基础上提出创新的思想和理念；其次，让具有创新思维与能力的青年导师加入，对学生团队进行指导并形成解决方案模型或概念设计方案，完成从思想到技术的“跃升”；最后，引入高水平创新平台或学科创新团队的软硬件资源作为支撑，将解决方案模型转化为实际的工程方案，或将概念设计方案转化为实际的产品，并在此过程中培养学生吸引、整合社会资源，尤其是资本市场资源的能力。施行上述创新创业育成模式的目的在于把行业特色研究型大学的学科创新优势转化为学科育人优势，促进教学、科研、创业的有机统一，以利于提高大学生创业的成功率，增强大学创业教育的可持续性。

## 第四节 增强学科组织的知识溢出能力，服务产业转型升级

中国已成为世界第二大经济体，但随着国家经济发展进入新常态，以及印度、越南等新兴经济体对中国低成本竞争优势的替代和欧美发达国家“再工业化”战略的实施，客观上已形成了对中国制造业“两头挤压”的局面。国家在推动技术创新并以此促进产业转型升级方面的迫切需求，让行业特色研究型大学迎来了一次重要发展机遇。“学科建设要明确学术方向和回应社会需求”也被写入了教育部等三部委发布的《关于高等学校加快“双一流”建设的指导意见》。从知识生成论的视角，大学是以知识为核心的关系场域，世界一流学科建设需要关注知识的生成和溢出。[①] 在学科建设过程中，能够资本化的知识在积累量达到一定临界值时就会向外溢出，溢出的知识既能为产业所用，也能改进原有技术或生

① 李阳杰：《一流学科建设中的知识溢出：效应分析与政策建议》，《高等工程教育研究》2020 年第 1 期。

成新技术。虽然行业研究院所和企业研发机构在相应行业中拥有较为完整的技术链和创新链，但行业特色研究型大学凭借其广度更宽、跨度更大的学科体系，以及所汇聚的具有创新思维的教师和创新潜质的学生，其实拥有更大的创新潜能。这类大学若能充分激发自身蕴藏的巨大智力和技术资源，探索“优势工科 + 区域”和“优势工科 + 行业”，成为推动区域经济和行业发展的创新引擎，将有利于形成政府、产业界和师生共同推动学科知识生产的格局，实现基于应用情景的学科拓展与提升，这些都将加速行业特色研究型大学一流学科的建设步伐。

所谓“优势工科 + 区域”，实质上是行业特色研究型大学力图摆脱在“行业经济”和“部门办学”体制下形成的组织惯性，不再囿于“纵向”服务于行业管理部门及骨干企业，而是同样重视“横向”服务于区域经济、社会发展与产业创新，通过“纵横交错”在行业与区域的交叉地带凝练新的学科特色。所谓“优势工科 + 行业”，则是将行业特色研究型大学在与特定行业相关的主干学科领域的已有优势交叉渗透到各个行业中去，拓展学科的服务面向并培育新的一流学科增长点。

20 世纪中后期，斯坦福大学、麻省理工学院等美国研究型大学探索了“大学—产业—政府”三螺旋关系模式，建立了集知识创造、知识传播、知识整合和知识应用协同运作等功能为一体的复杂系统。中国行业特色研究型大学依托行业而生，与行业主管部门和企业建立了相互依存的关系，形成了面向行业需求开展教学科研活动的思维习惯、行为偏好和大学文化，这也易于建立“大学—产业—政府”三螺旋协同创新关系。然而，中国行业特色研究型大学既面临着与上述美国研究型大学创业活动兴起时相似的社会需求与发展环境，也身处在不同的国情背景。比如，在中国高校系统之外，还存在相当数量的隶属于中国科学院、行业部委、军队系统和国有企业的独立研究院所。此外，华为、阿里巴巴等高新技术企业也在深度介入密集性的知识生产活动并取得了显著效果。再比如，中国政府在社会运行体制中发挥着突出的主导作用，“中国社会的基本面是市场经济对资源分配的基础性作用和政府对资源分配的宏观调控作用相结合”。[①] 因此，行业特色研究型大学及其学科在推动基于知识的产学

① 李未：《变革中的大学——李未教育文存》，高等教育出版社 2012 年版，第 95 页。

研合作创新和服务产业转型升级上，适宜采取“政府宏观调控政策引导下的大学—产业—研究院所结合”的运行方式。

具体而言，在这类动态耦合创新生态系统中，研究院所和政府、产业界均对行业特色研究型大学的学科知识生产提供动力。首先，科研院所是行业特色研究型大学学科知识创新的战略伙伴，双方在竞争合作进化博弈过程中共同促进技术的进步。其次，政府是行业特色研究型大学学科知识溢出能力的提升拉动者。政府通过出台规划、法律及法规，推动产学研一体化，协调和促进产学研合作项目的落实，在行业特色研究型大学和产业界之间建立起共同利益区，促进学术型创业者（校内）和企业家（校外）之间的相互信任、充分理解和有效沟通，实现双方整体穿越从技术供给到商业需求的“达尔文之海”。最后，产业界是行业特色研究型大学学科知识创新成果产业化的助推器。企业作为知识的需求者，大学与学科作为知识的生产者，双方因知识、技术、资金等需要达成合作意愿。在双方协同创新的过程中，企业有必要介入行业特色研究型大学的重要学科创新项目策划、组织及申报，帮助后者明确知识创新的价值导向；行业特色研究型大学及其学科也有必要介入科技成果转化的全过程，由此把知识创造的重点转向与区域、行业发展的结合上，并有组织地推动跨界协同创新，提高科技成果转化效率，充分将自身拥有的与行业领域相关的综合优势交叉渗透到产业发展中去，在服务产业进步的过程中促进学科水平的进一步提升（见图6—4）。

由上可见，政府和产业界对于行业特色研究型大学学科知识生产的推动，经历了从“资源供给”到“资源供给与制度供给相结合”的过程。行业特色研究型大学及其学科在保持自身相对独立性的同时，通过主动与产业界、政府开展实质性的协同创新，在持续完善知识生产组织结构的同时，把学术机制、市场机制和政府机制一并融入知识生产的过程，使行业特色研究型大学及其学科成为创新生态系统中“关键的制度性主体”。[①] 在此过程中，行业特色研究型大学的学科知识传播系统从以知识传递为主转变为以知识探索为主；学科知识创造系统以解决区域经济和

① 王志强：《研究型大学知识生产与扩散方式的变革：基于国家创新系统的分析》，《全球教育展望》2014 年第 8 期。

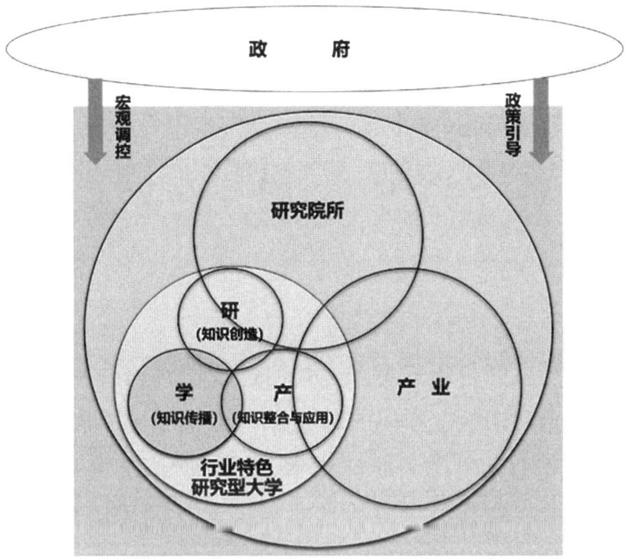


**图 6—4 行业特色研究型大学学科组织产学研合作运行**

产业发展的需求为目标；学科知识整合与应用系统更加关注新知识的价值和实际用途，利用知识创新的溢出效应发挥行业特色研究型大学及其学科的辐射功能，以知识创新带动技术创新，推动产业向价值链的高端延伸。这一过程实质上也是行业特色研究型大学在发挥与行业主管部门、骨干企业之间在历史上具有长期共生关系的组织优势，采用“创新的互动模式”构建知识联盟的学科组织形态，增强一流学科建设中的知识溢出效应，实现学科知识的跨界、转移、融合与共享，将知识生产的模式 I 和模式 II 恰当地结合起来，达到“永无止境的前沿”和“永无止境的转化”相辅相成。

# 第七章

# 结　语

本书围绕“行业特色研究型大学如何进行学科建设”这个核心问题，以学科建设的逻辑和知识生产模式转型作为理论基础，选取14所以工见长的行业特色研究型大学作为研究样本，沿着“历史演进分析—发展现状审视—未来发展目标探讨—可行性路径探索”的思路开展了研究，得出了一些有价值的结论，相较于已有研究成果具有一定的创新性，同时其中也难免存在不足与局限。

## 第一节　主要结论

本书得出了以下主要研究结论：

第一，行业特色研究型大学学科建设的行动逻辑经历了从一元主导到多元叠加的历史变迁。

在有计划的工业化时期，各个社会子系统均服从国家的集中统一管理原则，政府通过推行“自上而下”的强制性变革，形成了与高度集中统一的计划经济体制相协调、与国家工业发展布局相配套的“部门办学”格局。行业特色研究型大学的前身在当时作为国家工业管理部门的附属机构，呈现出对作为“工具”的政治需求逻辑的严格遵循，并延续着“按产品办学科”的时代轨迹。进入市场导向的工业化时期，随着市场机制的引入和对外开放大幕的拉开，行业特色研究型大学虽然比以往更加强烈地受到市场需求逻辑和学术逻辑的交织影响，但仍强调服务于国家的特定目标。这类大学在20世纪90年代末之前依然被置于“部门经济”和“部门办学”体制之中，办学自主性较小，主要围绕行业发展进行学科建设规划，按照“面向行业办学，突出行业性学科，巩固具有行业背景的优势和特色”的发展路径，在学科建设上依然侧重于遵循社会需求逻辑，重点是增强对行业需求的适应性并开始尝试改变学科结构单一的状态。世纪之交的高等教育管理体制改革之后，原计划经济时期形成的“部门经济”和“部门办学”体制被终结，行业特色研究型大学也因此被倒逼在办学上打破路径依赖和组织惯性。随着中国开始进入新型工业化时期，行业特色研究型大学除了贯彻党和国家意志，面向国家战略需求和产业转型升级需要，增强学科建设的外部适切性，还主动顺应分化、综合及交叉等知识生长的发展趋势，正视和回应知识生产模式的转型，提升学科建设的内部适切性。这一时期的行业特色研究型大学在经受政治、市场和学术三种力量之间非线性变迁驱动的同时，政治需求逻辑、市场需求逻辑和学术逻辑在其学科建设实践中复合叠加的趋势越发明显，其学科发展轨迹呈现更大的灵活性与多元性，这类大学开始探索符合自身特质的世界一流学科建设路径。

第二，若干行业特色研究型大学具备学科综合实力跻身世界一流的基础与潜力。

鉴于“双一流”建设强调以“中国特色、世界一流”为核心，依据影响学科建设的社会需求逻辑和学术逻辑，开展“基于中国情景”和“基于国际比较”的行业特色研究型大学学科建设现状的实证研究。

基于国内高等教育发展参照系，2002 年以来的先后四轮全国一级学科水平评估数据显示，14 所样本高校“高峰”和“高原”学科的规模在进入 21 世纪以来总体上持续扩大，相应的学科门类也逐轮拓展，传统学科优势在总体上得到保持并且处于国内领先地位。在第四轮学科评估中，样本高校的“双一流”建设学科跻身 A + 档和 A 类的比例均高于全国所有参评的“双一流”建设学科，甚至高于 42 所“一流大学”建设高校的相应均值。从标志性教学和科研成果产出来看，样本高校的优势特色学科整体上呈现“既是教育教学改革的前沿，又是高新技术的源头”的特征，引领了国内高等教育教学改革，在“适应国家经济建设和社会发展需要，提高教学水平和教育质量”上产生了明显效果，同时，在相关领域产生了重大技术发明或者在技术开发、社会公益、国家安全、重大工程等项目的实施上作出了突出贡献。

基于国际高等教育发展参照系，14 所样本高校和 5 所国外标杆高校在软科、US News、QS 和 ESI 四项世界大学学科排名的国际可比客观标准比较结果显示，6 所发展态势较好的行业特色研究型大学的学科总体实力与世界一流大学的前中坚力量呈“比肩”态势，样本高校的部分“高峰”学科在国际学科评价体系下已经达到世界一流水平，部分学科在论文发表量、引文影响力、顶尖论文数等学术影响力评价指标上对国外标杆高校已经形成了优势或者赶超态势。

第三，行业特色研究型大学需要破解学科布局的结构性弱势。

“基于中国情景”和“基于国际比较”的实证研究均发现，行业特色研究型大学尚未形成可持续性与多样性的学科生态，具体体现在以下方面。

一是代表国内领先（获评 A + 档）或者世界一流（全球前 50 名或 ESI 前 1‰）的学科“高峰”兀立，代表国内前列（获评 A 或 A－档）或者世界高水平（全球前 51—200 名或 ESI 前 1% 且未进入 1‰）的学科“高原”体量有限，并且“高峰”学科均与样本高校长期面向的行业密切相关，而在传统行业之外的新的优势学科发展滞后。

二是学科门类发展水平呈“偏振型”。在第四轮学科评估中，14 所样本高校获评 A 类的学科多为工科，且均无基础理科跻身 B + 及以上档位，其中 12 所样本高校的 A 类学科覆盖面不超过 2 个学科门类；学科领域宽窄度分析发现，14 所样本高校中有 6 所为单科性大学，其余 8 所虽为多科性大学但均呈现“由单科性大学向多科性大学转型适应”的特征；在国际学科评价体系下，14 所样本高校的所有“高峰”学科、97.8% 的“潜力”学科（全球前 51—100 名）为工学类，而 5 所国外标杆高校的“高峰”学科和“潜力”学科中，除了分别有 62.2% 与 43.3% 为工科类，其余还覆盖了理学类、艺术与人文社科类、医学与生命科学类。

三是学院设置的学科层级偏低。基于软科世界一流学科评价体系，除了南理工设有学科进入世界前 50 位，另外 13 所样本高校的“高峰”学科数和依托学院数之比的平均值为 1∶1.8，最高值为 1∶1.3，最低值为 1∶4，表明这些大学的学院普遍建立在二级学科乃至三级学科方向之上。不仅如此，有 7 所样本高校的软科世界一流学科依托学院数在校内工学类学院中的占比达到或超过一半，其他 6 所也均达到或超过三分之一，即意味着相关学院之间可能存在学术活动的同质化，这将不利于打破学科壁垒，对母学科的整合难度也随之增加。

此外，实证研究发现样本高校的学科整体竞争力仍有待提高，部分传统优势学科在国内面临强劲对手；对于学科整体竞争力最靠前的样本高校，其“高峰”学科“重科研轻育人”的表现较为明显；与国外标杆高校相比，样本高校的相关学科在引文影响力、顶尖期刊论文数、国际合作论文占比等体现创新质量和国际化程度的国际可比学术性指标上总体偏弱。

综合历史考察和访谈调查，从院校层面而言，行业特色研究型大学学科建设出现上述问题的成因可以归结为三个方面：学科建构并非起始于形成严密的学术体系、长期单科办学制度规训的制约、学科建设缺乏整体性与长远性规划。

第四，面对大学综合化发展趋势，行业特色研究型大学在“双一流”建设中有必要在学科结构上形成“理工深度融合基础上的多科性”。

欧美国家在现代化进程中曾有过一段单科性院校发展的黄金期，这类院校的发展走向对当下的行业特色研究型大学学科建设具有借鉴意义。单科性院校满足了一国在以“资源—劳动密集型”为组合特征的工业化阶段对“适销对路”的实用技能型人才和纯技术性的应用研究成果的需求。然而，进入了以“技术—智力密集型”为组合特征的工业化阶段，越来越多的新发明、新技术和新产品是多学科交叉融合的产物，随之而来的是对“全人教育”和“领袖型”人才培养的需求日益迫切，而这势必要建立在跨学科互动和异质性知识整合的基础上。面对科技发展形态和外部需求的变化，单科性院校开始凸显其弊端，并在日后产生了分化。纵观美、法两国历史上的单科性工学院，其中在当今跻身世界一流大学行列的基本上都经历了从单科性拓展成理工科，进而演变成多科性乃至综合性大学的过程。这一过程既顺应了“科学由分化走向重新统一”的发展趋势——遵循学术逻辑，也体现了对国家战略和经济社会发展不同阶段需求的满足——遵循社会需求逻辑，还反映了知识生产模式的转型变迁。

“双一流”建设是中国在实现“两个一百年”奋斗目标的关键期实施的重大战略举措。对于行业特色研究型大学而言，其主要使命不再是批量化培养专业对口的技术人员和被动适应产业需求从事实用技术研究，而是培养对特定方向（领域）具有深刻洞察力和前瞻性判断力的科技领军人才或高端管理人才，以及在主动适应乃至引领产业发展的任务中实现尖端技术突破甚至重大理论发现。根据美、法单科性院校发展的历史经验和转型趋势，构建和谐的学科生态系统，形成多学科互相支撑、协同发展的学科布局，是行业特色研究型大学有效履行“双一流”建设使命的必要条件。

行业特色研究型大学长期被置于“部门经济”和“部门办学”体制之中，学科结构相对单一。学科禀赋的先天不足和办学资源的相对有限，再加上大学的综合化发展实质上是一种较长周期的“全局复杂性运作”，决定了行业特色研究型大学的学科建设既不能一味固守“单科性”，又不能盲目追求“综合性”，而是需要在“双一流”建设进程中，基于中长期时间维度实现学科结构由单科性向特色鲜明、合理均衡的多科性转型。鉴于推进国家工业化一直是行业特色研究型大学的重要使命，中国在未来中长期将保持工业倚重型经济形态的时代特征，“双一流”背景下行业特色研究型大学学科建设的首要目标应为依托传统行业特色学科的比较优势，率先建成世界一流工程学科，并以此引领优势学科群落的布局和生长。大科学时代的工程学科具有知识生产模式 II 的特点，即集成性与跨学科性，行业特色研究型大学在学科布局上也应呈现理工结合、文理渗透、基础与应用并行的特征。因此，构成理工深度融合基础上的多科性是“双一流”背景下行业特色研究型大学学科结构的应然形态。

第五，面对产业形态革新，行业特色研究型大学在“双一流”建设中有必要实现学科特色重构和学科优势再塑。

随着新一轮科技革命、国际形势演变和国家经济体制改革，中国的产业形态发生了三个方面的变化，包括产业跨界融合方兴未艾、国外科技封锁促使产业自主创新加速、产业集群成为区域经济增长引擎。

在国家“双一流”建设的政策框架下，学科建设的重点在于强化优势、突出特色。行业特色研究型大学从建校伊始就侧重于遵循社会需求逻辑，系科的建立实质上是国家力量主导下的强制性建构过程。这类大学如今引以为傲的学科优势与特色，既离不开长期办学历程中的积淀，也在很大程度上得益于计划经济时代行业发展的垄断性与封闭性。然而，随着社会主义市场经济体制的建立以及政府行政管理体制改革与高等教育管理体制改革的实施，行业特色研究型大学昔日塑造“行业的学科特色”的制度基础与经济基础已然消失，其有必要在产业形态的变迁中寻求新的特色。对此，一方面，注重社会需求逻辑，发挥学科的“长板效应”，结合已有的学科基础和产业发展的现实需求，突出已有特色优势学科向行业及区域的渗透性，实现“面向现实的特色重构”；另一方面，寻求学术逻辑与社会需求逻辑的相互平衡及包容，面向“双一流”建设的长远目标和产业发展的未来趋势，突出学科发展的前瞻性，寻求对行业的引领与超越，实现“面向未来的特色重构”。

国家“双一流”建设政策要求高校成为催化产业技术变革、加速创新驱动的策源地，尤其是解决关键领域的“卡脖子”问题。行业特色研究型大学若要在产业形态革新背景下达到学科优势再塑造的目标，则需从两个方面着手：一方面，有必要依托在基础研究、多科性上的比较优势，以及在与本行业相关的主干学科领域具有较完整的创新链、“人雁编队型”学科创新组织模式和在办学上侧重社会需求逻辑所具有的服务产业需求的自觉性，进而在产业科技创新体系中实现与企业、专业科研院所的错位发展，立志在优势学科领域的关键技术输出和创新人才供给上形成核心竞争力。另一方面，避免部门办学体制时期的“紧密耦合”和世纪之交院校管理体制改革后出现的“非耦合”两种极端，前者因高度重视社会需求逻辑，造成了可持续性与多样性的学科生态缺失，后者因过于崇尚学术逻辑的倾向，可能导致行业特色研究型大学错失参与甚至引领新一轮产业变革并驱动学科实力跃升的历史机遇。对此，在学科建设与产业发展之间实现“松散耦合”，在学术逻辑与社会需求逻辑之间保持平衡，将是产业形态革新和“双一流”背景下行业特色研究型大学学科建设的应然状态。

第六，面对知识生产模式转型，行业特色研究型大学在“双一流”

建设中有必要在学科组织方式上实现以“问题域”为导向的学科集群化发展。

在以知识为联结中心的高校关系场域中，一流学科建设不可能脱离知识生产创新而有实质进展。知识生产模式Ⅱ的方兴未艾既给行业特色研究型大学建设世界一流学科带来了机遇，包括促进理念创新、组织形式创新和评价方式创新，也与这类大学当前的世界一流学科建设实践之间产生了冲突，包括“学科情结”下的学科边界强化、学院设置冗繁造成的学科壁垒固化和学科评价工具的不当使用。

知识生产模式的转型反映了大学适应国家战略和市场力量的逻辑维度，学科存在和发展的逻辑遵循也由此趋于多元化，“以追求高深学术为旨趣”的认知逻辑仍是学科获得内在合法性的基石，但适应国家战略的政治需求逻辑、顺应产业变迁的市场需求逻辑的影响在日益增强。从这个意义上而言，学科不再是知识生产模式Ⅰ中“满足认知的能力需求、以单一学科建制为基本单位的知识地图”，而是适应知识生产的模式转型，在形态上表现为“关注社会合理性及知识效用性、对支撑国家战略和促进区域经济社会发展具有现实功用的多学科或跨学科知识领域”。

面对知识生产模式的革新和学科形态的变化，行业特色研究型大学若囿于传统的学科概念和狭隘的学科口径，并将此作为世界一流学科建设的对象和目标，这类大学及其学科将难以把握知识生产模式Ⅱ方兴未艾所带来的机遇，以致迟滞其实现从“跟随”到“领跑”的超越并跻身世界一流水平的目标。基于知识生产模式Ⅱ相比于模式Ⅰ的五大典型特征，即知识生产的应用情景、跨学科性、异质性与组织多样性、社会问责性与反思性以及质量控制的多维标准，突破传统的学科分类框架和“小而细”的学科建制，遏制学科边界固化的倾向，秉承大科学观促进学科交叉与会聚，构建以“问题域”为导向、多种学科发展方式并存、多主体协同创新的学科集群，成为行业特色研究型大学在知识生产模式转型时代建设世界一流学科的应然取向。

第七，围绕“双一流”背景下行业特色研究型大学学科建设的目标有四条实现路径可供优选。

基于“双一流”背景下行业特色研究型大学学科建设的目标探讨，

着眼于学术逻辑与社会需求逻辑的动态平衡，顺应知识生产模式的现代转型，书中从四个方面探讨了行业特色研究型大学的世界一流学科建设路径。

一是采取“倾斜—共生—融合—提升”的学科建设策略，建强“冰山”型学科体系，不仅培育更多具有“世界水准”的优势学科，也推动其学科结构的有序拓展，形成多样性学科生态，使行业特色研究型大学真正实现学科结构从单科性向多科性的转型，逐步破解制约这类大学长远发展的结构性问题。

二是强化有组织的科研行为和“问题导向”的原创性科研，立足学术前沿与立足国家需求及行业发展并重，在科学内在逻辑和社会需求逻辑的交叉点上取得学术突破。其中，立足学术前沿，将服务国家目标与鼓励自由探索相结合，“自上而下”地推动有组织的学术创新和定向性基础研究，促进基础学科和应用学科的交叉渗透，在前沿和交叉学科领域培植新的学科生长点的同时，致力科学前沿突破，依托原始创新催生重大技术创新；立足国家需求和行业发展，组建跨学科、跨学院、跨团队的交叉跨界研究中心，加强校内学科创新力量的整合与协作，探索以“问题域”为导向的学科集群实践形式，在产业技术创新的“关键点位”与“核心领域”实现突破。

三是推动教育目标重识与流程再造，从时间维度关注教育的整体性，从知识维度关注教育的综合性，构建面向以产业技术和专业学术为主的学科育人体系，打通青年学子成为未来行业领军人才和学术引领人才的通道。此外，发挥行业特色研究型大学在对应行业领域的集成创新优势，推动学科与产业的融合，培养学生在复杂多元的真实科研、生产和销售情景下创造性解决实际问题的能力。

四是依托行业特色研究型大学与行业主管部门、骨干企业之间在历史上具有长期共生关系的组织优势，采用“创新的互动模式”构建知识联盟的学科组织形态，增强学科组织的知识溢出能力，实现学科知识的跨界、转移、融合与共享，使行业特色研究型大学及其学科成为推动区域经济和行业发展的创新引擎，形成政府、产业界和师生共同推动这类大学知识生产的格局，加速其世界一流学科的建设步伐。

## 第二节 创新点

本书的创新性体现在以下三个方面：

第一，以国家工业化与高等教育发展之间的关联性作为阶段划分依据，探寻了行业特色研究型大学学科建设在不同历史阶段所遵循的行动逻辑。

中国作为后发外生型发展中国家，国家工业化与高等教育结构调整之间存在阶段性关联。尽管先前的研究曾经涉及行业特色研究型大学学科建设的历史变迁问题，但史料的收集与分析大多局限于某一所高校，而且鲜有从学科建设遵循的行动逻辑角度来开展历史考察。本书以历史关联性作为阶段划分依据，基于 1949 年以来中国高等教育发展和国家工业化进程的历史背景，通过对 14 所样本高校的史料收集和分析，考察了这些大学学科发展的基本轨迹，厘清了学科内在的学术逻辑和外在的社会需求逻辑在不同历史阶段对行业特色研究型大学学科建设的影响。

第二，兼顾学科建设的社会需求逻辑与学术逻辑，建立了基于“中国情景”和“国际比较”的行业特色研究型大学学科建设现状分析框架。

根据约翰·布鲁贝克的高等教育哲学观，中国“双一流”建设总体方案提出以“中国特色、世界一流”为核心，其实质是强调高等教育哲学政治论和认识论的辩证统一。基于这一认识，本书兼顾影响学科建设的社会需求逻辑和学术逻辑，建立了基于“中国情景”和“国际比较”的行业特色研究型大学学科建设现状分析框架。基于社会需求逻辑，学科建设评价标准是有国别特征的，关注学科能否解决实际问题以满足国家经济和社会发展需要。基于学术逻辑，学科建设评价标准是国际可比的，关注各项学科建设指标是否达到世界一流。有鉴于此，本书引入了全国一级学科水平评估（侧重于遵循社会需求逻辑）和软科、US News、QS、ESI 四项认可度高的世界大学学科评价体系（侧重于遵循学术逻辑），从中选取可资利用的评价标准并建立了相关指数，并尽可能全面地收集 14 所样本高校的学科建设相关数据，开展了行业特色研究型大学学科建设现状的实证研究，分析了这类大学学科的整体实力与社会贡献度或学术影响力指标在中国或世界高等教育系统中的相对坐标、现有优势和面临的突出问题。相较于常见的基于文献计量指标或者简单运用国际学科排名结果的研究，本书建立的学科建设现状分析框架更加完善，并且更加契合“双一流”建设的时代背景。

第三，综合分析“双一流”背景下多种趋势带来的影响，提出了行业特色研究型大学学科建设的应然目标。

行业特色研究型大学是“双一流”建设的重要力量，相较于“211工程”和“985工程”，“双一流”建设作为面向未来的高等教育重点建设政策，其政策目标与实施环境有了明显变化。本书分析了大学综合化发展、产业形态革新和知识生产模式转型等趋势带来的影响，提出了“双一流”背景下行业特色研究型大学学科建设的应然目标：一是借鉴西方发达国家历史上单科性工学院的成长经验，探究其学科结构变化与国家发展阶段之间的关系及其背后的规律，进而探讨行业特色研究型大学如何理性看待大学的综合化发展趋势，提出这类大学有必要在学科结构上形成“理工深度融合基础上的多科性”；二是基于新一轮科技革命、国际形势演变和国家经济体制改革，分析了中国产业形态发生的变化，提出行业特色研究型大学有必要实现学科特色重构和学科优势再塑；三是厘清知识生产模式转型背景下行业特色研究型大学建设世界一流学科面临的机遇与挑战，提出这类大学有必要在学科组织方式上实现以“问题域”为导向的学科集群化发展。以上研究弥补了当前对行业特色研究型大学学科建设未来走向探讨的不足，有利于提高对这类大学学科建设路径探讨的针对性。

## 第三节 研究局限

本书还存在以下研究局限：

一是现实中的行业种类繁多，与行业相关的大学也是多种多样的，在工业领域就涉及航空航天、兵器、船舶、通信、石化、冶金、交通、水电等行业，与其相关的行业特色研究型大学事实上既有其作为研究型大学的一般共性，同时也因各个行业有各自不同的特点而存在独特个性。由于本书把“工科类行业特色研究型大学”作为一类群体来研究，将研究重点放在了探寻其共性上，而对个性的探讨考虑不够。

二是由于资料获取上的局限，使本书在研究的深入性上存在一些问题。比如，虽然尝试用“国家级教学成果奖”“国家技术发明奖与国家科技进步奖”的获奖情况来评价社会需求逻辑下，学科解决实际问题以满足国家经济和社会发展需要的效果，但因第四轮全国一级学科水平评估没有公开各参评高校在各级指标上的排名与得分结果，致使在研究过程中无法获得“社会服务”“学科声誉”两项指标数据，因此未能更加深入地审视行业特色研究型大学学科所发挥的社会作用和所体现的社会价值。

# 附　录

## 访谈提纲

对样本高校校级领导或学科建设规划部门负责人的访谈提纲：

1. 您所在大学的学科建设可以划分为哪些历史阶段？学科建设进程中有哪些事情让您印象深刻？

2. 您认为您所在大学的学科建设存在哪些优势？您如何看待学科建设中存在的问题及成因？

3. 您如何看待行业特色研究型大学学科建设当前所处的内外部环境？

4. 您认为行业特色研究型大学学科建设具有哪些共性和特性？

5. 您认为行业特色研究型大学学科建设需要把握和处理好哪些关系？

6. 您认为国外相似大学有哪些学科建设上的经验值得借鉴？

7. 请您谈谈“双一流”背景下行业特色研究型大学学科建设的应然目标？

8. 为达到学科建设的应然目标，您认为学校有必要采取哪些重点举措？

对教育行政部门领导和相关领域学者的访谈提纲：

1. 您如何看待行业特色研究型大学及其学科建设在“双一流”中的意义？

2. 您认为有哪些历史重大事件对行业特色研究型大学学科建设产生了深远影响？

3. 您如何评判行业特色研究型大学学科建设的现状及其背后的成因？

4. 您认为“双一流”背景下行业特色研究型大学学科建设需要着重考虑哪些方面的因素？

5. 您认为国家在教育、科技、经济等领域的改革，对行业特色研究型大学学科建设有哪些影响?

6. 您认为与行业特色研究型大学具有相似性，且已跻身世界一流大学行列的国外高校，其学科发展的历史变迁反映了什么规律? 有哪些启示?

7. 您认为行业特色研究型大学学科建设的未来应然走向如何?

8. 若要达到学科建设的应然状态，您对行业特色研究型大学有哪些建议?

# 参考文献


## 一　中文译著

[法] 弗朗索瓦·杜费:《巴黎高师史》，程小牧等译，中国人民大学出版社 2008 年版。

[美] 伯顿·克拉克:《高等教育系统——学术组织的跨国研究》，王承绪等译，杭州大学出版社 1994 年版。

[美] 伯顿·克拉克:《高等教育新论——多学科的研究》，王承绪等译，浙江教育出版社 2001 年版。

[美] 伯顿·克拉克:《探究的场所——现代大学的科研和研究生教育》，王承绪等译，浙江教育出版社 2001 年版。

[美] 丹尼尔·若雷、赫伯特·谢尔曼:《从战略到变革——高校战略规划实施》，周艳等译，广西师范大学出版社 2006 年版。

[美] 道格拉斯·诺斯:《制度、制度变迁与经济绩效》，杭行译，格致出版社 2008 年版。

[美] 亨利·埃兹科维茨:《麻省理工学院与创业科学的兴起》，王孙禺等译，清华大学出版社 2007 年版。

[美] 克拉克·科尔:《大学的功用》，陈学飞等译，江西教育出版社 1993 年版。

[美] 罗伯特·默顿:《科学社会学》，鲁旭东等译，商务印书馆 2003 年版。

[美] 美国科学院研究理事会:《会聚观：推动跨学科融合》，王小理等译，科学出版社 2015 年版。

[美] 欧内斯特·博耶:《关于美国教育改革的演讲》，涂艳国等译，教育

科学出版社 2002 年版。

[美] 唐纳德·肯尼迪：《学术责任》，阎凤桥等译，新华出版社 2002 年版。

[美] 亚伯拉罕·弗兰克斯纳：《现代大学论——美英德大学研究》，徐辉等译，浙江教育出版社 2001 年版。

[美] 伊曼纽尔·华勒斯坦：《学科·知识·权力》，刘健芝等译，生活·读书·新知三联书店 1999 年版。

[美] 约翰·布鲁贝克：《高等教育哲学》，王承绪等译，浙江教育出版社 2001 年版。

[英] 杰勒德·德兰迪：《知识社会中的大学》，黄建如译，北京大学出版社 2010 年版。

[英] 理查德·惠特利：《科学的智力组织和社会组织》，赵万里等译，北京大学出版社 2011 年版。

[英] 迈克尔·吉本斯等：《知识生产的新模式：当代社会科学与研究的动力学》，陈洪捷等译，北京大学出版社 2011 年版。

[英] 托尼·比彻、保罗·特罗勒尔：《学术部落及其领地：知识探索与学科文化》，唐跃勤等译，北京大学出版社 2015 年版。

[英] 威廉·博伊德、埃德蒙·金：《西方教育史》，任宝祥译，人民教育出版社 1985 年版。

## 二 中文专著

北京航空航天大学校志编委会：《北京航空航天大学校志（1952—1992）》，北京航空航天大学出版社 2000 年版。

北京交通大学志编纂委员会：《北京交通大学志（1998—2010）》，北京交通大学出版社 2016 年版。

北京科技大学纪事编辑组：《北京科技大学（北京钢铁学院）纪事（1952—2012）》，北京科技大学出版社 2013 年版。

北京理工大学志编纂委员会：《北京理工大学志（1994—2005）》，北京理工大学出版社 2012 年版。

北京理工大学志编纂委员会：《北京理工大学志》，北京理工大学出版社 1995 年版。

北京邮电大学校史编委会:《北京邮电大学校史(1955—2005)》,北京邮电大学出版社 2005 年版。
电子科技大学志编纂委员会:《电子科技大学志(1956—2015)》,电子科技大学出版社 2016 年版。
范跃进:《新中国成立以来高等教育元政策(1949—2016)》,中国社会科学出版社 2017 年版。
何东昌:《中华人民共和国重要教育文献(1949—1975)》,海南出版社 1998 年版。
何云庵、闫月勤:《西南交通大学史(1972—1989)》,西南交通大学出版社 2016 年版。
贺国庆:《外国高等教育史》,人民教育出版社 2006 年版。
胡建华:《现代中国大学制度的原点:50 年代初期的大学改革》,南京师范大学出版社 2001 年版。
黄福涛:《欧洲高等教育近代化——法、英、德近代高等教育制度的形成》,厦门大学出版社 1998 年版。
黄福涛:《外国高等教育史》,上海教育出版社 2003 年版。
李铁君:《大学学科建设与发展论纲》,中国社会科学出版社 2004 年版。
李未:《变革中的大学——李未教育文存》,高等教育出版社 2012 年版。
李文冰:《中国行业特色院校发展研究》,中国社会科学出版社 2015 年版。
李喜先:《21 世纪 100 个交叉科学难题》,科学出版社 2005 年版。
刘贵华、孟照海:《“双一流”建设突破研究》,华东师范大学出版社 2020 年版。
刘念才、[波] 伊恩·萨德拉克:《世界一流大学:特征·排名·建设》,上海交通大学出版社 2018 年版。
刘献君:《教育研究方法高级讲座》,华中科技大学出版社 2010 年版。
刘仲林:《现代交叉科学》,浙江教育出版社 1998 年版。
南京理工大学校史编撰组:《南京理工大学纪事(1952—2012)》,南京大学出版社 2013 年版。
沈红:《美国研究型大学形成与发展》,华中科技大学出版社 1999 年版。
苏渭昌:《中国教育制度通史(第 8 卷)》,山东教育出版社 2000 年版。
孙平凡:《南京航空航天大学校史(1952—2002)》,航空工业出版社

2002 年版。
陶秉礼:《西北工业大学校史》，西北工业大学出版社 1995 年版。
王建华:《学科的境况与大学的遭遇》，教育科学出版社 2014 年版。
王炯华:《朱九思评传》，华中科技大学出版社 2011 年版。
校史编委会:《南京航空航天大学校史（2002—2012)》，国防工业出版社 2012 年版。
校史编委会:《西北电讯工程学院校史（1947—1987)》，西北电讯工程学院出版社 1987 年版。
校志办公室:《东北大学校志（1988. 1—1993. 3)》，东北大学出版社 1998 年版。
校志办公室：《东北大学校志（1949. 2—1987. 12)》，东北大学出版社 1995 年版。
谢桂华:《高等学校学科建设论》，高等教育出版社 2011 年版。
郑大俊:《百年河海发展史》，河海大学出版社 2015 年版。
中国工程科技中长期发展战略研究项目组:《中国工程科技中长期发展战略研究报告》，中国科学技术出版社 2015 年版。
中国教育年鉴编辑部:《中国教育年鉴（1949—1981)》，中国大百科全书出版社 1984 年版。
中华人民共和国教育部科学技术司:《2018 年高等学校科技统计资料汇编》，高等教育出版社 2019 年版。
中华人民共和国教育部科学技术司:《2003 年高等学校科技统计资料汇编》，高等教育出版社 2004 年版。
周远清:《周远清文集（二)》，高等教育出版社 2001 年版。
周志强、亓晶:《行业划转院校发展战略类特色研究》，科学出版社 2019 年版。

## 三 中文期刊与会议论文

别敦荣:《高等教育普及化背景下行业性高校发展定位》，《中国高教研究》2020 年第 10 期。
别敦荣:《论大学学科概念》，《中国高教研究》2019 年第 9 期。
陈洪捷、巫锐：《“集群”还是“学科”：德国卓越大学建设的启示》，

《江苏高教》2020 年第 2 期。

陈乐：《知识生产模式转型驱动下研究型大学改革路径研究》，《高校教育管理》2019 年第 3 期。

陈廷柱：《学院设置与学科建设相互关系论略》，《大学与学科》2020 年第 1 期。

陈维嘉等：《法国“大学校”办学模式及其启示》，《中国高等教育》2010 年第 24 期。

陈岩等：《构建“适用性”工程教育学科体系是行业特色型大学培养拔尖创新人才的关键》，《高等工程教育研究》2014 年第 3 期。

程孝良：《高水平行业特色大学创建世界一流学科的模式与路径》，《国家教育行政学院学报》2016 年第 11 期。

崔延强、权培培：《大学学科的现代性问题及其超越》，《华东师范大学学报》（教育科学版）2019 年第 2 期。

德吉夫、包艳华：《新中国成立 70 年来高等教育重点建设政策的选择与变迁》，《中国高教研究》2019 年第 11 期。

董泽芳、张继平：《中国高等教育价值取向 70 年变迁的历程、特点与发展思考》，《重庆高教研究》2019 年第 5 期。

［法］多米尼克·迪克斯隆：《巴黎高科的经验以及国立高等先进技术学校案例分析》，《国家教育行政学院学报》2006 年第 9 期。

樊华强：《中美研究型大学学院设置之比较》，《高教发展与评估》2012 年第 4 期。

方华梁、李忠云：《从行业特色高校到研究型大学的战略与路径》，《教育与职业》2010 年第 14 期。

冯建超、李文冰：《德国应用科技大学与中国行业特色院校之比较》，《高教发展与评估》2013 年第 2 期。

冯向东：《高等教育结构：博弈中的建构》，《高等教育研究》2005 年第 5 期。

冯向东：《论并校中的融合》，《高等教育研究》2000 年第 2 期。

冯向东：《张力下的动态平衡：大学中的学科发展机制》，《现代大学教育》2002 年第 2 期。

冯用军：《后大众化阶段行业特色型和综合研究型高水平大学发展研

究——基于“985 工程”序列大学的人才与科技贡献力的维度》，《教育界》2010 年第 2 期。

高福安：《破解难题　充分发挥行业特色高校办学优势》，《中国高等教育》2009 年第 19 期。

高树仁、宋丹：《行业特色型大学“新学科”发展逻辑与行动策略》，《学位与研究生教育》2020 年第 11 期。

高文兵：《新时期行业特色高校发展战略思考》，《中国高等教育》2007 年第 Z3 期。

高迎爽：《从集中到卓越：法国高等教育集群组织研究》，《清华大学教育研究》2012 年第 1 期。

郜晖：《高水平特色研究型大学形成机制分析》，《国家教育行政学院学报》2014 年第 6 期。

龚放：《把握学科特性　选准研究方法——高等教育学科建设必须解决的两个问题》，《中国高教研究》2016 年第 9 期。

龚放：《知识生产模式 II 方兴未艾：建设一流大学切勿错失良机》，《江苏高教》2018 年第 9 期。

龚怡祖等：《大学学科运行与学科发展战略中若干问题的理论分析》，《高等教育研究》2011 年第 10 期。

郭丛斌：《世界大学排名产生与发展的内在逻辑及启示》，《国家教育行政学院学报》2020 年第 7 期。

郭刚奇：《特色研究型农业大学建设路径研究——基于美国赠地学院的经验》，《湖北社会科学》2015 年第 12 期。

何晓芳、王洋：《世界一流大学学科结构及发展模式研究——基于 QS 学科排名基础数据的分析》，《现代教育管理》2018 年第 11 期。

胡鞍钢：《中国进入后工业化时代》，《北京交通大学学报》（社会科学版）2017 年第 1 期。

胡德鑫：《我国世界一流大学建设的困境与治理挑战——基于多重制度逻辑分析范式》，《高等工程教育研究》2019 年第 2 期。

胡德鑫：《学科演进视域下新工科建设制度困境与行动路径》，《江苏高教》2020 年第 3 期。

黄宝印等：《加快构建更高水平的中国特色学科评估体系》，《中国高等教育》2018 年第 17 期。

黄福涛：《苏联高等教育模式形成的历史考察》，《清华大学教育研究》2002 年第 5 期。

江沛、王洪学：《50 年代高校院系调整述评》，《当代中国史研究》1998 年第 3 期。

蒋洪池：《托尼·比彻的学科分类观及其价值探析》，《高等教育研究》2008 年第 5 期。

蒋逸民：《新的知识生产模式及其对我国高等教育改革的启示》，《外国教育研究》2009 年第 6 期。

解树森、陈冰：《对科技进步因果链的探讨》，《贵州社会科学》1986 年第 5 期。

金成晓：《重化工业化是中国经济发展的必经阶段——基于产业结构调整角度的分析》，《经济纵横》2006 年第 7 期。

瞿振元：《知识生产视角下的学科建设》，《中国高教研究》2019 年第 9 期。

康翠萍：《高校学科建设的三种形态及其政策建构》，《高等教育研究》2015 年第 11 期。

赖德胜、武向荣：《论大学的核心竞争力》，《教育研究》2002 年第 7 期。

李爱民：《行业特色型高校研究现状评述》，《中国高校科技》2012 年第 10 期。

李爱民、周光礼：《高水平行业特色型大学组织特质研究——基于北京 16 所高校的实证调查》，《中国高教研究》2017 年第 1 期。

李斑斑、刘进：《人工智能如何促进学科变革》，《中国高校科技》2019 年第 9 期。

李诚龙等：《高水平行业特色高校建设的战略选择——基于学科视角的分析》，《中国高校科技》2020 年第 11 期。

李枫、李萍、何丽娜：《高水平行业特色型大学一流学科建设策略分析》，《江苏高教》2018 年第 11 期。

李开复：《让科学幻想成为现实——在卡耐基·梅隆大学计算机科学学院 2015 年毕业典礼上的演讲》，《世界教育信息》2015 年第 16 期。

李立国、薛新龙：《建立以人才培养定位为基础的高等教育分类体系》，

《教育研究》2018 年第 3 期。

李文冰：《中国行业特色院校发展研究述评》，《教育研究与实验》2014 年第 2 期。

李阳杰：《一流学科建设中的知识溢出：效应分析与政策建议》，《高等工程教育研究》2020 年第 1 期。

李勇、闵维方：《论研究型大学的特征》，《教育研究》2004 年第 1 期。

刘国瑞：《国家重大战略转换期高等教育现代化的定位与思路》，《高等教育研究》2020 年第 5 期。

刘献君：《论高校学科建设中的几个问题》，《中国地质大学学报》（社会科学版）2010 年第 4 期。

刘献君：《行业特色高校发展中需要处理的若干关系》，《中国高教研究》2019 年第 8 期。

刘小强、蒋喜锋：《论世界一流大学建设的“学科模式”和“中心模式”》，《中国高教研究》2020 年第 10 期。

刘小强、彭颖晖：《一流学科建设的三种导向：价值的冲突与统一》，《研究生教育研究》2019 年第 1 期。

刘志民、刘川宁：《行业特色型高水平大学的国际标杆探索》，《高等工程教育研究》2015 年第 1 期。

柳亮、宋露露：《卡耐基·梅隆大学计算机学科建设战略分析》，《大学》（研究版）2017 年第 4 期。

陆军、宋筱平、陆叔云：《关于学科、学科建设等相关概念的讨论》，《清华大学教育研究》2004 年第 6 期。

吕斌、李忠云：《行业高水平大学定位与特色发展中的政府角色及责任》，《教育理论与实践》2012 年第 6 期。

罗云：《论大学学科建设》，《高等教育研究》2005 年第 7 期。

马陆亭：《开放是大学昌盛的基础》，《中国高等教育》2016 年第 5 期。

马叙伦：《高等教育的方针、任务问题》，《人民教育》1953 年第 4 期。

马永红、刘润泽：《我国高校学科布局生态研究——以理工类学科为例》，《中国高教研究》2020 年第 2 期。

宁滨：《行业特色鲜明的研究型大学可以在国家技术创新体系建设中发挥重要作用》，《中国国情国力》2008 年第 5 期。

潘军：《产业边界模糊背景下行业特色型大学的心结与新解》，《高等农业教育》2017 年第 6 期。
潘懋元、车如山：《特色型大学在高等教育中的地位与作用》，《大学教育科学》2008 年第 2 期。
潘懋元、王琪：《从高等教育分类看我国特色型大学发展》，《中国高等教育》2010 年第 5 期。
钱俊瑞：《团结一致，为贯彻新高等教育的方针，培养国家高级建设人才而奋斗》，《人民教育》1950 年第 2 期。
山红红：《对特色型大学建设的探讨》，《中国高教研究》2004 年第 8 期。
山红红：《行业特色型大学学科建设的思考与实践》，《中国高等教育》2013 年第 15—16 期。
尚丽丽：《"双一流"建设背景下行业特色型高校学科群建设问题分析及对策研究》，《高校教育管理》2019 年第 9 期。
沈红：《世界一流大学的必经之路——兼论研究型大学的本质属性》，2010 年高等教育国际论坛论文，南京，2010 年 10 月。
石中英、安传迎、肖桐：《我国 C9 大学与英美顶尖大学学院设置的比较研究》，《高等教育研究》2020 年第 8 期。
史秋衡、杨玉婷：《均质与分化：德国高校分类发展的战略选择》，《江苏高教》2021 年第 2 期。
宋琳、魏薇、王润：《20 世纪 80—90 年代：中国高校更名现象——"北京科技大学"更名始末》，《北京科技大学学报》（社会科学版）2014 年第 5 期。
宋亚峰、王世斌、郄海霞：《我国一流大学建设高校的学科布局与生成机理》，《江苏高教》2018 年第 9 期。
［苏］福民：《苏联高等教育改革》，《人民教育》1952 年第 9 期。
眭依凡：《关于"双一流建设"的理性思考》，《高等教育研究》2017 年第 9 期。
孙涛、张永宁：《行业特色大学的文科发展路径》，《现代教育管理》2011 年第 9 期。
谈小龙、高敏：《高水平行业特色研究型大学科研竞争力分析——基于 Scopus 数据库引文的一种分析方法》，《科技管理研究》2019 年第

19 期。

谭天伟：《立足学科特色，增强核心竞争力》，《高等工程教育研究》2018 年第 6 期。

汤庆园、陈艳艳、张亦潇：《行业特色鲜明的大学在中国高铁技术创新体系中的角色——基于制度环境变化的视角》，《西南交通大学学报》（社会科学版）2020 年第 4 期。

唐开秀、谷满意：《系统论视野下高等教育管理的效益化研究》，《黑龙江高教研究》2015 年第 6 期。

田贤鹏：《一流学科建设中的知识生产创新路径优化——基于知识生成论视角》，《学位与研究生教育》2018 年第 6 期。

王骥：《对“行业特色型大学”提法的质疑》，《江苏高教》2011 年第 5 期。

王嘉毅、陈建海：《从研究型大学到创新性大学》，《高等教育研究》2016 年第 12 期。

王建华：《“双一流”建设与大学的综合化》，《北京教育（高教）》2020 年第 12 期。

王建华：《学科、学科制度、学科建制与学科建设》，《江苏高教》2003 年第 3 期。

王建华：《知识规划与学科建设》，《高等教育研究》2013 年第 5 期。

王楠、罗珺文：《高校科研成果的非学术影响及其评估：是什么，为什么，怎样做?》，《华东师范大学学报》（教育科学版）2020 年第 4 期。

王孙禺、刘继青：《中国工程教育发展史研究的理论进路与解释框架》，《清华大学教育研究》2009 年第 2 期。

王涛、张志新：《统筹内外部需求，办优办强学科专业——得克萨斯农工大学优化学科专业建设评鉴》，《中国高等教育》2012 年第 8 期。

王兴宇：《“双一流”背景下学科建设的逻辑与路径——从学科排名谈起》，《西南民族大学学报》（人文社会科学版）2018 年第 10 期。

王亚杰、陈岩、谢苗锋：《论学科特色型大学竞争力的形成与发展》，《高等工程教育研究》2010 年第 4 期。

王亚杰：《行业特色型大学还是学科特色型大学》，《高等工程教育研究》2018 年第 6 期。

王焰新：《高水平行业特色大学创建世界一流学科的“三个坚持”》，《中国高等教育》2015 年第 22 期。

王战军、杨旭婷：《世界一流学科建设评价的理念变革与要素创新》，《中国高教研究》2019 年第 3 期。

王志强：《研究型大学知识生产与扩散方式的变革：基于国家创新系统的分析》，《全球教育展望》2014 年第 8 期。

吴爱华等：《加快发展和建设新工科 主动适应和引领新经济》，《高等工程教育研究》2017 年第 1 期。

吴洪富：《美国研究型大学本科教学与科研持久失衡的组织学阐释》，《复旦教育论坛》2017 年第 3 期。

武建鑫、胡德鑫：《理工科大学世界一流学科成长机理的多维透视——以佐治亚理工学院航空航天工程学科为例》，《学位与研究生教育》2020 年第 10 期。

武建鑫：《世界一流学科的组织成长及演化路径研究——以工程学科为例》，《国家教育行政学院学报》2019 年第 6 期。

武建鑫：《走向自组织：世界一流学科建设模式的反思与重构》，《湖北社会科学》2016 年第 11 期。

谢安邦、刘莉莉：《市场的逻辑与大学变革》，《现代大学教育》2001 年第 3 期。

谢辉祥：《工科类高水平行业特色型大学“双一流”建设路径研究》，《高等工程教育研究》2017 年第 6 期。

谢辉祥、赵志钦、甘国龙：《从全国一级学科评估审视高水平行业特色型大学学科竞争力》，《中国高教研究》2018 年第 9 期。

谢妮、曹志峰：《“一流学科”话语及其实践机制研究》，《江苏高教》2018 年第 7 期。

徐敦楷：《高水平特色型高校构建研究型大学的战略思考》，《中国高等教育》2010 年第 3—4 期。

徐辉：《创建世界一流学科 打造行业创新人才培养高地》，《中国高等教育》2017 年第 Z3 期。

徐越：《加强基础重视理科人才培养——访著名化学家唐敖庆教授》，《中国高等教育》1993 年第 10 期。

宣勇、张鹏：《组织生命周期视野中的大学学科组织发展》，《科学学研究》2006 年第 S2 期。

荀振芳、李双辰：《“双一流”建设背景下高水平行业特色型大学的资源配置与发展》，《高等教育研究》2019 年第 5 期。

荀振芳、汪庆华：《试析高水平行业大学的学科发展路径》，《高等教育研究》2013 年第 4 期。

阎凤桥：《我国高等教育“双一流”建设的制度逻辑分析》，《中国高教研究》2016 年第 11 期。

杨林、刘念才：《中国研究型大学的分类与定位研究》，《高等教育研究》2008 年第 11 期。

杨勇平：《高水平行业特色型大学的学科建设与内涵发展——以华北电力大学为例》，《高等工程教育研究》2018 年第 6 期。

姚荣、李战国、崔鹤：《国家工业化与高等教育结构调整——政策变迁的制度逻辑》，《教育学术月刊》2015 年第 8 期。

姚荣：《制度性利益的重构：高等教育机构“漂移”、趋同与多元的动力机制》，《教育发展研究》2015 年第 21 期。

殷瑞钰：《哲学视野中的工程》，《中国工程科学》2008 年第 3 期。

余继、闵维方：《高等教育体制对大学创新能力的影响——基于欧美的比较研究》，《北京大学教育评论》2018 年第 3 期。

袁广林：《创建世界一流与服务国家发展：行业特色高水平大学世界一流学科建设战略选择》，《学位与研究生教育》2019 年第 1 期。

翟亚军、王战军：《理念与模式：关于世界一流大学学科建设的解读》，《清华大学教育研究》2009 年第 1 期。

张德安：《行业特色高校建设研究型大学之概念认定及路径探析》，《中国电力教育》2012 年第 13 期。

张光辉：《协同创新中的行业特色研究型大学：优势、问题与策略》，《江苏高教》2014 年第 5 期。

张继龙、陈廷柱：《“双一流”建设中的学科发展规划：战略、管理及有效性》，《中国高教研究》2018 年第 7 期。

张来斌：《高水平行业特色型大学“双一流”建设要把握好三对关系》，《高等工程教育研究》2018 年第 6 期。

张利格、汤鹏翔：《高校应对国家科技计划改革的思考与建议——从国家重点研发计划说起》，《科技导报》2016 年第 18 期。

张民：《基于社会服务产出类型的工科大学分类法研究》，《高等工程教育研究》2011 年第 6 期。

张森：《法、俄、美特色型大学的办学特点及启示》，《教育学术月刊》2010 年第 10 期。

张淑林等：《大学排名视角下的我国“世界一流大学”建设现状、差距与路径》，《清华大学教育研究》2018 年第 1 期。

张伟、马陆亭：《美国科技封锁对“双一流”建设的影响与对策》，《中国高教研究》2020 年第 8 期。

张炜、汪劲松：《行业特色高校的发展历程与辩证分析》，《中国高教研究》2020 年第 8 期。

张振刚：《中国研究型大学分类研究》，《高等工程教育研究》2002 年第 4 期。

赵沁平：《走出高水平特色型大学发展新路》，《中国高等教育》2008 年第 3—4 期。

郑浩等：《世界一流学科的现状与发展趋势——以 ARWU 和 THEWUE（2012—2015 年）中工科排名为例的实证研究》，《中国高教研究》2016 年第 9 期。

周光礼：《构建中国特色高等教育体系：国家战略视角》，《中国高教研究》2020 年第 7 期。

周光礼：《国家工业化与现代职业教育——高等教育与社会经济的耦合分析》，《高等工程教育研究》2014 年第 3 期。

周光礼：《建设世界一流工程学科：“双一流”高校的愿景与挑战》，《现代大学教育》2019 年第 3 期。

周光礼：《经费配置模式与大学战略选择：中国大学趋同化的经济学解释》，《中国高教研究》2015 年第 9 期。

周光礼、刘献君：《学术自由与社会干预的整合认同——大学定位的再思考》，《江苏高教》2002 年第 1 期。

周光礼：《“双一流”建设中的学术突破——论大学学科、专业、课程一体化建设》，《教育研究》2016 年第 5 期。

周光礼、武建鑫：《什么是世界一流学科》，《中国高教研究》2016 年第 1 期。

周光礼：《中国大学办学自主权（1952—2012）：政策变迁的制度解释》，《中国地质大学学报》（社会科学版）2012 年第 3 期。

周济：《谋划发展　规划未来》，《中国高等教育》2003 年第 2 期。

周志强、亓晶：《行业划转地方工科院校场域转换困境与特色再造》，《高等工程教育研究》2020 年第 6 期。

朱冰莹、董维春：《从“符号化评价”到“真实性评价”：一流学科建设评价的核心向路》，《学位与研究生教育》2018 年第 6 期。

朱冰莹、董维春：《大学知识生产“动力源”解读——对美国研究型大学科研崛起的分析》，《高教探索》2013 年第 6 期。

朱冰莹、董维春：《“建成”抑或“生成”：世界一流学科成长的逻辑与路径》，《学位与研究生教育》2017 年第 9 期。

朱高峰：《中国工程教育的现状和展望》，《高等工程教育研究》2011 年第 6 期。

朱苏、赵蒙成：《论一流学科建设的经济逻辑和知识生产逻辑》，《江苏高教》2017 年第 1 期。

## 四　中文博士学位论文

常姝：《行业特色型大学学科发展战略管理研究》，博士学位论文，南京农业大学，2011 年。

林蕙青：《高等学校学科专业结构调整研究》，博士学位论文，厦门大学，2006 年。

沈红宇：《中国行业特色研究型大学发展研究》，博士学位论文，哈尔滨工程大学，2010 年。

武艳君：《行业特色型大学协同创新合作伙伴选择影响因素及评价研究》，博士学位论文，哈尔滨工程大学，2015 年。

闫俊凤：《我国行业特色高校发展战略研究》，博士学位论文，中国矿业大学，2014 年。

俞俏燕：《中国单科性院校专业趋同问题研究》，博士学位论文，厦门大学，2008 年。

翟亚军:《大学学科建设模式研究》,博士学位论文,中国科学技术大学,2007 年。

周进:《重点理工大学转型时期理科发展研究》,博士学位论文,华中科技大学,2002 年。

## 五 中文报纸与电子文献

柴葳:《一所行业特色型大学的“时代之问”》,《中国教育报》2019 年 5 月 29 日第 4 版。

邓秀新:《行业特色大学应选择差异化发展之路》,《中国教育报》2009 年 5 月 11 日第 5 版。

李言荣:《“电子信息 +” 就是金山银山》,《中国科学报》2017 年 4 月 11 日第 1 版。

李言荣:《“双一流”建设,行业特色高校不可或缺》,《中国科学报》2017 年 3 月 21 日第 3 版。

王之康:《“双一流”背景下的行业大学当何往》,《中国科学报》2019 年 11 月 6 日第 4 版。

赵昌文:《新型工业化的三个新趋势》,《人民日报》2019 年 3 月 29 日第 9 版。

陈辉:《1952 年中国高等院校的院系调整》,2018 年 12 月,搜狐网(https://www.sohu.com/a/149909130_664189)。

陈志文:《双一流:对高校过度综合化的重塑》,2019 年 3 月,科学网(http://news.ciencenet.cn/htmlnews/2017/9/389402.shtm)。

国家科技部:《国家科学技术奖励条例》,2019 年 1 月,中华人民共和国科学技术部网站(http://www.most.gov.cn/ztzl/gjkxjsjldh/jldh2016/jldh16xgwj/201701/t20170105_130199.htm)。

国家统计局、科学技术部、财政部:《2019 年全国科技经费投入统计公报》,2020 年 9 月,国家统计局网站(http://www.stats.gov.cn/tjsj/zxfb/202008/t20200827_1786198.html)。

国务院:《国家中长期科学和技术发展规划纲要(2006—2020 年)》,2018 年 12 月,中国政府网(http://www.gov.cn/gongbao/content/2006/content_240244.htm)。

国研网宏观经济研究部：《中国工业增加值：数据、结构与数值预测》，2019 年 1 月，国研网（http：//drcnet. com. cn/eDRCNet. Common. Web/DocDetail. Aspx？DocID = 2854444&leafid = 210&chnid = 611）。

李伯重：《我们在学术上不能无所作为》，2018 年 6 月，搜狐网（https：//m. sohu. com/a/219580423_ 176673）。

刘献君：《守住根本，不断创新——华中科技大学历史发展中的若干节点》，2018 年 3 月，华中科技大学教育科学研究院网站（http：//jky. hust. edu. cn/info/1016/2266. htm）。

王亚杰:《行业特色型大学“双一流”建设的探索与思考》,2019 年 6 月,腾讯网(https://page. om. qq. com/page/OmsZBp1RXQAOUBRTT8BF6OkQ0)。

吴云峰、张端鸿:《第四轮学科评估结果的进退步情况“扫描”》，2018 年 1 月,里瑟琦智库（https：//mp. weixin. qq. com/s/L0-Kg2iSJDSDXdFVpTyMA）。

夏鲁惠:《工业革命与中国工程教育发展》，2020 年 7 月，中国发展观察杂志社网站（http：//www. chinado. cn/？ p = 8987）。

新京报:《中国将推进科技评价奖励制度改革》，2019 年 9 月，科学网（http：//news. sciencenet. cn/htmlnews/2012/9/269825. shtm）。

原国家教育委员会:《研究生院设置暂行规定》，2018 年 6 月，中国学位与研究生教育信息网（http：//www. cdgdc. edu. cn/xwyyjsjyxx/xwbl/zcfg/gzzd/26015 6. shtml）。

中共中央、国务院:《中国教育改革和发展纲要》，2018 年 12 月，中国教育新闻网（http：//www. jyb. cn/info/jyzck/200602/t20060219-10718. html）。

中国标准化研究院:《中华人民共和国学科分类与代码国家标准》，2018 年 11 月，学科分类与代码网（http：//xkfl. xhma. com/）。

周光礼:《世界一流学科的中国标准是什么》，2019 年 1 月，人民网（http：//theory. people. com. cn/n1/2016/0216/c49157-28126520-2. html）。

## 六　外文文献

Abreu, M. & Grinevich, V., “Academic Entrepreneurship in the Creative Arts”, *Environment and Planning C: Government and Policy*, Vol. 32,

No. 3, 2014.

Adams, S. B., "Follow the Money: Engineering at Stanford and UC Berkeley During the Rise of Silicon Valley", *Minerva*, Vol. 47, No. 4, 2009.

Aerospace Systems Design Laboratory, "About ASDL", 2021 - 04 - 02, http: //www. asdl. gatech. edu/ASDL_ overview_ web. pdf.

Altbach, P. G., "The Costs and Benefits of World — Class Universities", *Journal of Higher* Education, Vol. 90, No. 1, 2004.

Apple, M. W., "Comparing Neo-Liberal Projects and Inequality in Education", *Comparative Education*, Vol. 37, No. 4, 2001.

Arjan, R. V., "University Knowledge Production and Innovation: Getting a Grip", *Minerva*, Vol. 52, No. 2, 2014.

Becher, T., "The Significance of Disciplinary Differences", *Studies in Higher Education*, Vol. 19, No. 2, 2006.

Brennan, J., "The Future of Higher Education and the Future of Higher Education Research: Higher Education and Social Change", *Higher Education*, Vol. 56, No. 3, 2008.

Brint, S., "Creating the Future: 'New Directions' in American Research Universities", *Minerva*, Vol. 43, No. 1, 2005.

Brint, S. eds, "Declining Academic Fields in U. S. Four-Year Colleges and Universities, 1970 - 2006", *The Journal of Higher Education*, Vol. 83, No. 4, 2012.

Bush, V. & Smith, B. L. R., "The Vannevar Bush Legacy. (Book Reviews: Science-The Endless Frontier. A Report to the President on a Program for Postwar Scientific Research: American Science Policy Since World War II. )", *Science*, Vol. 251, No. 1, 1991.

Campbell, D. F. J. & Carayannis, E. G., "Epistemic Governance and Epistemic Innovation Policy in Higher Education", *Technology, Innovation and Education*, Vol. 2, No. 1, 2016.

Campbell, D. F. J. & Wolfgang, H. G., "Knowledge Production of Firms: Research Networks and the 'Scientification' of Business R&D", *International Journal of Technology Management*, Vol. 31, No. 31, 2005.

Carayol, N. , & Matt, M. , "Does Research Organization Influence Academic Production? Laboratory Level Evidence from a Large European University", *Research Policy*, Vol. 33, No. 8, 2004.

Carnegie Foundation, "FAQs: 2015 Carnegie Community Engagement Classification", 2015 – 05 – 08, http: //nerche. org/index. Php? option = comContent&view = article&id = 1391.

Carnegie Mellon University, "Past Presidents", 2018 – 10 – 30, https: //www. cmu. edu/leadership/president/past-pres/index. html.

Carroll, R. eds. , "Using Item Response Theory to Improve Measurement in Strategic Management Research: An Application to Corporate Social Responsibility", *Strategic Management Journal*, Vol. 37, No. 1, 2016.

Clarivate Analytics, "Derwent Top 100 Global Innovators 2020", 2020 – 02 – 20, https: //clarivate. com/derwent/campaigns/derwent-top-100-global-innovators-2020-report/.

Clark, W. , *Academic Charisma and the Origins of the Research University*, Chicago: University of Chicago Press, 2006.

Collyer, F. , "The Production of Scholarly Knowledge in the Global Market Arena: University Ranking Systems, Prestige and Power", *Critical Studies in Education*, Vol. 54, No. 3, 2013.

Colorado School of Mines, "About Mines", 2019 – 09 – 10, http: //www. mines. edu/About Mines.

Committee on Educational Survey, "Lewis Report: Task Force on the Undergraduate Educational Commons", 2019 – 05 – 10, http: //web. mit. edu/committees/edcommons/initiateves/lewis. htm.

Cranfield University, "Academic Disciplines", 2017 – 09 – 25, https: //www. cranfield. ac. uk/about/disciplines.

Dreyfu, H. L. & Rabinow, P. , *Michel Foucault: Beyond Structuralism and Hermeneutics*, Chicago: University of Chicago Press, 1983.

Dubina, I. N. eds. , "Creativity Economy and a Crisis of the Economy? Coevolution of Knowledge, Innovation, and Creativity, and of the Knowledge Economy and Knowledge Society", *Journal of the Knowledge Economy*,

Vol. 3, No. 1, 2012.

Eckel, P. D., "Decision Rules Used in Academic Program Closure: Where the Rubber Meets the Road", *The Journal of Higher Education*, Vol. 73, No. 2, 2002.

École Polytechnique, "Academic and Research Departments of École Polytechnique", 2019 - 05 - 02, https://www.polytechnique.edu/en/departments.

École Polytechnique, "Multidisciplinary Research", 2019 - 05 - 02, https://www.Polytechnique.edu/en/multidiscciplinary-research.

Enserink, M., "Who Ranks the University Rankers?", *Science*, Vol. 317, No. 5841, 2007.

Etzkowitz, H. & Leydesdorff & L., "The Dynamics of Innovation: From National Systems and 'Mode 2' to a Triple Helix of University-Industry-Government Relations", *Research Policy*, Vol. 29, No. 2, 2000.

Etzkowitz, H., "Research Groups as 'Quasi-Firms': The Invention of the Entrepreneurial University", *Research Policy*, Vol. 32, No. 1, 2003.

Frank, D. J. & Meyer, J. W., "University Expansion and the Knowledge Society", *Theory & Society*, Vol. 36, No. 4, 2007.

Gheorghe, Z. & Zizi, G., "Multidisciplinarity, Interdisciplinarity and Trans-Disciplinarity: Theoretical Approaches and Implications for the Strategy of Post-Crisis Sustainable Development", *Theoretical & Applied Economics*, Vol. 553, No. 12, 2010.

Gibbons, M. eds., "Revisiting Mode 2 at Noors Slott", *Prometheus*, Vol. 29, No. 4, 2011.

Goering, R., "A World-Changing View of Engineering", *Electronic Engineering Times*, Vol. 13, No. 5, 2004.

Goldstein, H. eds., *The University as an Instrument for Economic and Business Development: U. S. and European Comparison*, New York: Pergamon, 1995.

Green, A., *Education and State Formation: The Rise of Education Systems in England, France and the USA*, London: The Macmillan Press LTD, 1990.

Gurmu, S. eds., "The Knowledge Production Function for University Patenting", *Economic Inquiry*, Vol. 48, No. 1, 2010.

Hackett, E. J. eds., *The Handbook of Science and Technology Studies*, Cambridge: The MIT Press, 2016.

Hämäläinen, K. eds., "Benchmarking in the Improvement of Higher Education", 2002 – 04 – 02, https://www.researchgate.net/publication/225084155_Benchmarking_in_the_improvement_of_higher_education.

Hamel, G. & Heene, A., *Competence Based Competition*, Chichster: John Wiley & Sons, 1994.

Hessels, L. K. & Lente, H., "Re-Thinking New Knowledge Production: A Literature Review and a Research Agenda", *Research Policy*, Vol. 37, No. 4, 2008.

Hicks, D., "Performance-based University Research Funding Systems", *Research Policy*, Vol. 41, No. 2, 2012.

Hirst, P., *Educational Theory and Its Foundation Discipline*, London: Routledge & Kegan Paul, 1983.

Hoyland, B. eds., "The Tyranny of International Index Rankings", *Journal of Development Economics*, Vol. 97, No. 1, 2012.

IP Paris, "Our Institutions", 2019 – 05 – 02, https://www.ip-paris.fr/en/home-en/about-us/our-institutions/.

IP Paris, "Who We Are", 2019 – 05 – 12, https://www.ip-paris.fr/en/home-en/about-us/who-we-are/.

Jack Grove for Times Higher Education, "A French Ivy League", 2011 – 10 – 07, https://www.insidehighered.com/news/2011/10/07/french-ivy-eague.

Jarausch, K. H., *The Transformation of Higher Learning* 1860 – 1930, *Expansion, Diversification, Social Opening and Professionalization in England, Germany, Russia and the United States*, Stuttgart: Klett-Cotta, 1982.

Jerome, L. W., "Innovation in Social Networks: Knowledge Spillover Is Not Enough", *Knowledge Management Research & Practice*, Vol. 11, No. 4, 2013.

Jung H. & Kim B. K., "Determinant Factors of University Spin-Off: The Case of Korea", *Journal of Technology Transfer*, Vol. 43, No. 6, 2018.

Kaiserfeld, T., "Why New Hybrid Organizations Are Formed: Historical Perspectives on Epistemic and Academic Drift", *Minerva*, Vol. 51, No. 2, 2013.

Kalar, B. & Antoncic, B., "The Entrepreneurial University, Academic Activities and Technology and Knowledge Transfer in Four European Countries", *Technovation*, Vol. 36 – 37, No. 2, 2015.

Kathy, B. & Julie, K., "Crossing Boundaries: Knowledge, Disciplinarities, and Interdisciplinarities", *History of Education Quarterly*, Vol. 38, No. 2, 1999.

Kerr, C., *The Gold and the Blue: A Personal Memoir of the University of California* 1949 – 1967, Los Angeles: University of California Press, 2001.

Koser, K. eds., "Cultural Research and Refugee Studies: New Knowledge, Methodologies, and Practical Implications: A Panel Commentary", *Social Analysis*, Vol. 48, No. 3, 2004.

Kreber, C., *The University and its Disciplines*, New York: Routledge, 2009.

Krobe, K. C., "Global, International, and Intercultural Learning in University Classrooms Across the Disciplines", *Research in Comparative and International Education*, Vol. 15, No. 1, 2020.

Kuhn, T. S., *The Structure of Scientific Revolutions*, Chicago: University of Chicago Press, 1996.

Land, K. V., "The Boundaries of the Discipline: Selection of Therapies in Medieval Dutch Texts on Surgery", *Gewina*, Vol. 29, No. 1, 2006.

Latour, B., Woolgar S., *Laboratory Life*, Princeton: Princeton University Press, 1986.

Laudel, G., "The Art of Getting Funded: How Scientists Adapt to Their Funding Conditions", *Science and Public Policy*, Vol. 33, No. 7, 2006.

Lyne, J., "Knowledge and Performance in Argument: Disciplinarity and Proto-Theory", *Argumentation and Advocacy*, Vol. 35, No. 1, 1998.

Marginson, S. & Wende, M. V. D., "To Rank or To Be Ranked: The Impact of Global Rankings in Higher Education", *Journal of Studies in International Education*, Vol. 11, No. 3 – 4, 2007.

Mendoza, P. & Berger, J. B., "Academic Capitalism and Academic Culture: A Case Study", *Education Policy Analysis Archives*, Vol. 16, No. 23, 2008.

Merton, R. K., *The Sociology of Science: Theoretical and Empirical Investigations*, Chicago: University of Chicago Press, 1973.

Michigan State University, "About MSU", 2017 – 09 – 10, https://msu.edu/about/thisismsu/thenandnow.html.

MIT, "Featured History", 2019 – 04 – 18, http://mitstory.mit.edu/mit-highlights-timeline.

MIT, "Mission", 2019 – 04 – 22, http://web.mit.edu/facts/mission.html.

MIT, "MIT Reports to the President(1911 – 1946)", 2019 – 04 – 18, https://dome.mit.edu/handle/1721.3/58931.

MIT, "Reports to the President (1910)", 2019 – 04 – 22, https://dome.mit.edu/handle/1721.3/62219? show = full.

Montesinos, P. eds., "Third Mission Ranking for World Class Universities: Beyond Teaching and Research", *Higher Education in Europe*, Vol. 33, No. 2/3, 2008.

Morse, P. M., *In at the Beginnings: A Physicist's Life*, Cambridge: MIT Press, 1977.

Morse, R., Vega-Rodriguez J., "How U. S News Calculated the Best Global Universities Rankings", 2020 – 10 – 19, https://www.usnews.com/education/best-global-universities/articles/methodology.

National Research Council, *Research Universities and the Future of America: Ten Breakthrough Actions Vital to Our Nation's Prosperity and Security*, Washington, DC: National Academies Press, 2012.

Nowotny, H., "Introducion: Mode2 Revisited: The New Production of Knowledge", *Minerva*, Vol. 41, No. 3, 2003.

OECD, "Benchmarking Industry-Science Relationships", *Source OECD Industry, Services & Trade*, 2002.

OECD, "Higher Education in Regional and City Development: Amsterdam, The Netherlands 2010", 2010 – 08 – 20, http://www.oecd.org/dataoecd/20/6/46006696. pdf.

OECD, *Redefining Tertiary Education*, Paris: Organization for Economic Co-operation and Development, 1998.

OECD, *The Knowledge-based Economy*, Paris: Organization for Economic Co-operation and Development, 1996.

Owens, L., "MIT and the Federal 'Angel': Academic R&D and Federal-Private Cooperation before World War II", *Isis*, Vol. 81, No. 2, 1990.

Patrick, S. eds., "Advancing Sustainable Consumption and Production in Cities: A Transdisciplinary Research and Stakeholder Engagement Framework to Address Consumption-Based Emissions and Impacts", *Journal of Cleaner Production*, Vol. 213, No. 10, 2019.

Popper, K., *Objective Knowledge: An Evolutionary Approach*, Oxford: Oxford University Press, 1972.

Price, D. J., *Citation Measures of Hard Science, Soft Science, Technology and Non-sciences*, Massachusetts: Heath Lexington Book, 1970.

Ruegg, W., *Universities in the Nineteenth and Early Twentieth Centuries*, 1800 - 1945, New York: Cambridge University Press, 2004.

Salmi, J., *The Challenge of Establishing World-Class University*, Washington DC: The World Bank, 2014.

Sauder, M. & Espeland, W. N., "The Discipline of Rankings: Tight Coupling and Organizational Change", *American Sociological Review*, Vol. 74, No. 1, 2009.

Schwab, K., World Economic Forum, "The Global Competitiveness Report 2017 - 2018", 2018 - 10 - 16, https://cn.weforum.org/reports/the-global-competitveness-report-2018.

Shane, S., *The Handbook of Technology and Innovation Management*, Chichester: Wiley, 2008.

Sheil, T., "Moving Beyond University Ranking: Developing a World Class University System in Australia", *Australian Universities Review*, Vol. 52, No. 1, 2010.

Slaughter, S., "Retrenchment in the 1980s: The Politics of Prestige and Gender", *The Journal of Higher Education*, Vol. 64, No. 3, 1993.

Stratton, J. A. & Mannix, L. H., *Mind and Hand: The Birth of MIT*, Cambridge: The MIT Press, 2005.

Texas A&M University Libraries, "Texas A&M University Yearbook Collection", 2018 - 10 - 19, http://library.tamu.edu/yearbooks/Virtual%20Yearbook%20 Collection.

The Paris Tech Grandes Écoles, "Introduction", 2019 - 05 - 02, https://www.Paristech.fr/en/paristech-grandes-ecoles/introduction.

Veit, R. eds., "Towards Mode 2 Knowledge Production: Analysis and Proposal of a Framework for Research in Business Processes", *Business Process Management Journal*, Vol. 23, No. 2, 2017.

Waghid, Y., "Knowledge Production and Higher Education Transformation in South Africa: Towards Reflexivity in University Teaching, Research and Community Service", *Higher Education*, Vol. 43, No. 4, 2002.

Wang, D. D., "Performance-based Resource Allocation for Higher Education Institutions in China", *Socio-Economic Planning Sciences*, Vol. 65, No. 3, 2019.

Whitley, R. eds., "The Impact of Changing Funding and Authority Relationships on Scientific Innovations", *Minerva*, Vol. 56, No. 1, 2018.

Wiesel, F. & Modell, S., "From New Public Management to New Public Governance? Hybridization and Implications for Public Sector Consumerism", *Financial Accountability & Management*, Vol. 30, No. 2, 2014.

Yang, R., "Long Road Ahead: Modernizing Chinese Universities", *International Higher Education*, Vol. 77, No. 4, 2014.

Yoel, S. eds., "Advancing Research Transdisciplinarity Within Our Discipline", *American Journal of Obstetrics and Gynecology*, Vol. 211, No. 3, 2014.

# 后　记

本书是在我的博士学位论文基础上修改完成的。还记得2013年元旦小长假最后一天的傍晚，我收到了硕士导师沈红教授的QQ消息，大致内容是她当年可以招教育博士，问我是否愿意报考。那时的我已经硕士毕业在一所985高校工作了快5年，身处博士学位获得者扎堆的环境，之前就萌生了继续深造的强烈愿望，无奈自己所在的高校没有高等教育学学位点，同城高校中虽然有相关的学科方向，但招生人数极少，而沈老师那时抛来的“橄榄枝”，对于我来说简直可以用“恩赐”来形容。就这样，跟随沈老师向着博士学位前进的“八年抗战”就此打响。然而，异地在职攻读学位，工作事务繁重，其间添丁又让家务事骤增，这些都让我的博士求学之路异常艰辛，时常感到身心疲惫，博士学位论文的写作也是断断续续、进展缓慢。正是因为沈老师的鼓励、包容和耐心，以及充分感受到了她身上拼命三郎般的学术热情、严谨的治学风范和率直的行事风格，自己心中“凛然书生意气，做天下文章”梦想的火苗才未曾泯灭。博士学位论文的写作过程难免遇到迷茫和困惑，每当这个时候，沈老师之于我无疑是领航者，从论文选题到核心概念的界定，从框架梳理到研究方法的运用，从前后章节的调整到字斟句酌的修改，她都能给出切中肯綮的意见，避免我误入歧途而白白浪费本来就有限的时间和精力。在恩师谆谆的勉励督促下，我做博士学位论文的心态从起先的“担心能否办得到”，变成了后来的“还能否做得更好一点”。很长一段时间里，沈老师的QQ空间签名都是“给每一个学生以机会，尽我所能”，恩师正是在用实际行动诠释这句话的深刻含义。在此，谨向恩师表示弟子深深的敬意和诚挚的感谢！

刚到母院回炉再造的时候，不少知晓我的老师见面的第一句话是“哈，回来啦”，然后笑盈盈地跟我聊上一会，让我从心里油然升起一种回家的温馨感。读博这几年，承蒙院内诸多老师的关心和提携。余东升老师是高等工程教育专家，多次应约就工科类行业特色型大学的研究为我指点迷津，有次在余老师手把手的指导下，我的一篇论文经过补充调查和反复修改，硬是从泛泛的经验总结变成了规范的实证研究，这件事也影响了我的学术观念与方法。贾永堂老师从本人读硕士开始就以“必聘专家”身份参加了我的历次开题和答辩，每当点评的时候，贾老师平和的语气让人如沐春风，他总是能以敏锐的学术眼光和洞察力让我能够对研究的缺点有清醒的认知，也能明白今后努力的方向。雷洪德老师亦师亦友，每当我遇到困惑求助于他时，雷老师总是设身处地为我着想，不仅用乐观积极的态度感染我，而且尽可能提供帮助，特别是在具体问题的处理上，他都会耐心细致地给出可操作性的建议。陈敏老师总是笑呵呵的，待人热情，记得有一回我代表单位在华科开会的时候偶遇陈老师，她热忱地邀请我晚上去校内新开的一家网红餐厅吃饭，自己为此还提前跑去排队，而且无论是在学业上，还是在工作和生活上，陈老师都给了我很多鼓励和指点。我还要感谢母院里给我传道授业解惑的刘献君老师、冯向东老师、赵炬明老师、李太平老师、陈廷柱老师、柯佑祥老师、郭卉老师、彭湃老师、张俊超老师和李伟老师等，他们展现的学者风范和渊博学识，成为我激励自己在科研道路上前行的标杆。

感谢在百忙之中接受我访谈的各位领导和专家。对于我正开展的研究，他们给予的认可和鼓励，提供的宝贵素材和建设性意见，让我有了继续前行的信心和勇气。尽管不便公布他们的姓名，但我深深地明白，没有他们，我的博士学位论文将难以完成。

感谢同门师兄姐弟妹们给予我的关照。沈华师姐和李志峰师兄，两位学养深厚，睿智慷慨，每当我对学术研究和论文写作有了疑问寻求帮助时，他们总是第一时间回复并给予颇有价值的意见。还有黄维师兄、陈浩师兄、胡茂波师兄、彭安臣师兄、董志惠师姐、刘丽芳师姐、刘燕师姐、周岭师姐，以及刘进、郭俊、张和平、高进军、林桢栋、王建慧、刘之远、张青根、徐志平、欧阳琰、陆胜蓝、敖鑫等诸位学友，我从他们那里得到了许多的鼓励和帮助。同门之情，是缘分亦是满满的互助和欢乐。

感谢 2013 级教育博士班的同学们，难忘我们一起走过的那些时日，难忘求学和生活中的点滴，这份情谊我将终生难忘，真诚地祝福我们都能实现当初“一起下水，一起游上岸”的豪言。

感恩我所在单位——电子科技大学的前校长李言荣院士。2013 年 4 月，李院士被任命为校长，刚刚通过博士研究生招生复试的我有幸在那个时候被调到李校身边工作，从而能够近距离了解他关于如何将行业特色研究型大学建成多科性世界一流大学理念提出并付诸实践的历程，这在很大程度上也促使了我将《中国行业特色研究型大学学科建设研究》定为博士学位论文选题。不仅如此，李校对我的博士学位论文时常挂怀，从百忙中为我答疑解惑，并提醒在职读博的我，要学会迅速安静下来，把精力汇聚起来，把零碎的时间集中起来，聚焦到重要的事情上来。作为一名教育博士生，能够得到院士这样的战略型专家亲自指导，让我无以言表内心感激之情，只有不断努力不辜负他的期望。还要感谢学校办公室、发展规划与学科建设处的领导和同事们，他们给了我很多鼓励，为我能完成学业创造了良好环境。

感谢我的家人。从参加博士生入学考试到撰写论文，家人们的无私奉献和鼓励，使我跨过了一个个障碍从而走到了今天。特别要感谢我的爱人马丽，她晚我一年开始攻读博士学位，平日里又要工作，还要操持家务并照看孩子，宽容、明理、智慧的她，不仅毫无怨言全身心地支持我的学业，而且总是在我面临种种压力而试图放弃之时给我最大的鼓励和帮助，我们相互陪伴，共同见证了从博士报考到最终毕业的每一步。还有我的儿子壮壮小朋友，在很长一段时间里，我无法解释他的困惑：为什么爸爸总是在写论文，而不是像其他小朋友的爸爸那样在周末和假期带自己出去玩？正是他时而如大人般的寒暄、“你又在写论文”这样的问候，总让我的心底藏着一份柔软，看着他那纯真快乐的笑容，所有的不快和疲惫都会被一扫而空。

随着博士学位论文和本书的付梓，对行业特色研究型大学学科建设的研究算是初步告一段落，但我并没有如释重负的感觉，因为还有许多需要进一步完善、进一步思考的地方，而正是此前的艰辛付出，才让我深刻认识到自己的浅薄与不足。本书的完成只是一个起点，既然意识到了留有缺憾，就要做好重新出发的准备，正所谓“路漫漫其修远兮，吾将上下而求索”。

谢辉祥

2022年2月于成都